本书受

河南省高等学校哲学社会科学创新团队支持计划"教育与区域经济"（2012-CXTD-10)和河南省高校人文社科重点研究基地"职业技术教育与经济社会发展研究中心"资助

2014 年度教育部人文社科规划基金项目"政府管理、利益群体与社会：中国近现代盐政改革研究"（项目号 14YJAZH001）

2011 年度河南科技学院高层次人才科研项目"鉴戒视阈下的北洋政府盐务缉私研究——以长芦盐区为中心"（项目号 2011016）

# 长芦盐区缉私武装研究

## 1912—1928

毕昱文 著

CHANGLU YANQU JISI WUZHUANG
YANJIU (1912-1928)

中国社会科学出版社

图书在版编目（CIP）数据

长芦盐区缉私武装研究：1912—1928 ／毕昱文著.—北京：
中国社会科学出版社，2016.8
ISBN 978 - 7 - 5161 - 8594 - 0

Ⅰ.①长…　Ⅱ.①毕…　Ⅲ.①走私—侦辑—武装力量—
研究—河北省—近代　Ⅳ.①F752.59

中国版本图书馆 CIP 数据核字（2016）第 170170 号

| | |
|---|---|
| 出 版 人 | 赵剑英 |
| 责任编辑 | 赵　丽 |
| 责任校对 | 周　昊 |
| 责任印制 | 王　超 |

| | |
|---|---|
| 出　　　版 | 中国社会科学出版社 |
| 社　　　址 | 北京鼓楼西大街甲 158 号 |
| 邮　　　编 | 100720 |
| 网　　　址 | http://www.csspw.cn |
| 发 行 部 | 010 - 84083685 |
| 门 市 部 | 010 - 84029450 |
| 经　　　销 | 新华书店及其他书店 |

| | |
|---|---|
| 印刷装订 | 三河市君旺印务有限公司 |
| 版　　　次 | 2016 年 8 月第 1 版 |
| 印　　　次 | 2016 年 8 月第 1 次印刷 |

| | |
|---|---|
| 开　　　本 | 710×1000　1/16 |
| 印　　　张 | 15.75 |
| 字　　　数 | 258 千字 |
| 定　　　价 | 59.00 元 |

# 目　　录

# 绪　　论

## 一　选题缘起

盐，生于水、土，原为一种极其普通的自然资源。然而，因其关乎民生，具不可一日或缺之特性，而成为春秋时期管仲"官山海"以来历代统治者力图控制与独占的重要资源。盐税与田赋、丁税一样，成为中国历代政府的重要国用来源。由此，衍生出了中国纷繁复杂、沉疴丛生、积弊厚重的"盐政"。自管仲正盐策、开盐禁之后，一勺之盐，上裕国课，下关民生，承载了太多国家和社会发展的重荷，成为了社会各个阶层利益博弈的渊薮，盐与中国社会结下了"剪不断，理还乱"的关系。于是，盐变得不再普通，它的社会价值早已超越了其自然属性。剔除掉笼罩在盐表面的各种令人眼花缭乱、五花八门的制度、体制托词，让人看到的，无非是一个"利"字。围绕着"盐利"，衍生出了官盐、私盐以及官民之间、各社会阶层之间一直未曾休止的较量、争斗。官盐、私盐之间的辩证关系及利益维度，是国家治理、发展过程中的一道重要考题，考验着执政者和国民的信念、行动及维持其良性互动的方法、能力、智慧，并折射出国家治理过程中的一些弥足珍贵的经验、教训。从这个层面上讲，也算作深不可测、博奥难通的盐政留给后人的真正价值吧。

长芦盐场，是目前中国海盐产量最高的盐场。主要分布于河北省和天津市的渤海沿岸。南起黄骅，北到山海关南，包括塘沽、大沽、汉沽、大清河、南堡等盐田在内，全长370公里，共有盐田230多万亩，年产海盐300多万吨，年产量占全国海盐总产量的四分之一，盐税收入名列前茅。长芦盐场自然条件优越，气候风多雨少、日照充足、蒸发旺盛、地形地势平坦、海滩宽广，非常适于海盐生产。

长芦盐场历史悠久，盐产开发的历史可追溯到西周时期。"其产盐发源最古，周有幽州之利，秦有上谷之饶。汉置郡国盐官，长芦有其四：一为泉州（今天津县界），一为章武（今天津静海及沧县境），一为海阳（今滦县境），一为堂阳（今南宫境）……"① 汉代以后，这一带均是当时海盐生产的重要产地。明代洪武初年，"长芦为沧州旧制。明初以长芦为产盐总汇之所，设都转运司驻其地。清时移驻天津，仍沿长芦之名。此河北之盐所由以长芦名也"。② 当时长芦盐区北起直隶临榆县（今属秦皇岛市山海关区及抚宁县），南至山东海丰县（今无棣县）。清代以降，长芦为全国十一块盐产区之一，为北方最大的海盐产地。

北洋政府时期，盐税为国家重要财税来源之一，"国家财政，田赋而外，以盐税为大宗"。③ 盐关国税，垄断经营；贫民求生，制贩私盐，官民之间的纠结在这个时期又重复上演了。长芦盐区由于地处京畿，为当局所特别重视。然而，长芦私盐与其他盐区一样，私盐历史久远、种类多样、情形复杂，冲击官盐极为严重。私盐对官盐销售形成了巨大冲击，直接影响当时政府盐税收入。为了遏制私盐，北洋政府采取了各种缉私措施，其中最为重要的是建立长芦缉私营，武装缉私。所以，对长芦缉私营营制、管理及其与缉剿效果关系的考察，不仅可以显示北洋政府盐政治理状况，更可以从缉私营管理得失感知社会治理的方法与智慧。

在社会发展处于转型期的今天，私盐及其他假冒伪劣商品亦有愈演愈烈之势。如何以历史的视角审视今天的私盐等产生、发展之势，为缉剿私盐乃至其他假冒伪劣产品建言献策，为国家工作人员管理提供思路、思考，是我等史学工作者应当承担的社会责任。为此，本书拟以长芦盐区的私盐及缉私营作为研究对象，来探讨北洋政府时期长芦盐区私盐与缉私厮较的本来面目，以及长芦缉私营营制与其缉私效果的关联及影响，以求读史明智。

## 二　盐务缉私和私盐的研究现状

### （一）盐务缉私研究综述

春秋之前，山海之利，任民自取，无所谓盐禁，即无所谓私盐。春秋以降，尤至汉代武帝时期，内修法度，外勤远略，财用日滋。为把盐利尽

---

① 曾仰丰：《中国盐政史》，上海书店出版社1984年版，第68页。
② 同上。
③ 行唐县知事：《行唐县知事为详报事案》，载河北省国家档案馆藏档案《整顿各县盐务（1915年）》，卷宗号680-11-1185。

收国有，"官予牢盆"，盐业专卖制度始著。为防止民与国争利，盐禁之法始兴。以后历代，"法纲日密，刑用滋章"。"盖盐为官业，若违禁私营，其干犯法纪，故非寻常商货漏私逃税者可比。"① 所以，盐务缉私成为中国盐政一个重要的组成部分，为历代统治者所重视。盐务缉私研究也成为盐政研究中一项不可或缺的内容，为广大研究者所关注。20 世纪以来，学界对盐务缉私的研究可分为两个时期。

第一，20 世纪上半期，资料汇整期。这一时期，许多盐务机构、人员或学者对以往的盐务资料进行汇总、整理，出版了许多盐务专著。这些专著以阐述中国盐政为主，大部分都提及了中国历代的盐务缉私。此阶段的盐务缉私研究呈现出罗列史实、视角单一、结构简单、理论性差的特点，但为后人的研究保留了珍贵的史料资源。如盐务署主编的《中国盐政沿革史》（1915 年）概述了奉天、长芦、山东、河东、福建等盐区的盐政发展史。其中也提及缉私的经费来源及设卡情形等。盐务署令张茂炯等编著的《清盐法志》② 共十三编三百卷，分别记述了上起顺治、下至宣统各个时期长芦、东三省、山东、两广、两淮、四川、云南等十一个主要盐场区的盐产、运销、征榷、缉私、官职、经费、建置等情况。其中的"缉私门"记述了顺治至宣统年间各盐场缉私方面的重大事件概况。周庆云撰的《盐法通志》（1928 年）共一百卷，分疆域、职官、法令、场产、引目、征榷、转运、缉私、艺文、杂记十类，上起周秦，下迄清代，记述了历朝的盐政沿革和近代的制度。田斌的《中国盐税与盐政》③ 罗列了民国时期"缉私之条例"和"犯私之治罪"、"私盐之处分"、"获私之提赏"、"缉私之考成"等方面的法令条例。曾仰丰撰著的《中国盐政史》（商务印书馆，1937 年版）记述了中国盐政中的盐制、盐产、盐官以及盐禁等内容。其中的"盐禁"记录了汉晋唐、五代、宋金、元、明、清、民国时期等历代盐事例则中的关于禁缉私盐方面的条例。

这一时期，林振翰著的《中国盐政纪要》④ 中的"缉私"一章较有特点。它没有局限于罗列律例史实，而是在阐述中加入了自己对历代尤其是清朝以来的盐务缉私的观点。文中论及了私盐的分类、缉私的黑幕、缉

---

① 曾仰丰：《中国盐政史》，上海书店出版社 1984 年版，第 151 页。
② 张茂炯等：《清盐法志》，盐务署 1920 年版。
③ 田斌：《中国盐税与盐政》，江苏省印刷局 1929 年版。
④ 林振翰：《中国盐政纪要》，商务印书馆 1930 年版。

私营队的腐败原因及长芦、东三省、山东、河东、两淮、两浙、福建、两广、四川、云南十地的缉私概况。可惜这些内容限于体裁,记述比较简单,未能对缉私制度等作深入探讨。盐政杂志社发行的《盐政丛刊(二集)》(1932 年)刊载的景本白的"缉私营存废问题",认为缉私营腐败且耗资过巨,应该废掉。虽是一家之言,但从侧面可以看出缉私营腐败导致无能的问题。

南京国民政府财政部直接税务处编的《十年来之缉私》[①] 叙述了 20 世纪 30 年代起的盐务缉私、税务缉私、海关缉私及缉私署的组织、人事和其工作业绩等情况。其中的"盐务缉私"概述了税警的编组、军制、职责等。这一文件具有工作总结性质,对盐务缉私仅仅进行了概述,未作进一步分析。

另外,欧宗祐撰《中国盐政小史》[②] 分论先秦、汉晋六朝、隋唐五代、宋元明清、民国时期的盐制。陈沧来的《中国盐业》[③]、张绣文的《台湾盐业史》[④] 等都对盐务缉私有所记述。

第二,20 世纪 80 年代至今,研究深入期。这一阶段,中国走出"以阶级斗争为纲"的阴影,处于以经济建设为中心的新的历史时期。史学界对经济史的研究进入纵深发展时期。涉及盐务领域的研究出现了空前繁荣局面:全局性及局部性的专著大量涌现,论文更是蔚为壮观。这些著作理论性不断加强,视角更开阔,观点更新颖,研究也更深入。对盐务缉私的研究,也表现出多角度、多时段、多侧面、观点新、有深度的特点。中国台湾及国外一些学者也对该领域的研究给予了一定重视。但盐务缉私研究也存在一些不尽如人意的问题。现将此阶段的研究现状综述如下:

1. 盐务专著中的缉私研究

(1)在一些盐务专著中,缉私作为盐业产、运、销环节中一个附属环节被提及,一般记叙、论述不是特别深入。有的盐务专著对缉私的探讨仅停留在记述当时的法律令则层面上。比如,田秋野、周维亮的《中华盐业史》[⑤] 叙述了盐的种类、功用、产制、运销、盐工、盐业与财政、国

① 财政部直接税务处:《十年来之缉私》,中央信托局印制处 1943 年版。
② 欧宗祐:《中国盐政小史》,商务印书馆 1927 年版。
③ 陈沧来:《中国盐业》,商务印书馆 1929 年版。
④ 张绣文:《台湾盐业史》,台湾银行 1955 年版。
⑤ 田秋野、周维亮:《中华盐业史》,台湾商务印书馆股份有限公司 1979 年版。

防、经济的关系及自夙沙氏煮海为盐直至20世纪70年代各个朝代的盐务概况。此书中的缉私主要记述唐初至唐末禁缉私盐的律令。陈锋的《清代盐政与盐税》① 从盐销区、缉私、盐课、盐政改革几个方面反映清朝盐政。在论述私盐时提及了缉私。他从清朝刑律层面记述了对各种盐务行私的处罚；除刑律惩罚外，还在产盐之地实施保甲制和火伏制、在行盐口岸设立缉私卡巡。笔触较简略，深度不够。郭正忠主编的《中国盐业史·古代编》② 中的历代缉私也大多是从法律令则的层面来论述。丁长清、唐仁粤主编的《中国盐业史·近代 当代编》③ 在叙述民国私盐时述及了缉私，但着墨极少。李明明的《中国盐法史》④ 论述了从先秦到清朝各朝代盐政的政策与改革。何维凝《中国盐政史》⑤、齐涛《汉唐盐政》⑥ 也不同程度地提及了盐务缉私。

（2）有的盐务专著虽然对当时的缉私有了较详细的叙述，但一般只是从私盐的角度来论及缉私，即在叙述完私盐后为了行文的完整而提及、罗列缉私措施，并没有从缉私的角度把私盐流通的原因与相应采取的缉私措施结合起来考察，即未对私盐流通原因与缉私的内在关系、有机联系进行探讨。张小也的《清代私盐问题研究》⑦ 以经济学的理论视角来审视清代的私盐问题，并从抑制私盐的角度记述了清政府缉私措施。这是近年来探讨缉私比较全面的一本书，但令人惋惜的是并未站在缉私效果高度对这些缉私措施的得失做进一步分析。

2. 资料汇编类书籍对盐务缉私的记录

这类书由于其体例的关系，一般是照录各个时期的缉私方面的法律规则或者一些具体事件。比如盐务署、盐务稽核总所编辑的《中国盐政实录》⑧ 照录了民国时期有关缉私的法令。《中国近代盐务史资料选辑》⑨、

---

① 陈锋：《清代盐政与盐税》，中州古籍出版社1988年版。
② 郭正忠：《中国盐业史·古代编》，人民出版社1997年版。
③ 丁长清、唐仁粤：《中国盐业史》（近代 当代编），人民出版社1997年版。
④ 李明明：《中国盐法史》，台湾文津出版社1997年版。
⑤ 何维凝：《中国盐政史》，大中图书有限公司1966年版。
⑥ 齐涛：《汉唐盐政》，山东大学出版社1994年版。
⑦ 张小也：《清代私盐问题研究》，社会科学文献出版社2001年版。
⑧ 盐务署、盐务稽核总所编：《中国盐政实录》，财政部盐务署、盐务稽核总所1933年版。
⑨ 南开大学经济所经济史研究室编：《中国近代盐务史资料选辑》，南开大学出版社1985年版。

《民国法规集成》①都具有这种特点，但其刊载的珍贵资料为后人的相关研究奠定了坚实的基础。

3. 有关文章对盐务缉私的探讨

20世纪后半期以来的盐务缉私研究的发展主要体现在有关文章大量涌现。这些文章从不同的视角对各个时代的盐务缉私进行了研究。尤其值得一提的是1976年创刊的《盐业史研究》（原名《井盐史通讯》，为不定期刊物，1986年改为《盐业史研究》期刊）成为荟萃这些研究成果的主要阵地，对盐务缉私研究做出了可圈可点的贡献。

（1）从论述私盐的角度来论及缉私措施。比如河北师范大学硕士研究生殷燕的论文《20世纪30年代河北硝土盐问题研究》分析了20世纪30年代河北硝土私盐的生产概况、泛滥原因，并列举了缉私举措，包括制定相关法律、加强缉私及改良盐碱地、种植棉花等。该文也是从私盐的角度来论及缉私的举措。内蒙古大学人文学院周创奇的硕士论文《1915—1928年间的西蒙盐业近代化及私盐问题》阐述了西蒙的私盐生产、产生原因及缉私对策。其中，论及缉私队的沿革、驻扎地点、武器装备等情况。但其他情况记述不够详尽。李福德、赵伯蒂的《从历代缉私看川盐缉私》②以历史的视角对中国历史上的私盐种类、泛滥原因、缉私措施进行了阐释，审视了现在四川私盐的种类、泛滥条件。从历代缉私的得失，分析了现代私盐、缉私和消费者三者之间的关系，提出了对现代盐务缉私的看法。这是一篇评述系统、较有见地的好文章。但在缉私措施上并未作深入探讨。盐城市博物馆的曹爱生、史为征的《论清代两淮海盐的缉私》③以较新的视角分析了私盐产生的根源，缉私的措施包括制定法律、设立公垣、制定凭堆派引章程、根据实际情况制定各种规例。他还分析了两淮私盐难以禁绝的原因，主要是场私难禁、枭私难禁、邻私难禁。吕一群的《清末私盐对湖广市场的争夺和政府的缉剿》④谈及了湖广私盐的种类及私盐对湖广市场的争夺以及清政府的缉禁措施。曹金发、董杰的

---

① 蔡鸿源编：《民国法规集成》，黄山书社1999年版。

② 李福德、赵伯蒂：《从历代缉私看川盐缉私》，《盐业史研究》1995年第2期。

③ 曹爱生、史为征：《论清代两淮海盐的缉私》，《盐城工学院学报》（社会科学版）2009年第3期。

④ 吕一群：《清末私盐对湖广市场的争夺和政府的缉剿》，《湖北大学学报》（哲学社会科学版）2006年第6期。

《试析南京国民政府抑制两淮私盐的措施》① 阐述了国民政府为抑制两淮私盐采取的种种措施。如增加财政收入，完善缉私队伍、寻求军队支持，在产销各个环节查禁各类私盐、对特殊情形进行特殊整顿等。

（2）阐释缉私营队的基本状况及其缉私效果。这类论文述及了缉私营队的基本状况，一般是利用一些律条、奏折、方志、个案等史料来加以考证，鲜有对缉私营队内部情形进行考察，存在研究不够全面、深入的问题。南京大学法律史专业邰婧的《从刑政汇览看清朝盐政中的缉私》② 以法律的视角审视了清代缉私队伍的人员构成、缉私特点和拒捕问题。但未对缉私营队作进一步的探讨。云南大学人文学院赵小平的《民国时期云南盐商、私盐和缉私关系探析》③ 认为民国时期云南存在新旧盐商关系，这使得云南私盐更加泛滥。在官商勾结、商兵勾结、商灶勾结下，缉私名缉实保。该文从盐商活动的独特角度对云南的私盐种类和泛滥原因加以分析，并对缉私队的营制情况加以简要叙述。不足的是未谈及其他缉私措施。张小也的《清代盐政中的缉私问题》④ 考察了清代私盐缉而无果的原因，主要是因为缉私队伍腐败无能、缉私人员构成复杂、缉私人员规模过于庞大、缉私队伍装备落后、激励机制低效等问题。张丹丹的《雍正朝缉私私盐情况初探》⑤ 阐释了雍正朝的缉私队伍、缉私经费和缉私措施等方面。以上两文都是利用奏章、文章、志书等史料进行叙述，未能利用缉私营队本身史料加以考察，就显得可信度不够。吴海波、李曦《清政府对私盐的防范和打击——以江西为例》⑥ 在回顾历代缉私措施的基础上，以江西为例，对清代缉私措施进行了阐述：制定缉私法律；设关置卡加强缉私。并对当时缉私效果不佳进行了分析。

（3）以法律的视角看盐务缉私。姚顺东的《浅论南京国民政府对食

---

①　曹金发、董杰：《试析南京国民政府抑制两淮私盐的措施》，《淮北煤炭师范学院学报》（哲学社会科学版）2006 年第 8 期。

②　邰婧：《从刑政汇览看清朝盐政中的缉私》，《法制与社会》2007 年第 1 期。

③　赵小平：《民国时期云南盐商、私盐和缉私关系探析》，《四川理工学院学报》（社会科学版）2008 年第 2 期。

④　张小也：《清代盐政中的缉私问题》，《清史研究》2000 年第 1 期。

⑤　张丹丹：《雍正朝缉私私盐情况初探》，《兰台世界》2009 年第 1 期上半月。

⑥　吴海波、李曦：《清政府对私盐的防范和打击——以江西为例》，《盐业史研究》2005 年第 1 期。

盐走私的立法控制》① 谈到了南京国民政府面对严重的私盐问题，注重法律制定，并加强缉私队伍的建设，规范缉私人员的执法行为，取得了一定的成绩。该文从法律的层面对缉私营队的建设进行了阐述，可惜未结合缉私营队的实际活动情形对这些法律实施的效果加以检验，因而也未能对这些法律的可行性加以评述。江希㟧的《浅议两淮盐业缉私沿革》② 简要回顾了两淮盐业从古代直至 1994 年的缉私机构建设及不断完善缉私法规制定的历程。该文时间跨度大，没能对缉私措施作深入探讨，只是罗列缉私机构及法规名称。刘广义的《论食盐缉私律例》③ 从历史的视角为现在的缉私提供借鉴。认为"中国的食盐缉私制度始于唐肃宗上元二年（761年）"。并主要对民国时期和新中国成立后的主要缉私法律作了回顾。本书只对历史上的法律作了简单回顾而未对各时期法律的实施及效果等加以分析。聂鑫的《盐（铁）问题的困境——思想与制度的历史考辨》④ 从盐（铁）之辨和盐政变迁入手，分析了中国盐政制度的发展历程，得出了中国盐政没有出现进步的结论。

（4）从经济学的角度对盐务缉私提出应对之策。倪玉平的《激励的悖论——试论清代的盐业缉私》⑤ 根据经济学博弈论中"激励的悖论"模式认为，清政府只注重对私盐的惩罚而忽视了对有关执法部门的监督和对失职行为的查处力度，是清代私盐屡禁不绝的重要原因。薛培的《试论清代封建国家干预盐业经济的基本模式》⑥ 运用经济学的理论分析了清政府利用经济手段和行政手段对盐业进行干预与管理，收到了较好的效果。胡昕的《盐业管理体制改革方向的经济学思考》⑦ 运用经济学上公共产品和私人产品的理论来论证中国现在盐业管理体制改革的方向，提出了根据不同地区和人群取消盐业专营制度，实现盐业市场化生产经营，提出了可行性的措施。陈学文的《盐业立法和执法的正本清源》⑧ 以历史的视角审

---

① 姚顺东：《浅论南京国民政府对食盐走私的立法控制》，《盐业史研究》2004 年第 4 期。
② 江希㟧：《浅议两淮盐业缉私沿革》，《盐业史研究》1996 年第 2 期。
③ 刘广义：《论食盐缉私律例》，《盐业史研究》1996 年第 2 期。
④ 聂鑫：《盐（铁）问题的困境——思想与制度的历史考辨》，《法律科学》（西北政法学院学报）2007 年第 1 期。
⑤ 倪玉平：《激励的悖论——试论清代的盐业缉私》，《盐业史研究》2006 年第 4 期。
⑥ 薛培：《试论清代封建国家干预盐业经济的基本模式》，《盐业史研究》2001 年第 2 期。
⑦ 胡昕：《盐业管理体制改革方向的经济学思考》，《苏盐科技》2008 年第 12 期。
⑧ 陈学文：《盐业立法和执法的正本清源》，《盐业史研究》1996 年第 2 期。

视了现在私盐泛滥的应对之策：加强盐业立法和执法的力度。

（5）历史人物治理盐务、禁缉私盐的措施研究。李涵等的《缪秋杰与民国盐务》① 叙述了缪秋杰在两淮、四川等地治理盐务的措施。其中提到了缪秋杰在整顿缉私方面因地制宜、灵活机巧、坚决严厉地采取了许多措施，使两淮盐务状况有了明显好转。安徽师范大学历史系副研究员盛茂产的《林则徐与盐务缉私》② 阐释了林则徐在任湖广总督期间的缉私措施。林则徐认为官运商盐、减价售卖以敌邻私并无成效，所以采取严缉的措施，大见成效。该文虽然以独到的视角阐述了林则徐的缉私措施，但对林的这些措施研究、认识深度不足。盛茂产的《孙玉庭与盐务缉私》③ 阐述了孙玉庭在销盐口岸调整缉私机构和官员，并根据实际情况完善了一些缉私章程。陈芳的硕士论文《曾国藩对两淮盐务治理之研究》叙述曾国藩对两淮盐务的治理情形。其中也论及了曾国藩治理私盐的措施。另外，还有一些研究成果涉及刘晏、丁宝桢、陶澍、包世臣、魏源、胡林翼、左宗棠、李鸿章、张謇等治理盐务、改革盐务的举措，其中也提及了盐务缉私内容。

（二）关于私盐问题研究

20 世纪上半期的盐务研究中，研究人员充分注意到了私盐问题。只是这一时期尚未出现专门研究私盐的专著。私盐问题一般被看作官盐的对立物而存在。这些专著在记述中国各朝代的盐政时，一般会述及私盐。如日本的日野勉的《清国盐政考》④，盐务署主编的《中国盐政沿革史》⑤，盐务署令张茂炯等编的《清盐法志》⑥，田斌的《中国盐税与盐政》⑦，曾仰丰的《中国盐政史》⑧，林振翰的《中国盐政纪要》⑨，景学钤的《盐政丛刊》（1920 年）、《盐政丛刊（二集）》（1932 年）、《盐务革命史》，欧

---

① 李涵等：《缪秋杰与民国盐务》，中国科技出版社 1990 年版。
② 盛茂产：《林则徐与盐务缉私》，《盐业史研究》2002 年第 2 期。
③ 盛茂产：《孙玉庭与盐务缉私》，《盐业史研究》2002 年第 1 期。
④ ［日］日野勉：《清国盐政考》，东亚同文会 1905 年版。
⑤ 盐务署：《中国盐政沿革史》，盐务署 1915 年版。
⑥ 张茂炯等编：《清盐法志》，盐务署 1920 年版。
⑦ 田斌：《中国盐税与盐政》，江苏省印刷局 1929 年版。
⑧ 曾仰丰：《中国盐政史》，商务印书馆 1937 年版。
⑨ 林振翰：《中国盐政纪要》，商务印书馆 1930 年版。

宗祐撰的《中国盐政小史》①、陈沧来的《中国盐业》②，蒋静一的《中国盐政问题》，张子丰、张英甫著的《河南火硝土盐调查》③，张绣文的《台湾盐业史》④ 等都对私盐有所记述。大多是根据当时社会或盐区具体情形谈及私盐的种类，出现泛滥的原因等内容。另外，1932 年北京社会调查所创办的中国第一份经济史学刊物《中国近代经济史研究集刊》中的部分文章也谈及了私盐。日本的佐伯富《清代盐政之研究》⑤ 认为，私盐泛滥的主要原因是私盐质优价低，购买方便，政府缉私不力。

还有一些当时的报纸，比如《大公报》等也登载了一些有关私盐的文章：张中立的《查禁硝土盐之意义》⑥、戴庆煜的《硝盐论》⑦、刘和的《土盐与农村》⑧、曾仰丰的《土盐问题》⑨ 等，但限于篇幅，没能对私盐问题展开论述。

20 世纪后半期学界对私盐的研究逐步趋于深入。专著和文章不断涌现。私盐研究的时段主要涉及唐、宋、明、清、北洋政府、南京国民政府、新中国等时期。内容涉及私盐的定义、沿革、种类、产生原因、影响、贩私人员等。其中，对清代私盐的研究较充分，对中国古代和北洋政府时期研究尚显不足。

1. 对中国古代私盐的研究

史继刚的《中国古代私盐的产生和发展》⑩ 认为私盐是中国古代政府不合理的食盐专卖制度的直接产物。它大约出现在春秋末期和战国时期。其发展以中唐为界分为前、后两个阶段：中唐以前的初步发展时期和中唐以后的泛滥时期。这篇文章的新意在于突破了管仲"官山海"以来即出现私盐的观点。

唐宋时期私盐的研究，以全局性私盐研究为主。马新的《榷盐与私

---

① 欧宗祐：《中国盐政小史》，商务印书馆 1927 年版。

② 陈沧来：《中国盐业》，商务印书馆 1929 年版。

③ 张子丰、张英甫：《河南火硝土盐调查》，黄海化学工业研究所 1932 年版。

④ 张绣文：《台湾盐业史》，台湾银行 1955 年版。

⑤ ［日］佐伯富：《清代盐政之研究》，日本京都大学东洋史研究会 1956 年版。

⑥ 张中立：《查禁硝土盐之意义》，《大公报》1934 年 9 月 7 日。

⑦ 戴庆煜：《硝盐论》，《大公报》1934 年 10 月 27 日，10 月 28 日。

⑧ 刘和：《土盐与农村》，《大公报》1935 年 8 月 16 日，8 月 17 日。

⑨ 曾仰丰：《土盐问题》，《大公报》1935 年 10 月 3 日，10 月 4 日。

⑩ 史继刚：《中国古代私盐的产生和发展》，《盐业史研究》2003 年第 4 期。

盐贩的盛行》① 认为唐代私盐的盛行主要是因为唐代的榷盐制。文章就唐代私盐的产生、表现形式及私盐与唐朝的灭亡关系提出了自己的观点。姜锡东的《关于宋代的私盐贩》区分了"私盐贩"和"私盐犯"的概念。认为私盐贩实际是盐商中特殊的一类。它有自己的特点即非法性和叛逆性、武装化和团伙化，在宋代食盐生产和流通中有自己的作用。史继刚在宋代私盐研究方面颇有建树，他的以下几篇文章阐述了宋代私盐情形。《宋代私盐贩阶级结构初探》② 认为宋代私盐贩结构复杂，重利吸引了各个阶层的人跻身私盐行列：不仅有下层劳动群众，还有统治阶级中的豪商猾贾和一些专门以私盐贩销为业的盐枭。他的《宋代私盐的来源及其运销方式》③、《浅谈宋代私盐盛行的原因及影响》④ 论述了宋代私盐产生的原因及其运输和销售情形。他与余明共著的《论宋代私盐的市场供给》认为私盐供给的主要渠道：一是官府控制下的诸盐场盐户、盐官及民间诸色人的私煎私卖；二是官盐在被盗卖或销售过程中的违禁；三是周边地区食盐的走私入境。郭正忠的《宋代私盐律述略》⑤ 比较了唐宋时期的私盐治罪律，指出了宋代私盐法律的特点。罗雄飞的《宋代汀、赣诸州私盐问题探析》⑥ 指出了汀、赣诸州私盐的特点：大众化、武装化、长期化。并且分析了私盐产生的原因和影响：是食盐专卖政策和特殊的历史地理环境的产物；私盐贩集"贩"、"盗"于一身。汀、赣诸州的私盐问题不仅在食盐供销方面有全局性意义，还直接反映着宋代的社会经济状况。

明代私盐研究成果不多。徐泓的《明代的私盐》⑦ 和美国黄仁宇的《十六世纪明代中国之财政与税收》⑧ 论及了明代私盐。

学术界对清代私盐的研究比较充分、全面。从时间上来讲，涉及整个清代时期；从盐区范围上，涉及四川、两淮、鄂西北、两广、陕西、江

---

① 马新：《榷盐与私盐贩的盛行》，《盐业史研究》1999 年第 4 期。

② 史继刚：《宋代私盐贩阶级结构初探》，《盐业史研究》1990 年第 4 期。

③ 史继刚：《宋代私盐的来源及其运销方式》，《中国经济史研究》1991 年第 1 期。

④ 史继刚：《浅谈宋代私盐盛行的原因及其影响》，《西南师范大学学报》（人文社会科学版）1989 年第 3 期。

⑤ 郭正忠：《宋代私盐律述略》，《江西社会科学》1997 年第 4 期。

⑥ 罗雄飞：《宋代汀、赣诸州私盐问题探析》，《中国社会经济史研究》2005 年第 2 期。

⑦ 徐泓：《明代的私盐》，《台湾大学历史系学报》1982 年第 7 期。

⑧ ［美］黄仁宇：《十六世纪明代中国之财政与税收》，阿风等译，生活·读书·新知三联书店 2001 年版。

西、新疆等地。与前代私盐研究相比,清代区域性私盐研究特点明显;从研究内容上,涉及私盐概念的界定、种类、危害、原因、特点、个案、运销形式、私盐与盐政制度、私盐与地方社会关系等;从研究成果形式上,有论文、专著;从研究人员来看,既有中国大陆学者,又有中国台湾学者,还有日本、美国等国外学者;从研究角度上,有法律层面、盐政制度、私盐与社会关系、个案分析等。

对"私盐"概念的界定,王小荷在《清代两广盐区私盐初探》① 一文中认为,私盐有两种含义,一种是不纳任何饷课,逃避所有掣验的盐斤;另一种即所谓越界私盐。吕一群在《清代湖广私盐浅议》② 中认为,所谓私盐,就是由商贩偷运,没有缴纳盐税的盐,包括官私、枭私和邻私等。

从地域角度看,学界对于各个地区私盐盛行的原因及影响等研究也越来越全面、深入。关于两淮私盐研究成果颇丰。吴海波的清代私盐研究成果颇为丰硕。他的《道光年间江西私盐案浅探——以〈刑案成式〉为例》可谓见微知著:以一些发生在道光年间的私盐个案来分析清代私盐的复杂性、严重性和多样性。阐释了清代私盐泛滥的原因、特点及影响。所欠的是对史料可信性的分析。《清中叶江西中、南部地区枭私的活动特点与运销方式》③ 及其博士论文《清中叶两淮私盐与地方社会——以湖广、江西为中心》都论及了江西等地的私盐。《清代两淮榷盐体制的演变与私盐》④认为,清代两淮榷盐体制经历了纲盐制、票盐制和循环转运法三个阶段。榷盐体制的演变与私盐的泛滥密切相关:榷盐体制的不合理性成为私盐泛滥的重要诱因。而私盐的泛滥则加速了榷盐体制的败坏与演变,并最终促使榷盐体制随着清政府的日渐衰落而崩溃。《清代湖广官盐运销流通与私盐》认为湖广地区边私侵灌严重,主要缘于僵化的划界行盐制。曹金发、董杰的《一把双刃剑——试析清代两淮私盐社会影响的双重性》⑤ 认为清代两淮盐区私盐泛滥,与这一时期的老百姓、盐商、官府都紧密联系,给

---

① 王小荷:《清代两广盐区私盐初探》,《历史档案》1986 年第 4 期。

② 吕一群:《清代湖广私盐浅议》,《华中师范大学学报》1991 年第 4 期。

③ 吴海波:《清中叶江西中、南部地区枭私的活动特点与运销方式》,《盐业史研究》2005 年第 4 期。

④ 吴海波:《清代两淮榷盐体制的演变与私盐》,《求索》2005 年第 3 期。

⑤ 曹金发、董杰:《一把双刃剑——试析清代两淮私盐社会影响的双重性》,《宿州教育学院学报》2006 年第 6 期。

他们带来了利益，又有不利的一面。方裕谨的《道光初年两淮私盐研究》叙述了私盐的种类、危害。史料翔实，但未作更深入的探讨。

对于云南私盐，丁琼的《清代云南私盐问题研究》观点较为新颖。认为清代云南私盐以咸丰为界，前期主要是腹地私盐，后期主要是边岸私盐。前期腹地私盐的泛滥主要与制度的缺漏、沉重的封建剥削、利益的驱使以及私盐所具有的优势有关。后期边岸私盐的侵销主要与市场需求、边民互市和借销邻盐的基础、天灾人祸、清末名目繁多的盐课以及帝国主义的纵容等因素有关。

另外，黄国信的《清代两广私盐盛行现象初探》①，黄启臣、黄国信的《清代两广盐区私盐贩运方式及其特点》②，方志远的《明清湘鄂赣地区的"淮界"与私盐》③，王肇磊、贺新枝的《鄂西北私盐运道概略》④及《论清代鄂西北私盐运销形式及相关问题》⑤，日本渡边惇的《清末时期长江下游的青帮、私盐集团活动——以与私盐流通的关系为中心》⑥，史玉华的《从巴县档案看清代四川的私盐问题》⑦，杨彩丹的《清末陕西私盐问题研究》⑧ 等都相应地阐述了各个地区的私盐活动状况、影响等内容。

从时间上看，涉及雍正、道光等时期。张丹丹的《雍正朝私盐的种类探析》⑨ 分析了灶私和枭私产生的原因及形式。她的《清朝私盐贩运的影响》⑩ 认为私盐产生由来已久，由于时代背景不同，各时期所产生的影

---

①  黄国信：《清代两广私盐盛行现象初探》，《盐业史研究》1995 年第 2 期。

②  黄启臣、黄国信：《清代两广盐区私盐贩运方式及其特点》，《盐业史研究》1994 年第 1 期。

③  方志远：《明清湘鄂赣地区的"淮界"与私盐》，《中国经济史研究》2006 年第 3 期。

④  王肇磊、贺新枝：《鄂西北私盐运道概略》，《盐业史研究》2008 年第 1 期。

⑤  王肇磊、贺新枝：《论清代鄂西北私盐运销形式及相关问题》，《盐业史研究》2009 年第 1 期。

⑥  ［日］渡边惇：《清末时期长江下游的青帮、私盐集团活动——以与私盐流通的关系为中心》，《盐业史研究》1990 年第 2 期。

⑦  史玉华：《从巴县档案看清代四川的私盐问题》，《滨州学院学报》2005 年第 4 期。

⑧  杨彩丹：《清末陕西私盐问题研究》，《盐业史研究》2006 年第 3 期。

⑨  张丹丹：《雍正朝私盐的种类探析》，《贵州工业大学学报》（社会科学版）2008 年第 5 期。

⑩  张丹丹：《清朝私盐贩运的影响》，《吉林师范大学学报》（人文社会科学版）2007 年第 4 期。

响也有所不同。黄国信的《清代雍正到道光初年的盐枭走私》①涉及盐枭的私盐来源、人员构成、组织与走私方式及盐枭走私盛行不衰的原因。樊甫的《道光十年私盐贩黄玉林案》叙述了道光时期的个案，反映了清代私盐的严重性。

20世纪80年代以降，一些国外学者也都在学术专著中提到了私盐。日本学者佐伯富的《清代盐政之研究》②认为官盐价格昂贵是私盐盛行的主要原因。他对官盐价格昂贵原因进行了分析，并指出了官盐不能敌私的原因；还对私盐的种类、影响等进行了分析。该文史料丰富，理论性强。日本渡边惇的《清末时期长江下游的青帮、私盐集团活动——以与私盐流通的关系为中心》③、岩井茂树的《中国近世财政史之研究》④、美国费正清和刘广京编的《剑桥中国晚清史1800—1911年》⑤、佐伯富的《中国盐政史的研究》⑥和《盐与中国社会》⑦、道格拉斯·诺思的《经济史中的结构与变迁》⑧等，从不同角度论述了私盐的盛行状况或影响等问题。

在国内，武汉大学陈峰的《清代盐政与盐税》⑨对清代盐业史进行了系统的研究。该书分为五个部分，其中"清代私盐的泛滥与巡缉"专门论述清代私盐问题，对私盐的种类、泛滥的原因等进行了分析。张小也的《清代私盐问题研究》⑩利用经济学的理论对清代私盐的种类、特点、原因及地区性特点、私盐活动的发展等进行了分析。这是清代私盐研究较全面和系统的一本书。

---

① 黄国信：《清代雍正到道光初年的盐枭走私》，《盐业史研究》1996年第1期。
② ［日］佐伯富：《清代盐政之研究》，分别发表在《盐业史研究》1993年第3期，1994年第2、3、4期及1996年第1、3期。
③ ［日］渡边惇：《清末时期长江下游的青帮、私盐集团活动——以与私盐流通的关系为中心》，《盐业史研究》1990年第2期。
④ ［日］岩井茂树：《中国近世财政史之研究》，京都大学学术出版会2004年版。
⑤ ［美］费正清、刘广京：《剑桥中国晚清史1800—1911年》，中国社会科学院历史研究所编译室译，中国社会科学出版社1985年版。
⑥ ［日］佐伯富：《中国盐政史的研究》，京都法律文化社1987年版。
⑦ ［日］佐伯富：《盐与中国社会》，载刘俊文主编《日本学者研究中国史论著选译（六）》，中华书局1993年版。
⑧ ［美］道格拉斯·诺思：《经济史中的结构与变迁》，陈郁等译，上海人民出版社1994年版。
⑨ 陈峰：《清代盐政与盐税》，中州古籍出版社1988年版。
⑩ 张小也：《清代私盐问题研究》，中国社会科学出版社2001年版。

2. 对民国时期和新中国私盐的研究

丁长清主编的《民国盐务史稿》[①] 分析了清朝以降私盐的种类、生产、泛滥原因。认为近代以来私盐屡禁不绝的原因，一是中国海岸线漫长曲折，盐斤散布各处，难于缉剿；二是运道阻塞，交通不便；三是官盐税高而价贵，私盐无税而价廉；四是引岸制度的存在是其主要原因；五是缉私军警庇护私盐。李涵等著的《缪秋杰与民国盐政》[②]，丁长清、唐仁粤主编的《中国盐业史》（近代、当代卷)[③] 都谈及了民国时期的私盐问题，但基于文中时间跨度大、内容涵括面广，未对私盐的流通、影响等作更深层次分析。

周创奇的硕士论文《1915—1928 年间的西蒙盐业近代化及私盐问题》阐述了私盐产生的原因，主要是自然因素和管理与制度上的不足及漏洞。

曹金发、董杰的《民国时期的两淮私盐与盐法》[④] 认为，民国时期，两淮盐区由来已久的私盐问题依旧突出，严重影响了财政收入，北洋政府和南京国民政府都力图通过颁布法律、法规、政令等手段来打击私盐、增加税收，客观上取得了一定的效果。他们的《试析民国时期私盐问题的成因》[⑤] 认为民国时期私盐问题产生的原因更加复杂，不仅因为私盐较官盐有优点，还因为历史的、制度的、主观的及供求关系等方面的因素，诸如历史根源、商人贪利、军警擅权、制度漏洞、地方便利及供求之失衡，等等。

朱霞的《私盐、国家垄断与民间权力——以云南诺邓井的私盐问题为例》[⑥] 以下层民众的视角，通过田野调查等方法，诠释了私盐的含义。文章角度较新，给私盐研究提供了启迪。

还有一些文章研究了 20 世纪 20—30 年代河北的硝土私盐问题和河南的土盐问题，比如殷燕的硕士论文《20 世纪 30 年代河北省硝土私盐问题研究》、于晖曙的硕士论文《20 世纪二三十年代河南土盐问题研究》和

---

①　丁长清主编：《民国盐务史稿》，人民出版社 1990 年版。

②　李涵等：《缪秋杰与民国盐政》，中国科学技术出版社 1990 年版。

③　丁长清、唐仁粤主编：《中国盐业史》（近代、当代卷），人民出版社 1997 年版。

④　曹金发、董杰：《民国时期的两淮私盐与盐法》，《铜陵学院学报》2006 年第 2 期。

⑤　曹金发、董杰：《试析民国时期私盐问题的成因》，《中国矿业大学学报》（社会科学版）2006 年第 2 期。

⑥　朱霞：《私盐、国家垄断与民间权力——以云南诺邓井的私盐问题为例》，《广西民族大学学报》（哲学社会科学版）2007 年第 3 期。

曹金发、董杰的《试析国民政府前期两淮私盐的种类》① 等。

对新中国的私盐问题研究,近几年也呈现上升趋势。私盐研究涉及私盐种类、特点、危害、盛行原因、缉私措施等诸多方面。比如何克拉的《私盐流通及其危害初探》②,分析了新中国私盐产生的原因、流通的特点和方式、危害、缉私措施等。高燕的纪实性文章《私盐在侵蚀……》、《私盐不能再泛滥》等文用真实的数据说明了现在私盐泛滥的原因、后果等。李茂顺的《苏北食盐市场区域侵销的成因及治理对策》③、周泽湘的《"食盐专营"与盐的产销平衡浅析》④ 和《食盐专营面临的困境及解决的措施》⑤、罗毅的《关于食盐专卖制度弊端的法律思考》⑥、杨国麒的《关于盐业专卖的探讨》⑦、陈春迎的《论强化食盐专营与构建和谐盐业》⑧、龙超的《论中国食盐专营体制及其未来变革》⑨、饶登科的《社会主义市场经济与食盐专营》⑩、单鑫的《食盐专营:企业身份、行政管理与体制改革——基于88篇"食盐专营"相关文献的研究》⑪、王伟的《中国食盐专营体制之历史性反思》⑫ 等都论及了新中国的私盐问题。

(三)学术界对缉私和私盐的研究态势

截至目前,学术界对缉私的研究表现出了如下态势:

第一,盐务缉私研究呈现出发展趋势,但研究深度尚嫌不够。从研究形式上来看,文章数量从20世纪90年代以来呈逐年上升趋势,但至

---

① 曹金发、董杰:《试析国民政府前期两淮私盐的种类》,《宿川学院学报》2006年第6期。

② 何克拉:《私盐流通及其危害初探》,《盐业史研究》1995年第3期。

③ 李茂顺:《苏北食盐市场区域侵销的成因及治理对策》,《苏盐科技》2002年第6期。

④ 周泽湘:《"食盐专营"与盐的产销平衡浅析》,《盐业史研究》2001年第1期。

⑤ 周泽湘:《食盐专营面临的困境及解决的措施》,《盐业史研究》2002年第4期。

⑥ 罗毅:《关于食盐专卖制度弊端的法律思考》,《四川理工学院学报》(社会科学版)2007年第6期。

⑦ 杨国麒:《关于盐业专卖的探讨》,《中国井矿盐》1995年第5期。

⑧ 陈春迎:《论强化食盐专营与构建和谐盐业》,《驻马店日报》2007年4月6日第2版。

⑨ 龙超:《论中国食盐专营体制及其未来变革》,《经济问题探索》2005年第12期。

⑩ 饶登科:《社会主义市场经济与食盐专营》,《盐业史研究》1998年第3期。

⑪ 单鑫:《食盐专营:企业身份、行政管理与体制改革——基于88篇"食盐专营"相关文献的研究》,《行政论坛》2009年第1期。

⑫ 王伟:《中国食盐专营体制之历史性反思》,《四川理工学院学报》(社会科学版)2007年2月。

今尚未出现专门研究盐务缉私的专著。从内容上来看，盐务缉私一般停留在私盐研究的附属地位，且仅限于罗列缉私措施史实，对私盐盛行的原因与缉私措施之间的内在关系并未作深入探讨；或是在法律层面上探讨缉私措施，而这仅仅是缉私举措的一个层面，无法从法律内容的是否严厉上来考量缉私效果；更缺乏以盐务缉私为核心视角来审视缉私的外部环境和内在情形的研究，从而也未能把缉私的措施、效果放在当时的社会政治、经济、文化等大背景下来分析考量，也就未能对缉私得失做出客观、公正的评价。从研究力度上看，盐务缉私研究力度尚不及私盐研究，原因可能是多方面的，但这直接影响了人们对盐政的系统性、完整性的认识。

第二，缉私营队，作为缉私法律令则最重要的执行者、缉私要务的第一线人员——未受到学者们的充分关注。完善的法律规章要靠执法者去充分执行才会出现完美的效果。现有一些论及缉私营队的文章，主要集中在缉私人员的腐败无能导致缉私无果层面上，而对这一现象的成因鲜见有人加以全面剖析。另外，未见有人从缉私营队的内部情形角度对缉私营队制度作全面深入考察。

第三，学术界对清代及国民政府时期一些盐区的盐务缉私研究较多，成果也较丰富，但对北洋政府时期的盐务缉私研究尚处于起步阶段。

第四，各盐区的盐务缉私研究呈现不均衡情状。对两淮盐区的盐务缉私研究较多，但别的盐区研究尚显不足。比如长芦盐区，对长芦盐区的盐务研究就显得非常薄弱，对长芦盐务缉私研究则几为空白。

第五，关于私盐研究。在20世纪初，私盐研究就开始起步；至20世纪下半期，本领域的研究取得了很大成就，呈现出私盐研究时间跨度大、地域范围广、研究层面新、研究人员多等可喜现象。但也还存在好多问题，比如视角还比较单一、深度不够、可开拓空间尚大等。可以把私盐研究放在政治、社会、地方发展等大背景下对其流通与影响加以考证。

### 三　选题意义及写作依据

（一）选题意义

近年来学术界对长芦盐务的研究有所进展，但仍显十分薄弱，表现在论文不多，专著更不多见。曾仰丰著的《整理长芦盐务报告书》（1934年

6月）讲述长芦盐务减销的原因等。长芦场志编修委员会编的《长芦盐志》①记述了长芦盐业的历史和现状，注重介绍其生产运销流程，具有较强的资料性。还有一些书籍论及了长芦盐务，如关文斌的《文明初曙——近代天津盐商与社会》②，孙德常、周祖常编的《天津近代经济史》③，郭蕴静、涂宗涛编著的《天津古代城市发展史》④等，主要从天津城市发展层面探讨了长芦盐业在其发展过程中的作用。

　　20世纪80年代以来出版的一些史料汇编或多或少地涉及了长芦盐务。（1）涉及长芦盐务内容较多的，如天津市政协文史资料研究委员会编的《天津文史资料选辑》⑤、《塘沽文史资料选辑》⑥、《汉沽文史资料选辑》⑦，河北省文史资源研究委员会编的《河北文史集萃·经济卷》⑧，丁长清编的《近代长芦盐务》⑨等选编了有关长芦盐务的一些回忆录和文章。（2）沈云龙主编的《近代中国史料丛刊》⑩、全国政协文史资料研究委员会编的《文史资料选辑（第44辑）》⑪、朱玉泉主编的《李鸿章全书》、李翰祥编辑的《曾国藩文集（一）》⑫也部分涉及了长芦盐务。（3）一些史志书籍，如张岗著的《河北通史·明朝卷》⑬、河北省地方志编纂委员会编的《河北省志·盐业志》⑭等对长芦盐务历史进行了全面的阐述。

　　一些论文论述了长芦盐业的盐官制、盐商、盐业发展及与社会的关系

　　① 长芦场志编修委员会编：《长芦盐志》，百花文艺出版社1992年版。
　　② 关文斌：《文明初曙——近代天津盐商与社会》，天津人民出版社1999年版。
　　③ 孙德常、周祖常编：《天津近代经济史》，天津社会科学出版社1990年版。
　　④ 郭蕴静、涂宗涛编著：《天津古代城市发展史》，天津古籍出版社1989年版。
　　⑤ 天津市政协文史资料研究委员会编：《天津文史资料选辑》（第26辑）、（第30辑），天津人民出版社1984年版。
　　⑥ 天津市政协文史资料研究委员会编：《塘沽文史资料选辑》（第2辑），天津人民出版社1988年版。
　　⑦ 天津市政协文史资料研究委员会编：《汉沽文史资料选辑》（第1辑），天津人民出版社1987年版。
　　⑧ 河北省文史资源研究委员会编：《河北文史集萃·经济卷》，河北人民出版社1992年版。
　　⑨ 丁长清编：《近代长芦盐务》，中国文史出版社2001年版。
　　⑩ 盐务署印行《中国盐政沿革史（长芦）》，民国三年十二月。
　　⑪ 李鹏图《长芦盐务五十年回顾》，载全国政协文史资料研究委员会编《文史资料选辑（第44辑）》，文史资料出版社1964年版。
　　⑫ 李翰祥编：《曾国藩文集（一）》，九州图书出版社1997年版。
　　⑬ 张岗：《河北通史·明朝卷》，河北人民出版社2000年版。
　　⑭ 河北省地方志编纂委员会编：《河北省志·盐业志》，中国书籍出版社1996年版。

等。申玉山、梁瑞敏的《长芦盐务与第二次直奉战争》① 利用档案资料，论述了北洋军阀之间的混战尤其是第二次直奉战争给长芦盐务造成严重冲击和影响。胡光明的《论清末商会对长芦盐务风潮的平息》，对 1911 年春清王朝覆亡前爆发的亏欠洋官商款 1000 万余两白银的长芦盐务风潮，从资本主义世界市场与近代中国市场交互关系的宏观背景下，分析其发生的远近原因、平息过程与历史教训，以揭示近代津直商会这一新生的资产阶级法人团体在近代中国市场体系中发挥的不可替代的中介功能与作用。芮和林的《浅析乾隆时期长芦盐商走向衰落的原因》② 认为，长芦盐商财势在清代康、雍年间最盛，乾隆朝时开始滑落。由于乾隆对长芦盐商的巧取豪夺，盐商纷纷破产或负债，走向破产。巩立彬的《清代长芦盐官制度》③ 记述了长芦盐官的设置、选拔和任用、考核和奖惩方面的情形。原祖杰的《清代的天津商人与社区认同》④ 阐述了清代天津商人的崛起，并形成了行会、会馆和芦纲公所。经济利益和城市生活使这些居民连成一个社区，而以商人为主体的社会参与对于社区意识的形成发挥了重要的影响。郭明涛的硕士论文《日本对长芦盐的掠夺与食盐统制配给研究》对日本在全面侵华战争期间除了直接对长芦盐进行掠夺——长芦盐输日外，还利用食盐统制配给制进行了掠夺。刘洪升的《试论明清长芦盐业重心的北移》⑤ 认为，长芦盐业自"汉以来率皆注重沧州"，沧州是"盐产中心"和"盐运总汇之地"。管理长芦盐业的机构——长芦盐运司就驻其地。直至明中叶，长芦盐业的重心一直在沧州。明中叶以降，长芦盐业的重心逐渐北移。到清代，天津则取代沧州成为长芦盐业的重心。运道的变迁和晒盐技术的推广是长芦盐业重心北移的关键。芮和林的《新中国的芦盐运销体制》叙述了长芦盐务运销新体制的建立、职能、扩大销量的措施及盐价等。另外，林永匡的《清初的长芦运司盐政》和《清代长芦盐商与内务府》等都论及了长芦盐务。

---

① 申玉山、梁瑞敏：《长芦盐务与第二次直奉战争》，《河北师范大学学报》（哲学社会科学版）2009 年版。

② 芮和林：《浅析乾隆时期长芦盐商走向衰落的原因》，《盐业史研究》1994 年第 4 期。

③ 巩立彬：《清代长芦盐官制度》，《唐山师范学院学报》2009 年第 5 期。

④ 原祖杰：《清代的天津商人与社区认同》，《四川大学学报》（哲学社会科学版）2007 年第 1 期。

⑤ 刘洪升：《试论明清长芦盐业重心的北移》，《河北大学学报》（哲学社会科学版）2005 年第 3 期。

纵观学术界对长芦盐务的研究，研究成果不多，探讨视角不广，研究领域主要集中在清代长芦盐政的某些侧面，对民国时期等阶段的研究尤显薄弱，对长芦缉私营的研究几为空白。本人拟对北京政府时期长芦盐区缉私营制进行研究，约略有以下一些意义。

第一，可以为改变中国重要盐产区——长芦盐区的研究薄弱局面做些琐微工作，笔者布鼓雷门，以图抛砖引玉，期望学术界加强对长芦盐务的研究力度。

第二，截至目前，学术界对盐务行政的重要领域——缉私营队的研究尚处于空白阶段。笔者打算主要利用河北省档案馆馆藏珍档——《长芦盐务》档案中有关缉私营队的档案资料，对长芦缉私营队从内部并结合其执法的外部环境进行详细、具体的考察，以客观、公正地去考量、评价缉私营队的工作及缉私效果。为填补这一重大空白做一点贡献。

第三，尝试对盐务缉私研究进行研究角度创新。以往的文章、专著往往从一些奏章、法律文件和旁人的记述书志层面去评价缉私营队，得出的结论一般是缉私无果主要是缘于缉私营队腐败无能。未对缉私营队的缉私活动作全面考察即下结论，就显得带有主观臆断和隔靴搔痒之嫌。笔者认为其"无能"、缉私无果，不仅由于其作风腐败，可能也与相关制度的不完善有关。笔者打算从缉私营的具体状况入手，对盐务缉私制度及缉私效果进行分析考量，以全面客观地破解私盐难禁之谜。

第四，对北京政府时期的盐务治理研究也做点工作。以前学术界对北洋军阀的研究主要集中在其自身，现在则开始关注北京政府的统治对当时社会的影响。笔者试图以自己的一孔之见献诸此域。同时，长芦缉私营队的变迁也反映了北洋军阀内部的风云变幻和动荡不安的社会情况，也可算是北京政府时期社会生活的一个缩影。本书对其基本状况的阐述，力图再现彼时的社会情况，也可为人们了解这一时期的社会状况提供一点帮助。

（二）写作依据

第一，学界前辈们对私盐和缉私的研究视角、研究方法  研究成果等为笔者进行本书研究提供了理论及方法指导。

第二，笔者在攻读硕士时期，曾研究国民党河北省地方民众武装问题，积累了一定的有关地方武装团队的研究基础，可望为长芦盐务缉私营的研究提供一点借鉴和基础。

第三，笔者在协助郭贵儒、秦进才两位老师查阅长芦盐务档案的过程中，积累了大量的长芦缉私营档案资料。截至目前，笔者已搜集了几百卷之多的有关长芦盐务缉私营的档案资料和部分相关书籍与文章。这些档案资料尘封已久，弥足珍贵，至今极少有人利用过，这为此项研究提供了充实可靠的资料基础。

第四，笔者对历史的兴趣来源于对现实的关注。在中国建设社会主义市场经济的今天，经济的飞速发展伴随着许多美好事物的消亡。人们在迫切追求金钱物质欲望的驱使下，不惜铤而走险，制私贩私，假冒伪劣商品充斥；执法犯法，职务犯罪现象频发……一幕幕触目惊心，发人深省。如何在现有制度下，寻找一种国家制度与社会生活的契合点，让社会在良性轨道上和谐发展，是笔者长期以来力图寻找答案的疑点。长芦缉私营队作为一个处于利益渊薮中心的组织，其发展状况及管理得失必定会给后人留下诸多的经验教训。对长芦缉私营的研究，也许会对自己长久困惑的某些问题提供一个思考的支点。

## 四　本书研究方法

本书论题从方法论上看，涉及了个案与整体关系问题。

从研究对象上看，"长芦缉私营队"可谓个案，而笔者的研究目的是考察北京政府时期盐务缉私营队制度的得失，以图读史知鉴，为现在盐务缉私队伍建设提供借鉴及思考。这就使本书的研究面临特殊性和普遍性、微观和宏观的关系问题。如何处理好这一关系是本书首先应该解决的问题。为此，笔者很赞同美国克利福德·格尔兹在其论著《文化的解释》中表现出的研究方法：研究地点不等于研究对象，"个案的代表性"也不等同于"个案特征的代表性"。研究者研究的应该是个案特征，而非个案。而个案特征是具有重要的代表性的。所以，在研究长芦缉私营时，笔者要在这个个案中进行概括，而不是概括个案，即把微观阐释和宏观概括结合起来，让此个体特征反映当时制度得失这个整体。使二者在动态互动中互相映衬，让长芦缉私营这只麻雀印证当时的缉私制度概况。

从本书的研究范畴上看，它是一个跨政治、经济学科的课题，涉及政治学、经济学、社会学等方面的内容。笔者将以马克思主义唯物史观为指导，以政治学的视角，利用哲学、政治学、经济学、社会学等方面的知识，运用历史性比较、历史考察、归纳、演绎、分析、综合等方法，坚持论从史出、史论结合，主要利用丰富的档案资料资源，爬梳北洋政府时期长芦盐区私盐动态与长芦盐务缉私营制详情及其对缉私效果的影响，结合现在盐务缉私情形，以历史的视角，来审视现在盐务缉私得失，为现在的盐务缉私队伍建设提供借鉴范式。

### 五　本书研究所面临的问题

1. 中国盐政历史悠久、复杂烦琐，初涉者短时段内明晰其究殊非易事。彭雨新的一段话很能说明这个问题："为了专卖和重税，一勺之盐，须经多少难关、多少里程、多少手续，才送到消费者手中。关于盐业，有各处产制海盐、池盐、井盐的地区，称之为产场；有各处销售食盐的分区，称之为引岸；有各种不同的运销制度，名曰官督商销、官督民销、官运商销、商运商销、商运民销，就中以官督商销行之最久；有各种盐官盐役的设置，如清代有巡盐御史、盐运使司、库大使、检验大使、盐道、盐官以及卡员、巡役、书吏，等等；有各种督销的盐引名称，如所谓正引、改引、纲引、余引、陆引、水引以及区别盐斤重量的大引小引；有各种缉私对象，如场私、邻私、官私、军私、商私、枭私等私贩；有各种盐税征课名目，如正课、杂课、盐厘、加价以及陋规、公费，正课、杂课又有各种项目，陋规、公费更是难以悉数。所以，论其复杂烦琐非一般人所易详悉，可称之为'盐糊涂'；论其积弊相沿难以涤刷，可视为历史的沉渣。这就是盐政。"[①] 盐务课题的复杂性与专业性对笔者目前的知识结构提出了挑战，当然更给了笔者今后学术研究发展的博大空间。这有待笔者去不断学习新知识、不断充实自己、更新自己，为今后的盐务研究奠定坚实的知识基础。

2. 研究盐务缉私营这种组织的文章与专著几为空白，可供借鉴与参考的内容极少，给本书研究带来了相当大的难度。这就需要自己多方挖掘、熟悉和考证史料，勇于探索与开拓，谨慎求证、大胆创新。

3. 分析缉私营兵制及管理对缉私效果的影响，目的是求证北洋政府时期缉私营军制及管理体制的成功与失败之处，从而为现在的国家工作人员管理提供借鉴与思考。此课题理论性强，需要笔者具备一定的理论水平，站在一定的理论高度来分析和思考问题。这就需要笔者加大政治学、经济学理论学习力度，努力提高自身理论素养。

---

① 陈锋：《清代盐政与盐税》，中州古籍出版社1988年版，第1—2页。

4. 本书涉及学科多，知识面广，文中需要用到政治学、经济学、社会学及军事学等方面知识，这就需要笔者不断加强相关知识的学习。

总之，盐政问题晦涩难懂，再加之笔者知识水平有限，文章中的错误和缺点在所难免，恳请各位方家多多批评指正，以利笔者改正与提高。

# 第一章　长芦缉私营组建的历史缘起

盐，一种普通的自然资源，但为人们生产、生活所必需，且具无可替代性。正缘于此，盐成了春秋以降诸多朝代力图控制与独占的重要物质，担负着上裕国课、下关民食的多重角色。盐业曾在中国历史上扮演着支柱产业的角色。盐税与田赋、丁税一样，成为了中国历史上诸多政权财政、税收的主要来源。中国盐产丰富，从北到南，自西而东，盐区相望，产地相连；种类齐全，海盐、池盐、井盐、岩盐、土盐，一应俱全。

千百年来，围绕着盐，产生了无税制、征税制、专卖制（包括部分专卖、全部专卖、就场专卖、官商并卖、商人专卖）等复杂纷繁的盐制；出现了正课和杂课、盐厘、加价、陋规、公费等难以悉数的课税项目；诞生了正引、改引、纲引、余引、大引、小引、陆引、水引、肩引、住引等佶屈聱牙的盐销种类；涌动着硝私、场私、邻私、枭私、军私、民私、商私、官私等官民争利的私盐暗流；设置了大农、两丞、均输盐铁官（西汉）、司盐都尉（魏国、西晋、唐）、司盐监都尉（北魏）、总监、副监、监丞（隋朝）、盐铁使（唐）、买纳官、催煎官、运盐官（宋）、都转运盐使、盐课提举司（元）、巡盐御史、都转运盐使、同知副使判官、盐仓大使副使、批验所大使副使、库大使副使、经历、知事、盐课提举司（明）、巡盐御史、盐运使、库大使、检验大使、场官、卡员、巡役、书吏（清）、盐运使、总办、会办、经理、协理、场知事、榷运局长（北洋政府）等的盐务官员。其他各种与盐相关的产、运、销、缉、税方面的细节术语、积弊沉渣更是多如牛毛、晦涩难懂。由此可见，盐在中国历史上早已超越了其自然属性，以庞杂博奥"盐政"的面目融入了历代政治经济制度和体制的范畴，变成了民国及以前历代政权赖以为继的财税依托。历朝历代统治阶级都试图利用其所掌控的国家机器与社会各阶层人们在盐利上反复较量，从而让盐穿越了历史的时空，承载着每个政权的本质、每种制度与体制的内核，在历代政治的舞台上上演了不同时间、不同地点、剧情不同但实质一致的历史活剧。从盐政上，人们更易看清古今政权的相通、更易理解现实是历史的延续的内涵。从而，从盐政的盘根错节中，捕捉太多的国家治理的经验、教训、理念与灵感，也算此曾在中国历史上活跃辉煌千百年、在学术史上贵为显学的盐政留给后世的真正价值吧。

# 第一节  长芦盐区的变迁

## 一  长芦盐区的历史沿革

长芦，原指古漳河的一条支流，"以其旁多芦苇故曰长芦"[1]。公元580年（北周大象二年），设置长芦县，"盖以水为名也"[2]。唐朝贞观年间，长芦县隶属于沧州。宋熙宁初年，废长芦县，改为长芦镇，并入沧州之属的清池。一直到明朝永乐初年，沧州州治迁徙于40里外的长芦，"自明朝移沧州治长芦后，人遂以为沧州而莫知长芦之所在矣"[3]。自此之后，长芦县行政区域被沧州所取代，人们反倒不知道长芦县的确切位置了。明朝时以长芦为产盐旺盛之区，设都转运使司。清朝初年盐运使署移驻天津。虽然在行政区划上，沧州取代了长芦县，但直隶境内环渤海盐区一直沿用"长芦"名称至今。

长芦盐区历史悠久，源远流长。从西周起就有产盐记录，"周有幽州之利，秦有上谷之饶"[4]。汉朝在泉州（今武清县境）、章武（今黄骅市境）、海阳（今滦县境）、堂阳（今南宫县境）设置郡国盐官，掌管盐务。唐朝时，设河北道，长芦盐区隶属于河北道，所以长芦盐又称为河北盐，沿用至今。五代时，河北州郡常遭遇兵祸。五代后唐同光三年（925年），幽州节度使赵德钧为解决军费困难，于芦台南部卤地设置盐场，长芦盐区始有盐场称谓。[5] 在石敬瑭把幽云十六州割让给了契丹以后，长芦盐场就归属了辽国。宋代澶渊议和后，与辽国就以白沟河为界，河南归宋，食沧

---

① 盐务署编：《中国盐政沿革史》，盐务署印行1914年版，第1页。
② 同上。
③ 同上。
④ 同上。
⑤ 长芦盐志编修委员会编：《长芦盐志》，百花文艺出版社1992年版，第14页。

州盐；河北为辽地，食幽平二州盐，实际上都属于现在的长芦盐。元代时，长芦盐场有 22 场：利国场、利民场、海丰场、阜民场、阜财场、益民场、润国场、海阜场、海盈场、海澜场、严镇场、富国场、兴国场、厚财场、丰财场、三叉沽场、富民场、芦台场、越支场、石碑场、惠民场、济民场。明洪武初年，又增设了海盈场、归化场。隆庆年间，裁撤益民、润国、海阜、三叉沽四场，并为 20 场。①

到清朝时期，据史书记载，长芦盐政机构驻地及长芦盐场归并均发生了很大变化："长芦盐官之建置，当前清初年，沿明代旧制，设盐政于天津，设都转盐运使于沧州，命名曰长芦，因州治本宋长芦镇也。康熙二十四年始移运署驻天津。天津分司运同及经历知事、库大使、小直沽批验大使亦驻焉。蓟永分司运判驻丰润县宋家营。盐巡检原驻张家湾，今移驻丰台。至各场大使，历辽、宋、金、元，皆为二十四场。至明隆庆三年，以三叉沽场并入丰财场，以润国场并入阜民，以益民场并入阜财，以海阜场并入海丰，则为二十场。迨前清康熙十八年，以厚财场并入兴国、惠民场并入归化、海润场并入阜财、海盈场并入海丰，则为十六场。雍正十年，以利民、阜民、利国、富民、深州海盈、阜财六场裁归宁河（今天津市宁河区）、河间、交河（今河北省泊头市交河镇）、宁津、东光、青县、沧州、南皮、盐山、庆云、冀州、衡水及山东海丰、乐陵等十四州县，则为十场。道光十一年，以富国场裁归武清、宝坻（今天津市宝坻区）、宁河（今天津市宁河区）、天津、青县、静海、沧州、南皮、盐山、庆云及山东乐陵等十二州县。十二年，以兴国场并入丰财，惟存丰财、芦台、海丰、严镇、越支、济民、石碑、归化八场"②。至道光年间，长芦盐场经过归并，只剩下 8 个盐场了。

民国初年，因芦盐借运，长芦盐政机构又进行了变革。"中华民国元年十二月以淮鄂湘皖等省来芦借运者多，就芦台、丰财、石碑三场筑运，而该场产盐供不敷求，亟须整理场务，扩充滩产。并以原设各场大使权力微薄，难期得力，因将该三场大使裁撤，改设三场务所，各设所长一员，

---

① 冷家骥编：《中国盐业述要》（非卖品），北京文岚簃印书局 1939 年版。
② 长芦盐运使署编：《长芦盐务公报（第 1 期）1913 年 4 月 1 日》，长芦运署出版，河北省档案馆藏档案，卷宗号 680 – 12 – 818。

为改良整顿地步，其余严镇、海丰、越支、济民、归化五场暂仍其旧"①。
芦台场场务所设在寨上坨（原驻芦台镇），丰财场场务所改设在塘沽（原
驻葛沽），石碑场场务所设在大清河（原驻阁各庄）②。1914 年，稽核总
所和长芦稽核分所为了整顿长芦盐务，对长芦盐场进行了进一步的裁并整
合：裁海丰场、严镇场，并入丰财场；裁越支场并入芦台场；裁济民场、
归化场并入石碑场。这样，长芦盐区只剩下石碑场、芦台场和丰财场三
场。同年，改场务所为场务局，各设局长一人。1915 年，局长改称场知
事。同年 3 月，裁废济民、归化两场滩坨。1918 年 3 月，原严镇、海丰
两场滩坨全部裁废。1919 年 8 月至 1925 年，石碑场滩坨及越支场滩田也
先后裁撤，于是全区仅存丰财、芦台两场③。长芦盐区制盐方法均用晒
制，每年平均产量约 600 万担，占全国总产量的 12%。④ 芦台场产量较大
些，丰财场稍少。

## 二　北洋政府时期长芦盐区概况

北洋政府时期，长芦盐区为全国七大海盐产区之一，其产盐量（见
表 1 - 1）、盐销量（见表 1 - 2）、盐税收入（见表 1 - 3）均在全国盐产中
占重要位置。

表 1 - 1　　**北洋政府时期芦盐年产量及在全国盐产中所占比重**　单位：千担,%

| 年份 | 长芦盐产量 | 全国盐产量 | 长芦盐占全国盐产量 |
| --- | --- | --- | --- |
| 1912 | 3568 | 33039 | 10. 8 |
| 1913 | 7018 | 43185 | 16. 5 |
| 1921 | 8630 | 47012 | 18. 4 |
| 1922 | 5999 | 44532 | 13. 5 |
| 1923 | 6063 | 51635 | 11. 7 |
| 1924 | 1534 | 51788 | 3. 0 |

---

① 长芦盐运使署编：《长芦盐务公报（第 1 期）1913 年 4 月 1 日》，长芦运署出版，河北
省档案馆藏档案，卷宗号 680 - 12 - 818。

② 长芦盐运使署编：《长芦盐务公报（第 2 期）1913 年 4 月 16 日》，长芦运署出版，河北
省档案馆藏档案，卷宗号 680 - 12 - 818。

③ 长芦盐志编修委员会编：《长芦盐志》，百花文艺出版社 1992 年版，第 18 页。

④ 参见招远冷家骥编《中国盐业述要》（非卖品），北京文岚簃印书局 1939 年版。

续表

| 年份 | 长芦盐产量 | 全国盐产量 | 长芦盐占全国盐产量 |
|---|---|---|---|
| 1925 | 4507 | 52946 | 8.5 |
| 1926 | 6780 | 55665 | 12.1 |
| 1927 | 5023 | 50001 | 10.0 |
| 1928 | 1519 | 53484 | 2.8 |

资料来源:丁长清等编:《近代长芦盐务》,中国文史出版社2001年版,第25页。

表1-2  北洋政府时期芦盐销量及占全国盐销量的比重统计  单位:千担,%

| 年份 | 长芦盐销量 | 全国盐销量 | 长芦占全国盐销量 |
|---|---|---|---|
| 1914 | 7394 | 37411 | 19.8 |
| 1915 | 6820 | 37174 | 18.3 |
| 1916 | 6158 | 37414 | 16.5 |
| 1917 | 5507 | 39588 | 13.9 |
| 1918 | 7303 | 42035 | 17.4 |
| 1919 | 6965 | 46196 | 15.1 |
| 1920 | 6248 | 42759 | 14.6 |
| 1921 | 6441 | 46998 | 13.7 |
| 1922 | 6688 | 48692 | 13.7 |
| 1923 | 7102 | 47689 | 14.9 |
| 1924 | 5993 | 46939 | 12.8 |
| 1925 | 6052 | 46755 | 12.9 |
| 1926 | 5059 | 46754 | 10.9 |
| 1927 | 4355 | 46852 | 9.5 |
| 1928 | 3830 | 47388 | 8.0 |

资料来源:丁长清等编:《近代长芦盐务》,中国文史出版社2001年版,第28页。

表1-3  北洋政府时期长芦盐税收入及占全国盐税收入的比重  单位:千元,%

| 年份 | 长芦盐税收入 | 全国盐税收入 | 长芦盐税收入占全国 |
|---|---|---|---|
| 1914 | 12842 | 68483 | 18.7 |
| 1915 | 13051 | 80503 | 16.8 |

| 年份 | 长芦盐税收入 | 全国盐税收入 | 长芦盐税收入占全国 |
|------|------------|------------|-----------------|
| 1916 | 13252 | 81064 | 16.3 |
| 1917 | 11715 | 82245 | 14.2 |
| 1918 | 14790 | 88393 | 16.7 |
| 1919 | 15145 | 87823 | 17.2 |
| 1920 | 13957 | 90052 | 15.5 |
| 1921 | 14600 | 107495 | 13.6 |
| 1922 | 15663 | 109011 | 14.5 |
| 1923 | 17169 | 109118 | 15.7 |
| 1924 | 13884 | 105401 | 13.2 |
| 1925 | 14184 | 113818 | 12.5 |
| 1926 | 10799 | 114152 | 9.5 |
| 1927 | 8247 | 119638 | 6.9 |
| 1928 | 6901 | 137045 | 5.0 |

资料来源：丁长清等编：《近代长芦盐务》，中国文史出版社 2001 年版，第 33 页。

从上表可知，北洋政府初年，芦盐产量在全国所占比例很高，最多一年是 1921 年，达 18.4%，近占全国产量的五分之一；平均年销量几占全国年总销量的十分之一强；盐税收入更加显著，平均年收入近占全国当年收入的八分之一强。后来，由于第一次直奉战争和第二次直奉战争爆发等原因，芦盐生产大受影响。其余时间，芦盐销量及税收一直在全国占很大比重。长芦盐区为当时重要盐产区之一。

（一）盐场——产盐区域

长芦盐域环绕渤海湾，北起直隶临榆县归化场，南到山东海丰县海丰场。按照当时海程，共绵延 1400 余里。陆路上，盐场距离当时长芦盐运使司公署所在地天津，远者 700 余里，近的也达 70 里。

1912 年至 1913 年，长芦盐区盐场有 8 场。丰财场、芦台场、越支场、济民场、石碑场、归化场等习惯上称为"北六场"，海丰场、严镇场称为"南二场"。各盐场位置如表 1-4 所示。

表1-4　　　　　　　　　民国初年长芦盐区各盐场位置

| 称谓 | 场名 | 地理位置 | 场域范围 | 距运司距离 |
|---|---|---|---|---|
| 北六场 | 丰财场 | 坐落于天津县属葛沽镇 | 东滨海，西南至党口入静海县界，南接严镇场入沧州界，东北至北塘接芦台场入宁河县界，广延600里 | 距离运司治所70里 |
| | 芦台场 | 坐落于宁河县属芦台镇 | 东南滨海，东至斗沽接越支场入丰润县界，西南至军粮场接丰财场入天津县界，广延120里 | 距离运司治所140里 |
| | 石碑场 | 坐落于乐亭县属阎各庄 | 南滨海，东至石各庄接归化场入昌黎县界，北逾滦河入滦州界，西至大庄河接济民场入丰润县界，广延170余里 | 距运司治所360余里 |
| | 归化场 | 坐落于临榆县属盐务镇 | 南滨海，东抵山海关接奉天宁远州界，北抵长城，西北接抚宁县界，西北接团林镇接石碑场入昌黎县界，广延400里 | 距运司治所700余里 |
| | 越支场 | 坐落于丰润县属宋家营 | 南滨海，西至斗沽接芦台场入宁河县界，东至会家湾接济民场入滦州界，北至稻地亦入滦州界，广延240里 | 距运司治所280里 |
| | 济民场 | 坐落于滦州属柏各庄 | 南至海，东至刘家河接石碑场入乐亭县界，西至会家湾接越支场入丰润县界，北至奔城镇系滦州界，广延120余里 | 距运司治所310里 |
| 南二场 | 海丰场 | 坐落于盐山县属羊儿庄 | 东滨海接山东海丰、乐陵两县界，南至庆云县界，西北接严镇场入沧州界，广延200余里 | 距运司治所360里 |
| | 严镇场 | 坐落于沧州属同居镇 | 东滨海，西至唐官屯接静海县界，南接海丰场入盐山县界，北接丰财场入天津县界，广延120里 | 距运司治所120里 |

　　资料来源：根据河北省档案馆藏档案《长芦盐务公报》之"长芦盐政纪要（卷一）"绘制，卷宗号680-12-818。

　　在各盐场里，有灶地。灶地为国家划给灶户的盐区内土地。"长芦产盐之区，前清沿明旧制，置场于沿海，而区划濒海地土给灶户，以为恒产，名为灶地。其地有肥瘠，课则随焉。"[①] 有滩地。在道光以前，各场有煎有晒。在道光年间，各场一律改煎为晒。"凡晒者，必资于滩，滩之制，前有进潮沟，以引注潮水，沟内有闸，候潮启闭。后有运盐小沟，用船拨盐，以达于坨，四围筑有围垣，所以防滩私也。"[②] 民国3年裁并整合盐场以后，仅剩下石碑场、芦台场及丰财场三场。石碑场包括坨后、老

────────────

　　① 长芦盐运使署编：《长芦盐务公报（第1期）1913年4月1日》，长芦运署出版，河北省档案馆藏档案，卷宗号680-12-818。

　　② 同上。

滩、老米沟、姜石沟等盐滩；芦台场包括南沟、中沟、北沟、尖坨各滩及越支场各滩；丰财场包括塘沽、邓沽、新河、东沽各滩。

（二）运道——行盐孔道

芦盐运输有水运和陆运两种运输方法。在1903年（光绪二十九年）前，芦盐主要依靠水运。以后，随着穿行直豫两省各条铁路的修建，火车运盐逐渐占了主要地位。

民国初年，长芦引盐配行直隶省者，习惯上从水上运输者居多。其水道共有五条：北运河（即白河）、西河（即淀河。由淀河上行为府河、白沟河、府南河）、下西河（即子牙河。由子牙河上行为滏阳河）、南运河（即御河。由御河上行为卫河）、东河（即蓟运河）。沿河各属就近落厂①，分运集镇。处在非沿河之各县，再由沿河盐厂车运至各岸。其配行河南省者，则向由南运河至河南道口镇，再分运各处。汲县（今新乡市卫辉市）、新乡县等处，则多由火车载运，以取径捷。直豫各岸水上运道分列于下：

1. 北运河：沿途有蔡村盐厂，供应武清（今天津武清区）盐店；起河屯盐厂，供应香河盐店。

2. 东运河：沿途有4个盐厂：行仁盐厂供应三河（今三河市）、密云（今北京市密云区）、顺义（今北京市顺义区）、怀柔（今北京市怀柔区）盐店；芦台盐厂供应蓟县、宁河（今天津市宁河区）、宝坻（今天津市宝坻区）盐店；次渠盐厂供应平谷（今北京市平谷区）盐店；窝洛沽盐厂供应遵化盐店；新安镇盐厂供应玉田盐店。

3. 南运卫河：沿途有16个盐厂分别供应各盐店：静海盐厂供应静海（今天津市静海区）盐店；青县盐厂供应青县盐店；沧县盐厂供应沧县盐店；觉地盐厂供应庆云、盐山盐店；南皮盐厂供应南皮盐店；泊头盐厂供应东光、交河（今河北省泊头市交河镇）、阜城、南皮；安陵盐厂供应宁津、吴桥、景县盐店；郑口盐厂供应枣强、故城盐店；油坊盐厂供应曲周、威县、清河、南宫、广宗盐店；龙王庙盐厂供应大名、南乐、清丰盐店；金滩盐厂供应元城、肥乡、广平盐店；岔河嘴盐厂供应魏县归并大名、元城盐店；五陵盐厂供应汤阴盐店；道口盐厂供应浚县、滑县、阳武、温县、济源、长垣、濮阳、东明；道口盐场还供应道清路，道清路上

① 落厂，即盐斤靠岸装仓。

有清化车站清化盐厂和修武车站修武盐厂，前者供应沁阳县、孟县盐店，后者供应修武县盐店；楚旺盐厂供应内黄盐店；新乡盐厂供应新乡、荥泽（今已撤县，归入郑州惠济区）、荥阳（今郑州荥阳市）、汜水（今郑州荥阳市辖汜水镇）、河阴、原武（今新乡市原阳县）、武陟、汲县（今河南省卫辉市）、辉县、获嘉、封丘、延津盐店。

4. 上西河：沿途有苏桥盐厂供应文安、新镇（今为文安县新镇）盐店；苑家口盐厂供应霸县、永清盐店；刘庄盐厂供应任丘县（今任丘市）盐店；苟各庄盐厂供应任丘县盐店；赵北口盐厂供应任丘县盐店；白沟河盐厂供应容城、新城（今高碑店市）盐店；永固桥盐厂供应新城（今高碑店市）盐店；安新盐厂供应安新县盐店；杨村盐厂供应定兴盐店；新安盐厂供应新安归并安新盐店；清苑盐厂供应清苑盐店；曹庄盐厂供应固安盐店；望海庄盐厂供应涿县（今涿州市）盐店；雄县盐厂供应雄县盐店。

5. 下西河：沿途有李各庄盐厂供应新河、宁晋、南宫、冀县盐店；臧桥盐厂供应献县、无极盐店；圈头盐厂供应武邑盐店；零臧口盐厂供应束鹿（今河北省辛集市）盐店；深泽盐厂供应深泽盐店；衡水盐厂供应衡水盐店；小范盐厂供应武强、深县（今衡水市深州市）盐店；流罗镇盐厂供应安国盐店；吕汉盐厂供应饶阳、肃宁盐店；高佐盐厂供应安平盐店；南赵扶盐厂供应大城盐店；张庄盐厂供应晋县、藁城（今石家庄市藁城区）盐店；沙河桥盐厂供应河间盐店；安澜桥盐厂供应高阳盐店；侯家庄盐厂供应博野、蠡县盐店。①

19 世纪末 20 世纪初期，帝国主义国家对中国的侵略进入一个新的阶段，由商品输出过渡到资本输出时期。此时，外国对华投资形式之一就是攫取中国铁路修筑权，以铁路为依托，加深对华政治、经济侵略。中国铁路建设由此开始缓慢发展。途经直隶、河南两省盐产地和引岸的几条重要铁路便在这个时期修成：光绪二十二年（1896 年），京山、京汉部分路段及天津至沧州的铁路通车。京奉路由英国人修建，于 1912 年通车；京汉路由比利时修建，于 1906 年全线通车；道清路［道口至清化镇（今博爱）］由英国、意大利两国修建，于 1907 年通车；陇海路由比利时在原来汴洛路（开封—洛阳）基础上于 1913 年 5 月动工，1915 年 5 月，开封

---

① 参考自"长芦直豫各岸水陆运道统系表"，河北省档案馆藏档案，卷宗号 680 - 8 - 456。

至徐州段通车，同年 9 月洛阳至观音堂段 30 公里竣工。京绥路由中国工程师詹天佑设计，于 1909 年修通了北京到张家口的路段。在直豫境内，铁路通过京奉路与京汉、京张、津浦路相接，京汉路又连接了道清路和陇海路。这些铁路修通后，芦盐运输逐渐依靠铁路火车，对长芦盐区河运形成了很大冲击。

为了整理长芦盐务，盐务稽核总所、长芦盐务稽核分所命令长芦运使修建、扩建长芦各盐坨。1914 年，裁废天津坨。1916 年至 1918 年，丰财场塘沽坨、邓沽坨和芦台场汉沽坨修建、扩建工程相继竣工。塘沽坨、汉沽坨则铺设了专用铁路连通京奉铁路。芦盐水陆并运的时代到来了。后来，芦盐水运逐渐衰退，主要由火车运输。

芦盐运输，离盐坨近的地方即在乡间土路靠大车拉运，比如乐亭县盐总店，由大清河盐坨用大车拉运（距盐坨 50 里）。昌黎、抚宁、卢龙、临榆、滦县、迁安等县都由洋河口盐坨用大车拉运至本县盐总店，其中卢龙和滦县部分路段还要使用火车运输。丰润县盐总店，距宣庄盐厂 30 里，由越支场坨用大车拉运。

离盐坨较远或是火车运输方便的地方，则主要用火车运盐。比如京奉路沿途有落垡车站、廊坊车站、万庄车站、永定门车站和通县车站。这些车站附近都设有盐厂[1]。周边州县盐斤就从这些盐厂起运至本州县盐店。武清县（今天津市武清区）盐总店从落垡盐厂装盐；廊坊盐厂供应安次县盐总店、永清县盐总店和旧州营盐总店；万庄盐厂供应采育营（今北京市大兴区采育镇）盐总店；大兴县（今北京市大兴区）盐总店和宛平县（今北京西城区、丰台区、石景山区、海淀区、门头沟区之全部或大部都曾为原宛平县辖）盐总店则从永定门盐厂装运；通县盐厂盐斤运往通县、顺义县（今北京市顺义区）和怀柔县（今北京市怀柔区）盐总店。

京汉路（由京奉路转入）为芦盐运输的主干道。供应沿途 79 县盐店盐斤。具体县份有：房山（今北京市房山区）、良乡（今北京市房山区）、涿县（今保定涿州市）、新城（今高碑店市）、涞水、易县、定兴、徐水、完县（今保定顺平县）、满城（今保定市满城区）、唐县、望都、定县、曲阳、阜平、新乐、行唐、正定、灵寿、藁城（今石家庄市藁城区）、晋县（今石家庄市晋州市）、元氏、赞皇、赵县、平山、井陉、获鹿（今石

---

[1]　供盐斤装卸的集散地。

家庄市鹿泉区）、栾城（今石家庄市栾城区）、高邑、宁晋、柏乡、隆平、临城、内邱、唐山、邢台、南和、平乡、任县、巨鹿、沙河、永年、鸡泽、邯郸、武安、涉县、成安、磁县、安阳、林县、汤阴、临漳、淇县、汲县（今新乡市卫辉市）、辉县（今新乡市辉县市）、封丘、延津、新乡、原武（今新乡市原阳县）、武陟、荥泽（今已撤县，归入郑州惠济区）、郑县（属今郑州）、中牟、新郑、洧川（今开封市尉氏县洧川镇）、禹县、长葛、许昌、扶沟、鄢陵、尉氏、临颍、舞阳、郾城（今漯河市郾城区）、西华、沈丘、项城、商水、淮阳等，这些县份的盐店盐斤均在京汉路沿途车站盐厂装运，销往全县各地。

另外，道清路获嘉车站盐厂供获嘉县盐总店，道口车站道口盐厂供给阳武县（今新乡市原阳县）、温县、济源县、长垣县、濮阳县、东明县盐总店。陇海路开封车站盐厂运往陈留县、开封县、杞县、太康县、通许县等盐店；荥阳盐厂供应荥阳县、汜水县（今郑州荥阳市辖汜水镇）、河阴县盐店；汜水站也供汜水县（今郑州荥阳市辖汜水镇）；兰封盐厂就供兰封县（今兰考县西部）盐店。京绥路（由京奉路转入）沙河桥盐厂供应昌平县（今北京市昌平区）、延庆县（今北京市延庆区）盐店。①

（三）引岸——销盐区域

长芦引地，在明代，只有北直隶及河南彰德、卫辉二府及开封府的祥符县等 23 州县。至前清顺治初年，怀庆一府及开封府的杞县、太康、通许、兰阳（属今兰考县）、仪封（今兰考县东）五县及南阳府的舞阳一县并入芦纲。清代，芦盐引名繁多，其引名旧有京引、顺引、纲引、蓟引、永引、芦引、津引、河引、正引、陈西引、仪封引、怀引之别，而以纲引为最广。到民国时期，只剩下京引、直引、豫引。芦盐销往直隶省（今河北省境内）达 148 州县，包括直岸（今河北省中、南部）132 县；永平府七县（即永平府所属七县，即滦县、昌黎、临榆、乐亭、迁安、抚宁、卢龙七县），简称"永七岸"（河北省东部）7 县；口北岸（河北省北部）9 县。河南省 80 县，包括豫岸（河南省北、南、西部）59 县，襄八岸（河南省中部）8 县，汝光岸（河南省东南部）13 县。口北岸为蒙盐销区，供应不足时由芦盐借运。襄八岸和汝光岸等地为芦盐和晋盐并销区。

---

① 以上各运道参考自"长芦直豫各岸水陆运道统系表"，河北省档案馆藏档案，卷宗号 680 - 8 - 456。

其中，直岸包括：顺天府、永平府、河间府、天津府、正定府、顺德府、广平府、大名府、遵化州、冀州、赵州、深州、定州、易州并所属涞水县，宣化府属延庆州等。豫岸包括：开封府、彰德府、卫辉府、怀庆府、陈州府、郑州、许州并所属临颍、郾城（今漯河市郾城区）、长葛县，南阳府属舞阳县。①

长芦计引行盐。清朝顺治初年，每年额定销引 719550 道。之后迭次加增，至嘉庆九年，额销引 966046 道。道光年间不断增多和减少销引。同治八年停京引 20000 道，净行销引 662497 道。这个数额一直延续到民国年间。以后遂因政局变幻芦盐销额有所增减。长芦盐包斤重除盐斤外，外加包索、余盐、割没等名目的盐斤。从明朝到清朝，一再发生变化。明朝一引重至 650 斤。至清顺治元年，因斤数太重，秤称难制，把一引分为三引，每引定为 205 斤，包索 20 斤，共 225 斤。康熙十六年，加 25 斤。雍正元年加 50 斤，以 300 斤为一包。雍正十二年，议定河南盐每包加折耗盐 15 斤，直隶盐每包加折耗盐 10 斤。嘉庆十二年，各加耗盐 13 斤 11 两。道光元年各加盐 35 斤，八年各加盐 20 斤，二十一年各加盐 38 斤 12 两，二十八年各加盐 150 斤。光绪二十六年，直引加卤耗盐 20 斤，二十八年豫引加卤耗盐 20 斤。定为顺天直隶省每引配盐 587 斤 7 两，河南省每引配盐 592 斤 7 两。②

## 第二节  长芦盐政与长芦私盐

### 一  长芦盐政

（一）长芦盐制

长芦盐制经历了无税、有税制等阶段。有税制又分为征税制和专卖制两种。征税制即"大率在产地征收。国家在征税以后，任民自由贩运买卖，不加限制"③。专卖制曾经历了官专卖、官商专卖、商专卖几种。民

---

① 长芦盐运使署编：《长芦盐务公报（第 2 期）1913 年 4 月 16 日》，长芦运署出版，河北省档案馆藏档案，卷宗号 680 - 12 - 818。

② 长芦盐运使署编：《长芦盐务公报（第 4 期）1913 年 5 月 16 日》，长芦运署出版，河北省档案馆藏档案，卷宗号 680 - 12 - 818。

③ 曾仰丰：《中国盐政史》，上海书店出版社（根据商务印书馆 1937 年版复印）1984 年版，第 1 页。

国初年，长芦盐制以引岸专商制为主，以官运官销制为辅。

引岸专商制要追溯到明朝。明万历四十五年，两淮盐法疏理道袁世振以积引日多，创行"纲法"，疏销积引，分年派销。"将商人所领盐引，编设纲册，分为十纲。每年以一纲行积引，九纲行现引。依照册上窝数，按引派行。凡纲册有名者，据为窝本，纲册无名者，不得加入。商人得专引岸之利。专商之制，盖源于此。"此法始于两淮，推及长芦。这样，行盐有引，销盐有岸，纲商各自垄断销地，不容他人染指盐利。从此，"政府将收买运销之权，概授之专商，故称为商专卖制"。①

清承明制，沿袭了引岸专商制。各省行盐，沿用明制。招商认窝、领引、办课。引由户部颁发，由各盐运司具文请领。于开征时由各纲商按引交税，然后到指定盐场买盐，经秤放、掣验、引票截角、缴销等手续后，运销各专岸。"凡各省沿海及有池井之地均听民开辟，置场制盐，与商交易。定为民制、商收、商运。视其产之多寡，与其运之远近以配引。而行于各岸，主行盐者，谓之运商；主收盐者谓之场商，盐业之利，乃专擅于商矣。""专引岸之利，子孙相承，世袭其业，由是占岸者曰'业商'，租引者曰'租商'，代租商办运者曰'代商'。"② 如盐商未运完引盐、交足盐税或无力办运者，官府即将该商引窝革退，另募他商承办。清政府为了保证税收，曾创办了官运民贩制。引岸专商制有所动摇，"芦纲当前清初年，除明代开中盐法，招商领引行盐，所谓商运商销也。至道光末年因商情疲累，悬岸有四十四处。其河南所悬之二十处，饬令尽改票盐，仿照淮北成案先课后运，无论资本多寡，一经交课即给盐票，准其贩往所指悬岸行销。至直隶所悬之二十四处，责令各州县或招商或招贩，倘商贩无人，即责成州县官自行领运。如州县实有不能办理之处，仍由盐政遴员官运以济民食，此长芦创办民贩官运之情形也。嗣后迭经招商，由捆运改为认运，由试办改为认办，几复商办之旧。惟新河、平乡二县屡认屡退，乃由运司委员前往官运官销。其永平府七州县自道光年间，因无商承运，由各州县自办课运，每年出入相权、得不偿失。至光绪二十八年，乃改委道员设局督办。由总局发出运本，收买石碑等场滩盐，运赴七州县分局销售。

---

① 以上两段文字引自曾仰丰《中国盐政史》，上海书店出版社（根据商务印书馆 1937 年版复印）1984 年版，第 21 页。

② 同上书，第 22 页。

至宣统三年复因累商十家亏欠外债，经运司代借大清银行款七百万两为之垫还。将该累商引地六十三处收归官办。设总局于运署，并设分局二十余处，委员运销，并将永平七属、新河、平乡二县引岸统归部局经理。"①

引岸专商制，实质就是食盐国家垄断制。在这种制度下，国家政权控制和干预了盐的产、运、销、税、缉等"五政"。盐场面积大小、盐产产量、销盐区域、各盐场对应供应的盐商、盐商销售数量与缴纳的课税，都由国家盐政管理部门做出规定。即所谓"产盐有定场、行盐有定额、运盐有定商、销盐有定岸"。引岸专商制的第二个特点是引地内专商垄断。在这种制度下，各行盐区域并不按行政省区为限，而是根据销盐习惯、运输状况等人为分割区域。各行盐区域内又划分为若干个小区，每个小区内盐斤供应由一定的商人垄断。商人的经济实力、销售范围、地域偏近、运输状况等都决定了这个区域食盐的供应情况。食盐供应情况又与私盐盛衰直接相关。其第三个特点是各引岸之间界限森严、不加联系、没有竞争。商人在各引岸内无论食盐销售情况优劣，均不允许其他盐商染指。这种制度虽然一定程度上保证了国家盐税收入和盐业市场的稳定，但更多的是造成人为阻断各地之间的经济联系、违背经济规律、导致私盐盛行的恶果。貌似井井有条的引岸专商制由于现实情况的千差万别和政局的不稳，结果只能是弊窦丛生，腐败遍地，为私盐的产生提供了必要条件。

民国初年，长芦盐制未及整理。在长芦盐区，仍然承袭清朝引岸专商制，承清之弊，再加上社会动荡，各省各自为政，系统紊乱，盐政纲纪疲敝，官引不兴，枭贩活跃。许多运输不便、民困商乏的地区无商愿意承办盐务，最终形成"悬岸"，如民国元年，因青县、静海（今天津市静海区）、沧州（今沧州市）、盐山、庆云、济源（今济源市）等六州县无商承办，一并归部局派员办运，即所谓"官运官销"。北洋政府时期，在芦盐引岸，实际上存在着两种盐制：一是商运商销制，即引岸专商制；二是官运官销制。两种盐制存在的地域范围如下：

商运商销各州县：

直岸：大兴、宛平（今北京西城区、丰台区、石景山区、海淀区、门头沟区之全部或大部都曾为原宛平县辖）、采育营（今北京市大兴区采

---

① 长芦盐运使署编：《长芦盐务公报（第4期）1913年5月16日》，长芦运署出版，河北省档案馆藏档案，卷宗号680－12－818。

育镇)、通州（今北京市通州区）、良乡（今北京市房山区）、霸县、涿州（今保定涿州市）、房山（今北京市房山区）、怀柔（今北京市怀柔区）、顺义（今北京市顺义区）、密云（今北京市密云区）、固安、大城、文安、保定、永清、武清（今天津市武清区）、平谷（今北京市平谷区）、三河（今三河市）、清苑、满城（今保定市满城区）、定兴、束鹿（今河北辛集市）、安肃（今徐水县）、完县（今保定顺平县）、容城、唐县、祁州（今保定市安国市）、新城（今高碑店市）、雄县、望都、安州（今定州市）、新安（归并安州）、易县、涞水、河间、阜城、肃宁、故城、任丘、宁津、景县、东光、吴桥、交河（今河北省泊头市交河镇）、献县、天津、南皮、正定、获鹿（今石家庄市鹿泉区）、元氏、栾城（今石家庄市栾城区）、井陉、藁城（今石家庄市藁城区）、阜平、无极、平山、灵寿、赞皇、晋县、行唐、南宫、衡水、赵县、高邑、宁晋、深州、武强、饶阳、安平、定州、曲阳、深泽、广宗、沙河、永年、曲周、鸡泽、肥乡、邯郸、威县、清河、广平、磁县、元城（魏县归并元城）、大名（魏县归并大名）、南乐、清丰、东明。

豫岸：祥符、尉氏、荥阳、荥泽（今已撤县，归入郑州惠济区）、氾水（今郑州荥阳市辖氾水镇）、兰封（今兰考县西部）、通许、鄢陵、密县、许州、郾城（今漯河市郾城区）、临颍、西华、项城、沈邱、扶沟、阳安、涉县、临漳、林县、武安、内黄、汤阴、新乡、淇县、滑县、浚县、河内、修武、武陟、孟县、原武（今新乡市原阳县）、舞阳。

官运官销各州县营：

直岸：大兴（今北京西城区、丰台区、石景山区、海淀区、门头沟区之全部或大部都曾为原宛平县辖）（恒义名下）、旧州营、昌平（今北京市昌平区）、延庆州（卫堡）、香河、蓟州、宁河（今天津市宁河区）、宝坻（今天津市宝坻区）、遵化州、玉田、丰润、高阳、蠡县、博野、行唐、新乐、冀州、枣强、武邑、临城、隆平、柏乡、邢台、南和、内邱、巨鹿、唐山、任县、成安、长垣、新河、平乡、卢龙、抚宁、临榆、昌黎、迁安、滦州（今唐山市滦县）、乐亭、青县、静海（今天津市静海区）、沧州、盐山、庆云。

豫岸：汲县、获嘉、辉县、延津、封丘、陈留、杞县、太康、禹县、长葛、郑州、新郑、洧川（开封市尉氏县洧川镇）、中牟、商水、怀宁、阳武（今新乡市原阳县）、温县、济源。

另外，直岸的宣化、怀来、万全、怀安、西宁、龙门、赤城、蔚州、延庆、州堡、保安州、张家口厅、独石口厅、多伦诺尔厅①，在习惯上一直食用蒙盐，由蒙盐公司包运包销各厅州县。

（二）长芦盐价

在引岸专商制下，长芦盐价从盐场工本到各引岸盐店销价，中间经过层层加码，到达消费终端食户手中时，往往盐价高到百姓难以接受。1913年，"长芦盐价向以运道远近、水陆脚价斟酌增减。前清户部则例所载，每斤多则制钱一十七，少则制钱六。其后或因银贵商累，或因河工兵饷，或因赔偿洋款，或因筹办工艺，自乾隆初年至宣统三年，迭次加价，平价后综计现行盐价每斤多则制钱五十一文，少则制钱三十二"。②

民国时期，芦盐销价高的原因并非芦盐出场价过高，相反，芦盐的出场价有时还不及工本价格。芦盐生产者灶户从明代起，就开始受商人们控制。到了清代，灶户们由于贫困，依然要从商人处借贷充作工本，从而仍然受商人控制。

芦盐的运盐成本，"惟以课项之多寡、滩产之贵贱、道路之远近、运脚之难易为衡，而尤以银价之高低为轻重"。③ 从清朝嘉庆、道光年间，因银价过高，商人易银交课成本过重，以致出现商倒岸悬情形。后屡经减引加价、设法调剂，但商人仍觉难以支付，使改归官运者比比皆是。然而，无论商运、官运，所需运本由于当时各种因素的限制，则差异不大。民国初年，"其运费则至近之处每引约六钱一分有奇，至远之处每引约三两二钱有奇，此因道里相悬之不同。综而计之，就由场买盐运至引岸言之，少则每引十一两九钱有零，多则每引十三两五钱有零，此其大较也。若抵岸从所有局费店费，则以各岸物价有贵贱，子店有多寡，无从概算，大约不离二两左右云"。④

（三）长芦盐税

芦盐既然工本、场价、运本都并不太高，但芦盐行销直、豫两岸，销

---

① 长芦盐运使署编：《长芦盐务公报（第4期）1913年5月16日》，长芦运署出版，河北省档案馆藏档案，卷宗号680－12－818。

② 长芦盐运使署编：《长芦盐务公报（第5期）1913年6月1日》，长芦运署出版，河北省档案馆藏档案，卷宗号680－12－818。

③ 长芦盐运使署编：《长芦盐务公报（第4期）1913年5月16日》，长芦运署出版，河北省档案馆藏档案，卷宗号680－12－818。

④ 同上。

价并不算低，1913年，每斤最高者合制钱51文，最低者合制钱32文。以后盐价还随着政局形势等原因有所增加。其个中原因，主要是芦盐盐税过于烦琐苛多，名目多达二三十种。芦盐税目有灶课和商课两种。灶课即国家向灶户征收的税收，即场税；商课即向运销商人征收的税收，即引课。灶课和商课都属于正课，另外，还有各种附加杂捐，统称为杂课。在晚清时期，仅仅正课中的灶课，就包括丁盐、灶课、滩课、草荡、灶地、卤水盐折价、黑土课米银等。引课有正、杂课之分：正课税目除正课、加课外，还有纸红、赃罚、昌平牙税、赈济盐丁等；杂课税目除花红外，还有公费、盘费、将军养廉、都翰饭银、内阁饭银、督号、道号、平色、库养、领费、告费、铜斤脚价、河工银、参课、各帑生息、缉费、赔款加价等①。其以盐税作为抵押的外债和赔款就达十多种。盐税税率平均为1.8两白银（合银圆2.7元），是制盐成本的5倍还多，比当时其他国家的盐税率高1倍左右。②

并且，由于清末民初政局变幻、库储支绌，盐税成了除田赋之外的第二大国家财政来源，所以税目、税率并未削减，反屡经加增，以致税率极高："前清顺治初年，除明代开中盐法，俾向之纳粟者，转而输银。由运司招商，余引纳课解部，并尽革明季一切浮征，止征正课。嗣以盐引销畅，递有增益。嘉庆而后，因商情疲累，屡更章程。经道光二十八年清查后，所有正杂课项悉与厘定科则，其大端节目迄今未改。惟自新政繁兴，库储支绌，乃有各项杂款以济要需。此近十年来加增者也。"③民国二年前的十年加征的杂款税目有初次平价余利、二次平价余利、轮驳运盐脚价、卤硝税、鱼盐税、公柜余利、津武口岸报效等。

清末民初长芦盐税名目繁多，税率很高，对不同销售区域的盐斤分别征税，税款用于诸多国家军政事务开销及对外赔款、借款偿还。使出场时价格极为低廉的盐斤，经过国家和商人们的层层加码，到消费终端——老百姓手中时，已是身价倍增，价腾值昂，为许多百姓所不敢问津。

此外，尚有一些项目未列盐税中："惟豫引一文加价，系按限包交，初、二次平价系随时按钱盘折银，津浦洛潼铁路加价系由商人径向公司交

---

① 长芦盐志编修委员会编：《长芦盐志》，百花文艺出版社1992年版，第221—225页。

② 丁长清等编：《近代长芦盐务》，中国文史出版社2001年版，第20页。

③ 长芦盐运使署编：《长芦盐务公报（第6期）1913年6月16日》，长芦运署出版，河北省档案馆藏档案，卷宗号680-12-818。

纳，均不在随引完交之列，故未列盐税之内。至商捐商用各款，虽系随引带征，因系商人自行领用，亦不在盐税之内，此则民国二年新例也。"①1913 年前，长芦盐税名目繁多，令人目不暇接、难博其奥。1913 年，盐务署为了便于稽核，化散为整，颁发了《长芦归并课则暂行章程》②，依照这个章程，长芦盐课中的正课、帑利、生息、领告、杂费、平饭解费、缉私经费各项及加价、复价等名目，仿照一条鞭法，统一将各项课税照额归并为所谓"盐税"。虽然名目减少了，但税率、税额并无多大变化。以后，随着政局变动，长芦盐税税目和税率又曾加增，让芦盐价格更是雪上加霜、高上加高。

由此可见，北洋政府时期，长芦盐税名目繁多，税率极高，几乎令人瞠目。太多、太重的苛捐杂税，再加上引岸专商制的条块分割，弊窦丛生，直接导致盐价过昂。百姓无法承受官盐价格过高现实，无奈淡食，或者铤而走险，贩私、买私、食私，从而造成私盐盛行，影响引盐销售。当局只得采取各种措施缉私，包括建立武装。然而，北洋政府的各种缉私措施，在政局动荡、财政困窘、盐税过高、盐价过昂、私盐盛行的社会现实面前，显得尤为苍白无力，缉私效果也难以昭著。形同水、土之普通资源——咸盐，由于承载了太多国家机器和社会运行的负荷，摇身一变，跻身于昂贵商品之列，成为小民百姓须仰视才见的奢侈品。小小粒盐，因其味咸，占尽世间浮华，阅尽人间冷暖，承担了过多国家烙印，自然而然地成为了私盐产生的根源。如此说，私盐产销，实在不是老百姓贪图小利、置国家于不顾，而是国家、政府太过凶悍、敛以暴利，置小民于不顾，给一种民众生活必备品注入太多权力重荷、国家积弊。当时民众吃不起官盐，那是因为他们扛不动层峦叠嶂、沟纵壑深、盘根错节的国税官利。恩格斯在《家庭、私有制和国家的起源》中指出："官吏既然掌握着公共权力和征税权，他们就作为社会机关而凌驾于社会之上。从前人们对于氏族制度的机关的那种自由的、自愿的尊敬，即使他们能够获得，也不能使他们满足了；他们作为同社会相异化的力量的代表，必须用特别的法律来取得尊敬，凭借这种法律，他们享有了特殊神圣和不可侵犯的地位。文明国

---

① 长芦盐运使署编：《长芦盐务公报（第 6 期）1913 年 6 月 16 日》，长芦运署出版，河北省档案馆藏档案，卷宗号 680 – 12 – 818。

② 长芦盐运使署编：《长芦盐务公报（第 1 期）1913 年 4 月 1 日》，长芦运署出版，河北省档案馆藏档案，卷宗号 680 – 12 – 818。

家的一个最微不足道的警察，都拥有比氏族社会的全部机构加在一起还要大的"权威"；但是文明时代最有势力的王公和最伟大的国家要人或统帅，也可能要羡慕最平凡的氏族酋长所享有的，不是用强迫手段获得的无可争辩的尊敬。后者是站在社会之中，而前者却不得不企图成为一种处于社会之外和社会之上的东西。"① 信夫！

可以说，长芦盐制是引发长芦盐区私盐产生的制度性因素，是长芦私盐产生的根本原因。

## 二　长芦私盐

私盐，历史悠久，源远流长，与官盐如一对孪生兄弟，相伴相依，如影随形。依照史继刚的观点，私盐是中国古代政府不合理的食盐专卖制度的直接产物，它大约出现在春秋末和战国时期，其发展以中唐为界，分为前、后两个阶段：中唐以前的初步发展时期和之后的泛滥时期。何谓私盐？在中国历史上每个朝代都有相应的规定。综其共同点，私盐无非是未向政府缴纳税收或越界销售的盐斤。在北洋政府时期，依照民国 3 年颁布的《私盐治罪法》的规定，"凡未经盐务署之特许而制造、贩运、售卖或意图贩运而收藏者为私盐"。② 长芦私盐与其他盐区私盐一样，历史久远，种类多样，情形严重复杂。

北洋政府时期，长芦私盐种类繁多，但从私盐出现根本原因上看，不外乎由于引岸专商制度漏洞和弊端引发的私盐以及老百姓为了养家糊口而生产贩卖的私盐。以此为标准，笔者将北洋政府时期的私盐大体分为两类："体制内私盐"和"体制外私盐"。

"体制内私盐"即指在民制、官督、商运、商销的引岸专商盐制下，与盐政有关系的灶户、商人、盐官、场警、兵弁等，都可以利用此制度的漏洞和弊端进行夹私、贩私等活动，并且这些涉私活动贯穿食盐制造的产、运、销等各个环节。从贩私主体上看，可分为灶私、商私、民私（食私盐者）、船私、枭私、军私、邻私等。从盐质看，这种私盐一般为海盐。这种私盐具有隐蔽性、多发性、常态性、多量性、重害性等特点。

---

① 《马克思恩格斯选集》第 4 卷，人民出版社 1995 年版，第 172 页。
② 《私盐治罪法（三年十二月二十二日公布（法）律第二十五号）》，河北省档案馆藏档案，卷宗号 680 - 19 - 1310。

"体制外私盐"指在一些含盐碱土质区域的老百姓就地刮土淋盐贩卖，以图糊口而熬晒的私盐。从贩私主体上主要是民私（贩私盐者），也有枭私等形式。这种私盐与官盐的对立仅出现在食盐的销售环节。从盐质上说，这类盐一般为土盐、硝盐。其具有显露性、临时性、季节性、零散性等特点。

（一）体制内私盐

1. 滩私（场私）——芦盐生产环节之私

何谓"滩私"？"滩私"即灶户未经政府允许、私自售卖的盐斤。滩私一向被称为"贩私之源"。正如 1916 年 5 月长芦盐务稽核分所所说："滩坨为走私之根本。……如滩坨不致走私，则本省之漏卮既塞，仅剩硝私及邻私较易抵御。"①

在引岸专商制下，灶户生产的新盐，必须归入固定盐坨。灶户卖盐，须由灶首及 1913 年成立的"灶盐公所"根据盐坨存盐数量，按比例摊卖，称为"配"，不得多产多卖；商人持"引票"（又称"龙票"）到指定盐坨购盐，称为"筑运"。灶户生产的盐斤，非商人不得购买，且商人必须按规定引额购买。这样，极容易出现因为政局动荡、路途阻隔及各种天灾人祸完不成配筑的情形。配筑既滞，灶户生产的盐斤就只能积压。而积压的盐斤无法变现，灶户借贷商人的资本无法偿还，而使众多贫困灶户债台高筑。为偿还盐资，灶户只能铤而走险，贩卖私盐，"滩私"便出现了。

"滩私"有三种：第一种为灶户盐场售私，即"滩私为每岁开晒以后、未经归坨以前，在滩之盐灶户私售"②的盐斤。第二种为"野私"（或称"废滩私盐"、"荒滩私盐"）。民国时期，盐滩由于运输、产量等原因，多次裁并。这样就出现了许多沿海废弃盐滩。这些废弃盐滩一遇海水风大浪急，海水冲上盐滩，经过风吹日晒，自然凝结成盐。附近贫民偷入废滩私扫盐斤，用于自用和出卖。一些私盐贩子驴驮车运，运至他地销售，形成"荒滩私盐"。"荒滩私盐"以 1913 年裁撤的海丰、严镇两场最为严重，范围最广，北起天津小站，南至山东边境程子口，绵延 200 余

① 《长芦盐运使饬第五百二十九号长芦分所条拟整顿长芦缉私营办法（附件）》，河北省档案馆藏档案，卷宗号 680 – 16 – 316。
② 《长芦丰财场公署训令 第九十七号》，河北省档案馆藏档案，卷宗号 680 – 19 – 1310。

里，野私盛出。其次是 1925 年裁撤的石碑场属的宁河、丰润、乐亭等县野私。第三种为贫民盗盐，即盐滩附近贫民趁晒盐旺季偷盗、私运盐斤。比如在天津附近的咸水沽、新城、葛沽等缉私营监控不到的地方，每逢盐产旺季，盐斤经过晒制，从滩地爬盐归坨时，附近贫民趁着夜色掩护，肩扛担挑，偷运盐斤，然后在附近村镇零星售卖，或批发给私盐贩子，运至其他地区售卖。比如 1920 年，长芦稽核分所称"查丰、芦两场盐滩现正开晒，满滩堆积新盐。闻因缉私兵巡缉松懈，四外盐匪乘夜赴滩偷盐者络绎不绝。以致丰润及蓟、宝、宁四县盐商皆受私盐充斥之害。而于本年行销上大受影响"[①]。

这三种"滩私"中，最重要、影响盐税收入最严重的还是灶户售私。通常所称的"滩私"也主要指这种私盐。造成此种滩私的原因很多，主要有以下几个方面。

首先，长芦盐场广阔，管理松散，造成私盐泛滥。长芦滩区大者方圆千亩，小者也占地几十亩。各滩场出盐以后，在民国初年并不全有储存仓坨。"民二以前，盐务情形极不统一，省自为制，各不相同，系统紊乱，弊窦百出。而行盐引岸，由引商票商专权运销。……民二以前，场产之盐，毫无管理，一任灶户晒户自将所产之盐归堆或归坨，场官仅照例按期呈报产数，场私大批走漏，从未堵截防止。"[②] 所以，盐滩广阔，生盐[③]露天堆放，漫无边际，各盐场零星散布于海滩，为滩私提供了最直接、便利的条件。民二以后这种现象也并无根本改观。所以滩私仍不绝于途。

其次，灶户为了偿债而被迫卖私。"长芦灶户工本以修滩为大宗。而滩地逼近海滨，地势低洼。每值久雨积水，则沟壕池埝多被冲塌，修费最为浩大。向有借帑修滩之例。分户三等：一曰极无力之户，一曰次无力之户，一曰稍有力之户。按户给银，分限完缴，灶户藉以支持。然盐价过贱，从前南场包重，每包约价银一钱以外；北场包轻，每包值银八九分。灶丁入不敷出。工本时虞匮乏。乾隆年间定制灶户煎盐，令商人认定酌给

①  《长芦丰财场公署训令  第一百一十七号》，河北省档案馆藏档案，卷宗号 680 - 19 - 296。

②  曾仰丰：《中国盐政史》，上海书店出版社（根据商务印书馆 1937 年版复印）1984 年版，第 265 页。

③  生盐，指未加掣验的盐斤。经过掣验、归入盐坨的盐斤，称为"熟盐"。

资本，使得及时煎晒。即遇阴雨连绵，亦不致缺少盐斤。"[1] 灶户为了偿还贷款，在盐商由于政局动荡、盐引滞销、盐商筑运不完等原因造成盐斤严重积压的情形下，只得私卖盐斤用以还款、糊口。长芦产盐，以芦台场为最多，丰财场次之。长芦引岸，除永平府七县、沧县、南告、蓟六、丰润等十余县外，均从丰、芦两场配筑盐斤。清朝庚子年间，因产多运少，供过于求，滩产疲困，逐渐抛荒。后滩业逐渐恢复，长芦盐运使见销路日广，恐怕产数不足，就大力提倡开垦新滩、整理旧滩。各灶户则积极开滩。在1913年稽核总所下令各盐场均要新建、扩建盐坨之后，各灶户所晒之盐都要悉数归坨，等待配筑。各坨盐斤遂出现大量积压情形，各场坨垣无不盐码筑满，致使各坨无法容纳本年新盐。到1919年12月底，各盐坨积压情形如表1-5所示。

| 表1-5 | 长芦盐坨积压情况 | 单位：担 |
|---|---|---|
| 坨垣名称 | 八年底存盐数目 | 八年份运销数目 |
| 丰财场各坨 | 4127642 | 2920828 |
| 芦台场各坨 | 12742634 | 1928724 |
| 石碑场各坨 | 504581 | 355875 |
| 共计存盐 | 17374857 | |
| 共计运销 | | 5205427 |

资料来源：根据《关于东岸私盐贩运海外之报告》绘制，河北省档案馆藏档案，卷宗号680-22-5。

丰、芦、石三场之中，以芦台场汉沽坨存盐数目最巨，而其销数仅及丰财场各坨之半。所以，据当时芦台灶户估计"故约计该场现存盐斤亦以供给六年之需矣"[2]。

面对盐斤大量积压，灶户只能望天兴叹，无法处置。正如1915年芦台场灶户贾凤春、安贞吉、康凤歧等所称："灶等场产年有积余，如去岁场产约百二十万包，其中扣除运津筑熟，向来抛洒，即按七五折报，仍存实盐八十八万余包。查去岁芦商运灶盐十二万九千余包，连湘皖各省借运

<hr>

[1] 长芦盐运使署编：《长芦盐务公报（第1期）1913年4月1日》，长芦运署出版，河北省档案馆藏档案，卷宗号680-12-818。

[2] 同上。

共筑去产盐三十八万五千余包。连旧有堆积共存盐八十万包，现已废弃津坨，并无抛洒，折报积余尚不在内。按现今销产，即严禁芦丰各场不再增垦，已属供过于求，如无意外销，场能以指定，则盐之为物非商莫售，灶等其奈之何在?"① 一面是滞销存积的盐斤，一面是亟待偿还的商债，贫困的灶户只能私售存盐，别无他途。这也是"滩私"为长芦私盐大宗的根源所在。

再者，滩私的出现主要是因为盐斤场价太低，灶户入不敷出，只得私卖得以维持生存。1914 年，丰财场芦盐成本每担合银 8 分 1 厘 9 毫 9 丝，芦台场每担合银 8 分 1 厘②，场价为新盐场价每包银 0.28 两，陈盐每包银 0.32 两（因 1914 年取消官运局，废除加耗，每包席包盐净重 400 斤，麻包净重 200 斤，价折半）。1916 年，稽核总所规定银码改为洋码计价，定为新盐场价每包 0.35 元，陈盐每包 0.40 元。后来因盐价过低，灶户入不敷出，灶户遂发起"商灶之争"风波。后经长芦运使调处，到 1923 年，场价增加至丰财场每包 0.82 元，芦台场每包 0.755 元③。然而，即使如此，灶户仍然是微利制盐，终日辛劳，不得温饱。为了糊口，只得卖私走漏。

第二种"野私"，也是影响引盐销售较为严重的一种。海丰场、严镇场在 1913 年先后裁撤。但这些荒滩一经海水冲击，仍可暴晒成盐。此二场北起天津小站，南至山东边境程子口，绵延 200 余里，尽为"野私"产生之地。其次是 1915 年裁撤的石碑场，其辖境内乐亭、宁河（今天津市宁河区）、丰润等县废滩，也为荒滩野私产生之地。每年到海水涨潮之后，附近盐民或贫民就以扫盐为生，造成野私泛滥。1927 年，在严镇场属沧县④，私盐充斥，冲击官引至甚，几乎全县境内均食用私盐，各盐店几有悬秤之虞。盐店遂纷纷向长芦运使告急，请求严缉私盐。交河（今河北省泊头市交河镇）引岸盐商称："自本年沧县荒滩产生私盐，附近各县无不备受充斥，尤以交河引岸首当其冲。阜东南三县连带影响被害，最

---

① 《饬 天字第九十一号　盐务署饬第三百七十五号》，河北省档案馆藏档案，卷宗号 680 - 7 - 1487。

② 参考自长芦盐志编修委员会编《长芦盐志》，百花文艺出版社 1992 年版，第 234 页。

③ 以上 6 个盐价数字根据长芦盐志编修委员会编《长芦盐志》，百花文艺出版社 1992 年版，第 236—237 页，芦盐"场价"计算所得。

④ 1913 年降沧州为沧县，仍治长芦，先属直隶省渤海道，1914 年改为津海道，1928 年直隶于河北省。

为极甚。每日由青县诸村输入交境者，车载驴驮，络绎不绝，甚至大帮私贩各带枪械，间有军人为之护送。……本届交河一县，仅售菜盐三百余包，比较往年不足十分之二。现在则各店悬秤，几乎无人买盐，全境食私。"① 而类似告急文书每逢合适季节，在长芦运署几乎是纷至沓来。长芦盐运使也因私盐充斥而恼火不已："查长芦各岸私硝蜂起，而尤以沧县、青县、静海各县为最著，即如上年沧县所属之同、道两坨；沧县、静海所属之中福台、刘岗庄、上滩、下滩，各枭匪依据旧有荒滩、盐井间掘筑，晒私、贩私络绎。而青县之东程村又发生护私、拒捕、夺去营旗枪支之案。凡此皆由各营之缉务废弛、威信先失、各县知事之协助不力处置失宜所致。"② 并且，沧县的私盐浸灌到了献县、束鹿（今河北辛集市）、文安、大兴（今北京市大兴区）、宛平（今北京西城区、丰台区、石景山区、海淀区、门头沟区之全部或大部都曾为原宛平县辖）、山东等地，使得这些县份盐商叫苦不迭。商人们为了保护引盐销售，不得不雇用汛役，自购枪械军装，协同缉私营防查。"野私"充斥由此可见一斑。

野私充斥，官引滞销。这类私盐影响和危害随气候、海势而定，具有非常态性，但气候适宜年份，其影响力还是很大的。

2. 坨私——芦盐储存环节之私

坨，即存盐之仓垣。唐代称仓，宋元时期称官堆。明朝称盐坨，分为商坨和场坨。商坨储存待运的商盐，场坨储存灶户煎晒完毕的盐斤。清代场坨派汛役看护。民国时期，因稽核总所和长芦稽核分所令各盐区整理盐务，长芦盐区在此背景下，也裁废和新建、扩建了一批盐坨。"1914 年，天津商坨裁废。1915 年，沧州商坨废。同年济民、归化 2 场并场裁废。1918 年，严镇、海丰 2 场并滩坨裁废，沧州商坨遂废。1919 年，芦台场裁废营城坨，石碑场废原有坨地，建大庄河、大清河、洋河口 3 坨。1925 年裁石碑、越支 2 场，场坨遂废，只剩丰财、芦台 2 场之场坨。"③

民国初年，在长芦盐务未加整理之前，大多长芦盐滩存盐之坨荒废。生盐无须归坨，一般就场露天堆放，造成"滩私"严重。1913 年以后，盐务稽核所成立以后，要求各盐滩修建盐坨。修建、重建、扩建了邓沽

---

① 《呈长芦缉私统领徐大人钧启 芦纲公所缄》，河北省档案馆藏档案，卷宗号 680 - 26 - 1026。

② 《长芦盐运使训令第一一号》，河北省档案馆藏档案，卷宗号 680 - 26 - 1026。

③ 长芦盐志编修委员会编：《长芦盐志》，百花文艺出版社 1992 年版，第 92—93 页。

坨、塘沽坨、新河坨、汉沽坨等盐坨。但新修盐坨并没有挡住"坨私"
的继续泛滥。因盐场距盐坨距离甚远，盐坨面积又非常辽阔，在生盐归坨
过程中的各个环节，都可能产生私盐。

其一，生盐运往盐坨途中。生盐归坨时，灶户为了加速盐斤归坨，往
往雇用艚船运输。由于路途遥远，灶户监护不及，有的船户就趁机偷盐、
沿途洒卖或卖给私盐贩子，因而产生所谓"船私"。

其二，盐斤配筑之时。艚船装载新盐经过坨收检验，驳入场坨，分码
堆放，等待配筑。有商筑运时，"经运司批准，呈交领告各款，请发买盐
支单，赴各场如数领运生盐。至坨开码筑包，谓之中盐。其筑盐之法，裹
之以席，捆之以麻，以装满筑坚为度。筑完后，从水运者则装船运关候
掣，从陆运者则装车运关候掣。其销丰财、芦台场盐，由津坨起运者，谓
之北告；其销芦台越支场盐，由汉沽及尖坨起运者，谓之东告；其销严镇
海丰场盐，由沧坨起运者，谓之南告"。[①] 掣验完成，归入坨垣之盐称为
"熟盐"。筑运程序，分为刀码、灌包、过秤、缝包、堆码、装车（船）
等，分别由"绠工"、"杠工"、"秤行"、"车行"、"脚行"、"杂工"等
工役完成。这些工役一般都是贫苦小民，微薄的薪水常不能养家糊口。为
了活命，小工夹带私盐情事也时有发生。"坨上小工每多宵小，及暂估夫
役，夹带怀私等弊在所难免。"[②] 因而产生所谓"工私"。

其三，盐斤存坨之时。坨内虽有缉私兵看护，可附近贫民入坨偷盐情
形也时有发生。这尚不是"坨私"的主要形式，更为严重的是"商私"：
"就私贩勾通驻坨缉私兵夜深偷漏，而奸商贿嘱放盐人役或多放盐包，或
加重斤量。"[③] 这种受贿放私所产生的私盐是"坨私"的主要表现形式。
"民二以前，各处盐场既乏保护，盐官多与运商勾结，向不认真掣放。故
运商往往于税盐之外，任意多放。于是私盐之多，莫甚于商私，一发不可
收拾。"[④] 另外还有一种情况，就是商人与筑盐各个环节的盐吏勾结，在
筑运盐斤一再多加"耗盐"："耗盐本应有额定斤重，最初每百斤盐，止

---

　　① 长芦盐运使署编：《长芦盐务公报（第4期）1913年5月16日》，长芦运署出版，河北
省档案馆藏档案，卷宗号680－12－818。
　　② 长芦盐运使署编：《长芦盐务公报（第3期）1913年5月1日》，长芦运署出版，河北
省档案馆藏档案，卷宗号680－12－818。
　　③ 《长芦丰财场公署训令　第九十七号》，河北省档案馆藏档案，卷宗号680－19－1310。
　　④ 曾仰丰：《中国盐政史》，上海书店出版社（根据商务印书馆1937年版复印）1984年
版，第265—266页。

许加色索卤耗五斤；其运道远者，亦不过百分之十。迨后盐官遇事需索，盐商亦动辄要求加耗，盐官以加耗可收贿赂，每以调剂为名，呈请政府加耗，由百分之五增至百分之十五或二十，甚至加至百分之三十。然盐商于加耗之外，仍夹运私盐，乘机诛求无厌。又呈请政府以恤商裕课为词，并谓以其暗中夹带，不如明予加斤。于是每引有加至四五十斤，并有加至七十斤者。此项加斤，均系免税。故在民二以前，盐务腐败，已达极点。国计民生两受其害，税收损失，自不待言。"① 这种私盐貌似合法化，实质上仍是官商勾结、共同违法而产生的私盐。这与各坨坨务员、监秤员、缉私兵、盐商等都有关联。由于涉私主体为官弁和盐商，所以，这种坨私也可称为"商私、官私"。

其四，掣验之时。掣验分坨掣和关掣两种。"坨掣于筑盐时办理掣包过秤，以考验其轻重"，"关掣于过关时办理"②，以求两次提掣分量一致。1913 年时，长芦运司虽颁布了《长芦掣验局办事章程》，详细规定了掣验局长及坨务员等的职责，以图杜绝偷漏陋规，然而，盐商为了多筑盐斤，贿赂掣验人员，掣验人员也习惯于除了工薪、多拿陋规的做法。为了索贿，有的关卡根本就不认真掣验或是不掣验，商人为了"报答"掣验人员，把盐斤按一定比例分给其人。"转运局按例直隶之盐每引五百八十七斤七两，运往河南之盐每引五百九十二斤七两。委员筑盐则暗为多加。前数年每引送给坐办十三斤，其委员所得多寡尚不可知。至近年以来每引竟重至六百四十余斤。一引则报效坐办四十斤，委员则一引可得二十余斤，而所用之席麻报销尤为冒滥。夫商家运盐必须过关提验，而官运可以不过关提验。有此不平等之理乎？此则举其弊之极大者。其他报销之浮冒尚不止此。故坐办数年必有万金之产，其所用员司必其私人，上下结成一气，毫不可破，无怪乎各坐办委员逗留津门，花天酒地而不归也。"③ 形成了盐商和盐官勾结走私的黑色利益链条。所以，一纸规定并没有解决根本问题，坨私在北洋政府期间仍旧存在，并且发展有愈来愈炽之势，只不过变得更加隐蔽而已。这也是"商私、官私"的重

---

① 曾仰丰：《中国盐政史》，上海书店出版社（根据商务印书馆 1937 年版复印）1984 年版，第 265—266 页。

② 长芦盐运使署编：《长芦盐务公报（第 7 期）1913 年 7 月 1 日》，长芦运署出版，河北省档案馆藏档案，卷宗号 680 - 12 - 818。

③ 《谨将长芦弊之最大者为我司长约略陈之》，河北省档案馆藏档案，卷宗号 680 - 7 - 63。

要组成部分之一。

此外，还有一种坨私，主要发生在裁并前的海丰、严镇两场，"缘该两场夏秋积潦，车不能行，不能与丰芦车运者比较"。交通不便，所以，灶户雇用大车运盐，但不给工钱，以致出现了"以盐盘盐"之弊。"兹查该两场弊之最著者，莫如以盐盘盐一事。滩产雇车运盐，或用两套或用三套大车，每车可装盐三四包，不给工价，折以盐斤，名曰以盐盘盐，盐车夫持此不能果腹，势必调换米麦，或售易钱文。无税私销，殊为可恶。且散置车内，沿途飞洒走私，均所难免。"① 这种坨私虽然影响不及其他坨私种类严重，但也从形式上破坏了引岸专商制的垄断性，在一定程度上影响了长芦盐税的征收。

3. 邻私——芦盐运销环节之私

在芦盐销售环节，常会出现"邻私"。"邻私"一词，实际上是针对长芦盐区自明代施行"引岸专商"盐制而出现的私盐种类，更能体现引岸专商制下各处引界分割、互不往来的特点，是最能体现引岸专商制弊端的私盐种类。清代以来，依据各大盐场的产量、自然地理、地域远近、运输状况以及传统习惯等因素，划分引岸范围，而并不以行政疆域、百姓购盐方便与否为依据。这些区域条块分割、界限森严、人为阻隔、互无沟通。引岸专商制度，行盐有引，销盐有岸。商人在户部领到引票以后，凭票购盐，然后运到指定地方销售。每个盐商商号都有一定的销售区域，这个区域即为固定商号的专有属地，他商不得染指，当地百姓也必须到指定盐店购盐，否则即为购私。在属地引岸内，盐商每年都有额定的销售数额，销足无虞，销盈则奖，销绌则罚。鉴于此，"邻私"即有了两个含义：不在指定地点或引岸销售的盐斤和老百姓不到指定盐店购买的盐斤都被称为"邻私"。

"邻私"有两种：一种为其他盐区盐斤浸灌芦盐销区，比如与长芦盐区接壤的山东盐斤浸入芦盐销区，称为"东私"；奉天盐斤私入芦盐区，称为"奉私"。另一种为在芦盐行盐区域内，商人在引岸外洒卖的盐斤和民众在非指定盐店购买的盐斤，均称为私盐，也是邻私的一种。

（1）他区私盐

长芦盐区地域广阔，临界的盐场北有奉盐，西有潞盐，南接淮纲，东

---

① 《长芦丰财场务所拟议整顿海严两场积弊办法　第四百一十三号》，河北省档案馆藏档案，卷宗号 680 - 16 - 92。

南有东盐。所以，周边邻私浸灌严重。当时邻私的主要来源有两个，一个是自山东盐产区所属的利津、石岛、滨县、羊角沟等地而来的私盐，称为"东私"；一个是东北旅顺所属的双岛产区而来的"奉私"。这种私盐，从盐质上看，既有晒制海盐，亦有煎制硝盐。

东私输入直境，一般由山东利津、淮河滩内用民船运至沾化县桃儿河，或者从无棣县大河口转至王庄子、香房、埝子街一带落厂，盐贩再用驴驮贩至沧南盐山、庆云等县洒卖。另一条路线是由青岛、烟台、威海等处用火轮挟带，在大沽口外用驳船带至天津，或用小船运往他处贩卖。① 这种私盐就贩私主体来讲，一般属于"枭私"。当时贩私规模很大，往往海船成群结队而来，动辄十几万斤②，由于无捐无税，售价便宜，盐质较好，所以在贫苦百姓中极有销路。

另外一种为山东硝私。山东也是硝盐重要产地之一。其与直隶相接壤的硝盐产地很多，所以山东硝私也常常销往芦盐区域。民国9年，据长芦缉私营马后营一份调查资料显示，山东硝私浸灌直境也很猖獗。马后营在平乡县一次就缉获山东贩运而来的硝私4000余斤。如表1-6所示，山东19个与直隶相毗邻的县份，绝大部分为产硝畅旺之地，其硝私也浸灌到了直隶境内，使本来猖獗的长芦硝私更是火上浇油、难以控制。

表1-6　　　　　　山东毗邻直境各县硝盐产运销情形一览

| 县名 | 毗邻直岸距离 | 产硝情况 | 运销情况 |
|------|------------|---------|---------|
| 睢县 | 西南一带毗邻直境 | 城乡硝池硝锅约八百余处 | 暗销本境并运邻近各村 |
| 丘县 | 东南、正南、西南、西北均邻直境 | 硝锅硝池不计其数 | 暗销本境并运邻村 |
| 德县 | 东、西、北均邻直境 | 扫土熬盐并非火硝 | 私自卖给民间食户 |
| 临清 | 西北与直境毗邻 | 本境河西及北门外均有硝土 | 堂邑、直棣均有硝盐灌入 |
| 武城 | 西、南、北均毗邻直境 | 现不产硝 | 无 |
| 恩县 | 北接直棣故城县 | 城南硝锅硝池均有数处 | 暗销本境并运邻村 |
| 冠县 | 西南、西北与直境毗邻 | 近来土咸卤旺城乡益甚 | 暗销本境并运邻村 |

---

① 《步左营管带杨玉符谨将山东私盐由大河口、桃儿河灯处输入直境各情形缮折陈请鉴核》，河北省档案馆藏档案，卷宗号680-22-586。

② 丁长清编：《近代长芦盐务》，中国文史出版社2001年版，第55页。

续表

| 县名 | 毗邻直岸距离 | 产硝情况 | 运销情况 |
|---|---|---|---|
| 莘县 | 西北接直棣大名县 | 硝池硝锅约两千七百余处 | 暗销本境并运邻村 |
| 馆陶 | 正西、西北、西南均邻直境 | 产硝村庄共三十余处 | 暗销本境并运邻村 |
| 无棣 | 西南、西北均与直棣毗邻 | 本境素为产硝之区 | 暗销本境 |
| 阳信 | 西北与直棣毗邻 | 以西南乡产硝为最 | 暗销本境 |
| 濮县 | 西邻皆是直境 | 本境河滩皆出硝盐 | 暗销本境 |
| 巨野 | 西北与直省南界接壤 | 各庄均出池晒硝盐 | 暗销本境 |
| 德平 | 西北毗邻直境 | 硝锅一百余口，硝池二百六十余处 | 暗销本境 |
| 乐陵 | 与直棣盐山一带接壤 | 并不产硝 | 直棣盐庆等县所产之硝盐暗运于本境 |
| 观城 | 毗邻直境 | 素常产硝 | 私销本境兼运邻村 |
| 朝城 | 毗邻直境 | 阖境产硝 | 私销本境兼运邻村 |
| 定陶 | 毗邻直境 | 阖境硝池硝锅均有 | 私销本境兼运邻村 |
| 菏泽 | 西、南两界毗邻直境 | 境内南乡一带硝盐特多 | 私销本境兼运邻村 |

资料来源：根据河北省档案馆藏档案《盐运使司，秋第四十二号，缉私马后营在平乡县缉获大股硝盐四千余斤情形　中华民国九年一月》编绘，卷宗号：680－8－573。

　　东私泛滥的原因很多，首先，1913 年，盐务稽核所要求官盐一律改用洋码，在直隶省境内每一斤盐价增加了三四分至五六分不等，盐价更显昂贵，人们更加无力购买，转而食私。这为私盐的泛滥提供了市场基础。

　　其次，在德国租借青岛、划定胶州湾为势力范围以来，中国政府不敢过问山东胶州湾盐政，使得山东盐政败坏，私盐盛行。"胶州湾内盐滩均系德国租借青岛以后之建设，故该处中外制盐者，并未受中国盐政之约束，晒盐行销悉听自便，以后该处盐业年盛一年"[①]，再加上胶州湾环海区域盛产海盐，而山东食盐需求量有限，造成私盐盛行。"窃查山东省胶东道之地势，三面环海，形成半岛（俗称东岸），适于制盐，故其沿海一带，盐滩林立，产盐甚旺，一年产额不下三四百万担。然该道所属本地瘠民贫，人口亦不甚稠密，一年所销约计八九十万担之谱。"再有，德国为了充分开发山东盐业资源，自租借青岛后，就非常重视发展山东盐业，

---

　　① 《关于东岸私盐贩运海外之报告》，河北省档案馆藏档案，卷宗号 680－22－5。

"自德国租借青岛以来，对于制盐事业颇为注意，特于胶州湾阴岛一带，新开盐滩雇用该处滩户开晒盐斤，连同租界区域内中国灶户所晒之盐，均经德商之手，运往香港一带销售此，络绎不绝。嗣经中国盐务当局与香港总督交涉，对于青岛之盐请其代征盐税，藉资杜绝私盐之充斥。自此以后，断不见运往香港之盐。迨至民国三年，因日本与德国开战、占领青岛以后，对于制盐事业更加注重。又经日商不惜巨资，（继）续开筑盐滩，夜以继日、不遗余力。查其已成及未成盐滩之规模，甚为广阔，计其面积，约有一万公余亩之广。"① 德国、日本为了掠夺山东海盐资源，扩大盐田面积，重视盐业生产，使近代山东盐业呈发展上升之势。而山东需盐量有限，许多盐斤流为私盐。

最后，东盐销往朝鲜、日本受阻。山东所产之盐，原来多销往日本、朝鲜等国，"近来由山东输出运销海外之私盐，为数甚巨，（阅）民国八年，由东岸、青岛、石岛、威海卫等处，运往日本者，计三百四十三万七千四百八十担，又运往朝鲜者，计四百二十八万四千五百十八担，又运往海参崴者，计十二万二千八百五十担，共计七百八十四万四千八百四十八担，中国盐务，现值各国环视之下，落竟任听贩私，置之不问"。② 后来，销往朝、日之盐日盛，一些势力强大的盐贩为了牟取暴利，就组织了盐行，借以控制运往外国的东盐销售。由于受到盐行的控制，山东私盐船户无利可图，转而将私盐运往奉省和直隶两省销售，造成直隶等省"邻私"泛滥。"譬如运往朝鲜发售之盐，视路程之远近，各处盐价高低不同，然各处盐行收买山东船户之盐，每担价洋不过六七角（即该处各盐行向来收买山东私盐之行市也），山东船户将私盐运往朝鲜各口发售，非经盐行之手，不能贩卖。……故山东私盐运至朝鲜，其买卖之权，操自盐行，而不在船户之手矣。且该处市价每担既仅六七角，如该船户由东岸出口时，每担缴纳税洋四角，再加以盐价水脚等费，则其成本已达六七角，无余利之可图矣。东岸之盐，既失朝鲜销路，则贩运奉直两省之私盐遂增，此势所使然，无可奈何矣。"③ 据曾任长芦盐务缉私统领的刘序东回忆，东私

---

① 以上两段均引自《关于东岸私盐贩运海外之报告》，河北省档案馆藏档案，卷宗号 680 - 22 - 5。

② 《关于东岸私盐贩运海外之报告》，河北省档案馆藏档案，卷宗号 680 - 22 - 5。

③ 以上两段均引自《关于东岸私盐贩运海外之报告》，河北省档案馆藏档案，卷宗号 680 - 22 - 5。

极其猖獗。有一次，他亲自带队到直鲁交界及冀东的歧口一带查缉海私，在山东边境程子口一带一次截获满载私盐的大海船 5 艘，装盐达 30 多万斤。当时这种情形极其普遍，缉私兵到达时，私贩暂避一时，等缉私兵走后照贩不误。这种私盐在民国时期始终没得到根本解决。①

由东北而来的"奉私"，用海船运至直隶境内的歧口、徐家堡、大窦庄、太平村一带落厂，然后由私贩运往各地散卖。其浸灌情形与山东相差不多。另外，淮私等也时时侵入，正如 1916 年长芦盐运使称："查河南各县本年销数异常疲滞，一由硝盐之充斥，一由淮私之浸灌，即如项城南路、沈邱东路，大为淮私侵销，访问界沟集河下停泊盐船甚多，有自西坝来者，有自蚌埠来者，有自正阳关来者。此等船只皆贩货至镇江，回空顺便贩盐。每斤售价比较官盐贱七八文，于是沈项一带地方，皆成私盐销市。"② 在永平府，常受奉私浸灌；在沧州、盐山等县，又遭东私之充斥。当然，芦盐也常私入他省，称为"芦私"。

（2）区内邻私

在各个引岸范围内，引商一般设总店一个，在一些交通方便、规模较大的村镇设置分店若干。而对于一些小村或偏僻的村庄，顾及成本与利润，盐商并不设置盐店。这些村民的食用盐须到他村盐店购买。比如井陉县，总面积 1381 平方公里，有 300 多个行政村，只在头泉设有总店一处，在城店、桃园、横口、南峪、微水、横涧、平望、张村等大村设支店 8处。这尚算分店设置多的县份。有些县份，比如延庆、赵县、永年、曲周、沙河、曲阳、赞皇、阜平、博野等县只设总店 1 处，分店 1 处；深泽、定县、元氏等县设总店 1 处，分店两处；良乡、高邑、安平、无极、行唐、清苑、阜城、盐山等县设总店 1 处，分店 3 处。其他县份中，多者也不过设有十多家盐店。有的县份是一家盐商垄断，有的县份是 2—3 个盐商各占一域，各设盐店。③ 这样看来，不仅当时官盐盐价昂贵，盐店设置又极为分散、稀少，百姓不仅要担心盐贵食不起，还要惧怕路远买不到，人为造成条块分割、老百姓购盐不便。为了购盐方便，百姓只得冒违法犯罪之险越界购盐或购买走巷串户兜售的私盐。从这个意义上说，是引

---

① 丁长清编：《近代长芦盐务》，中国文史出版社 2001 年版，第 55—56 页。
② 《长芦盐运使训令　第五三八号》，河北省档案馆藏档案，卷宗号 680 - 8 - 109。
③ 《谨将直岸总支盐店数目开呈钧鉴》，河北省档案馆藏档案，卷宗号 680 - 8 - 55。

岸专商制把当时百姓推上了买私、食私的险途。

再者，引岸专商制使得各销盐引岸因为课项之多寡、滩产之贵贱、道路之远近、运脚之难易为衡，而尤以银价之高低等原因，使得盐价各地并不相同。购物时舍贵求贱为人之常情，这也会促使百姓越界购盐。同时，由于盐价不等，也给贩私造出空间。按照引岸专商制的规定，不到指定地点购盐者即为买私、食私，是要受到相应处罚的。

此外，商人们为了多多赚取利润，也往往在极力保护自己引地不被浸灌的同时，而偷偷在别商引地销售盐斤。这样，引岸范围内的邻私也时时存在。

在销售环节，盐店为了多获利益，常掺泥和水，缺斤短两，甚至把应该废弃的硝盐掺入官盐内进行销售。盐商往往是当地有头面之人，勾结官府，坑害百姓。百姓敢怒不敢言或被逼买私食私。

芦盐运输途中，路途远者，遇到水上风大浪急或陆路上土匪打劫等，官府为了体恤商艰，往往"补运"。商人就此钻了政策的空子，常常借口称发生翻船、翻车事故，要求补运。这实际成了商人和官员勾结，共牟私利的手段之一。另外，盐商勾结缉私兵分享私盐获利。按规定，缉私兵缉获了私盐，应交给就近盐店补税后行销。缉私兵往往少报或不报缉获盐斤，商人只补一小部分税款或不补，直接以官盐价售卖私盐，从中渔利。所获利益与缉私兵按比例分成。这也是官盐店的横财来源之一。

（二）体制外私盐——硝私

1. 北洋政府时期长芦"硝私"含义

与其他盐区一样，长芦私盐历史久远、种类多样、情形复杂、影响深远。俗语道，冀鲁豫之硝，湘鄂之磺。长芦盐区的私盐素以"硝私"最具特色。何谓"硝私"？在长芦盐区，硝私是硝盐和土盐等私盐的合称，因二者原料均主要来自盐碱质土，称谓上并无明显区别。但就生产工艺及盐质而言，硝盐和土盐并不完全相同。硝，本是一种矿物质，旧时主要用于制作花炮、熔化银两、矿局制造、开山炸药、配制药材及枪炮火药。硝盐，是指熬炼火硝时的副产品，所以又称为"锅底小盐"。土盐原料主要产于河流淤塞的含盐碱质的土里，经过刮土、淋卤、晒制等程序出盐，盐中并不含硝的成分。硝盐的生产受土质、天气等自然条件的限制，并不是常年都能生产。直豫硝民一般利用春夏之交和秋冬之交的少雨季节进行生产，用于自食或贩卖，但这都是当时法律所不许的。另外，硝私制贩还受盐价涨落影响，使得硝盐有季节性、临时性等特点。

　　长芦私盐中"硝私"显得尤为严重，这不仅是因为实际情形上长芦盐区的确盛产硝盐，芦盐引岸地多斥卤、民多贫困、硝私涉及区域广泛、后果严重、影响深广，更重要的是，与硝私相比，"体制内私盐"的产生较为隐蔽、难以发现。掌握权力或依附于权力、掌握话语权的官员、引商等诸多人等均为"体制内私盐"利益链条上的重要一环。他们口诛笔伐、竭力打击的目标自然不会是自己，而是贫民制售的"硝私"。正如长芦运使所称："私枭日多，以致官盐销路日减。况'新税条例'颁发以后，严缉土私尤为根本办法。本部为严禁私盐起见，拟酌定地方官协助缉私办法以专责成。凡在出产土盐硝盐各地，遇有委任地方官，应由民政长于发给委任状时随颁令文一道，勖以缉私考成。俾该地方官关于缉私事件应认为职守义务，每岁由盐运司严加考核。"① 所以，为遏制硝私而颁布的法律规则、设置的机构组织、采取的行政措施，又构成了长芦盐政中较为凸显和醒目的一部分。而对盐政腐败主要表现形式之一的"体制内私盐"则属于隐性犯罪，当时没有专门的治理机构及行政措施。"硝私"在长芦各类私盐中貌似独树一帜、鹤立鸡群就不难理解了。

　　长芦盐区私盐素以硝私最具特色。这不仅是因为硝私产私贩私主体为贫苦百姓，且区域广泛，影响深广，而且因为它与场私、坨私等有本质不同。场私、坨私等贩私主体为引商和官弁。大部分由官弁与引商勾结作案、腐败渎职的影子隐含其中，属于盐制等制度性因素引发的私盐，较为隐蔽。而硝私主要源于直隶、河南、山东等地盐碱地区，当地贫民就地取材、刮土淋晒，制成质劣味苦的硝盐，而其他盐区盐碱地不多或不存在，很少或是没有出现这种私盐。

　　2. 长芦硝私泛滥概况

　　（1）直、豫两省产硝区域广泛

　　北洋政府时期，全国硝私区域广泛，直隶省、河南省、陕西省、山东省、湖北省、福建省、奉天省、黑龙江省等地均有硝私存在。其中，芦盐引岸所在地直隶、河南等地硝私泛滥严重。据 1915 年长芦盐运使署调查所知，直、豫两省出产硝盐者共有 111 州县。按各县产硝盐情形分别重轻

――――――――――
① 《长芦盐运司使训令　第三百六十号》，河北省档案馆藏档案，卷宗号 680 - 7 - 932。

概况如下①：

直隶各县：

最重者 25 县：平乡、巨鹿、唐山、任县、永年、广平、曲周、大名、开州（大名府辖）长垣、元城、冀县、衡水、武邑、南宫、隆平、宁晋、定县、深泽、正定、藁城（今石家庄市藁城区）、无极、新乐、晋县、沧县。

次重者 19 县：广宗、新河、枣强、饶阳、武强、任丘、景县、南皮、高阳、蠡县、安县、新城、定兴、雄县、武清（今天津市武清区）、宁河（今天津市宁河区）、宝坻（今天津市宝坻区）、博野、灵寿。

略轻者 45 县：天津、邢台、沙河、南和、内邱、肥乡、鸡泽、东明、清丰、易县、涞水、广昌、赵县、柏乡、高邑、临城、盐山、青县、静海（今天津市静海区）、威县、清苑、满城（今保定市满城区）、安肃（今徐水县）、唐县、望都、完县（今保定顺平县）、祁县、束鹿（今河北辛集市）、深县（今衡水市深州市）、安平、曲阳、献县、故城、阜城、东光、肃宁、交河（今河北省泊头市交河镇）、赞皇、平山、行唐、栾城（今石家庄市栾城区）、阜平、元氏、井陉、获鹿（今石家庄市鹿泉区）。

河南各县：最重者两县：开封、内黄

次重者 7 县：太康、杞县、封丘、延津、新乡、郑县（今属郑州）、兰封（今兰考县西部）。

略轻者 13 县：中牟、陈留、通许、尉氏、洧川（开封市尉氏县洧川镇）、新郑、汲县（今新乡市卫辉市）、阳武（今新乡市原阳县）、原武（今新乡市原阳县）、西华、淮阳、扶沟、荥泽（今已撤县，归入郑州惠济区）。

另外，还有郑州、汜水（今郑州荥阳市汜水镇）、沁阳、武陟、孟县、温县、修武、商丘、宁陵、永城、鹿邑、虞城、夏邑、睢县、柘城、考城、获嘉、滑县、浚县、临漳等县也出产硝盐。②

（2）硝私冲击官引严重

民国时期，政局动荡，老百姓生活无着，每至春夏之交及秋冬之交，贫苦百姓刮土淋私，赖以为生。这样，造成长芦引岸硝私充斥、官引滞

---

① 《长芦盐运司函盐务署　信字第六号》，河北省档案馆藏档案，卷宗号 680 - 7 - 1239。
② 《盐务署饬　第一百三十五号》，河北省档案馆藏档案，卷宗号 680 - 7 - 1239。

销、商情疲敝、国税无着。

　　每年春夏和秋冬之际，只要气候条件合适，斥卤地区的贫民便开始刮土淋盐。硝私便会在当地或邻地盛行。无税的硝私虽然质量低劣，但价格便宜，且由盐贩肩挑背扛，走巷串户，方便百姓购买，所以，各地便会硝私充斥。这令当地盐商叫苦不迭，请求严缉硝私的文书便像雪片一样飞向长芦盐运使。1912 年，据承办大名县、元城县、肥乡县、广平县四县引岸的商号元泰兴禀称，由于四县硝私充斥，引盐滞销："但就寻常销盐最旺者元城城店一处而论，每日总可销至一包。近自旧历初一日至今已十余日之久，并一包未能销尽，余个店可知。商自去秋军兴以来，已逾半年有余，统共滞销至二千余包之多。查阅三月份四县官报，四十余镇仅销盐一百五十四包，便知商入不抵出之苦。"① 几乎同时，河南新乡县盐商也呈称："窃商行办河南新乡引岸，除停减净行销额引二千一百三十五道。从前本属畅岸，乃近年东私硝日甚，官引顿减，然尚可销足额引。讵自军兴以来，人情浮嚣，境内刮土私煎私淋者相率效尤，宵小勾结依为利薮。地方官既不敢绳之以法，而商之设巡缉私已形同虚设。迩来遍地私盐，官引月仅销盐数十包，加以银价日昂，卖进之钱日少，则一切开销反而增多。以卖进数十包之盐价除开支外，所余无几。……且新乡境内所产私盐不仅充斥一县，且附近之延津、武陟、原武等县私硝无尽，渐已扩充至大河南北各引岸，交受其害。"② 官盐价昂，购且不便，每年这个时候，直隶、河南广大农村便成了硝私的销售市场。

　　1915 年，据财政部特派员龚心湛在长芦引岸调查后宣称："直豫两省岁产硝盐数目闻在百万石之多，国税已捐二百万元。千里平原纵严饬扫除，亦未必完全净绝。"③ 在长芦盐运使署，各盐店、芦纲公所等报告硝私冲击官盐销售的函电、呈文纷至沓来，纷纷要求运使派缉私兵弹压。泛滥的硝盐犹如一把双刃剑，一方面部分解决着盐碱地区老百姓的生计问题；另一方面，又与官盐销售发生着严重的冲突，造成长芦引岸硝私充斥，官引滞销，商情疲敝，税款流失。此时，官、商、民利益的冲突变得

---

　　① 《具禀商人元泰兴第三十一号》，1912 年 5 月 30 日，河北省档案馆藏档案，卷宗号 680 - 7 - 535。

　　② 《元字第一〇〇一号　商人晋和源呈为私销遍地官引几停仰恳鉴察》，河北省档案馆藏档案，卷宗号 680 - 7 - 879。

　　③ 《财政部特派员龚心湛为详复事》，河北省档案馆藏档案，卷宗号 680 - 16 - 243。

几不可调和，官商联合打击硝民的抗拒行为，双方关系变得剑拔弩张。

这种硝私冲击官引的现象在北洋政府时期一直存在着。1927 年 8 月的一天下午，仅在陈家堡村，就发现了盐贩五六十人、装私盐车十二车，由此也可见，当时私盐之猖獗。"阴历六月十二日下午，在陈家堡村……共计十二车。贩匪、车夫均系安次属之得胜口人。……查该贩匪尚有随车护从，军装子弹俱全。约计不下五六十人。似此情形，决非十数马后营及守备队所能抵制。以致日久愈演愈多，私盐几将遍行于市。而私盐不私、官销不销，于今大有滋蔓难图之势。"① 直到 1928 年 4 月，康济恒商运事务所向长芦运使呈称："我引去岁销数大滞。除受沧私充斥外，尤在本境硝盐之故。武邑向为产硝旺盛之区，自去岁盐价迭增，所有以前熬硝之村相继而起。殆至今春全县数百村几至无村无硝。而缉私队排长驻扎附近之粉张村尤为产硝最盛之处。虽该排长率领队兵常川驻守，而该村一带硝犯尤不免刮土熬盐，其他各村则可想而知矣。……故自去岁以来，全县硝户因之肆无忌惮。硝盐之盛大有日甚一日之势等语。查武邑引岸去岁滞销大半，今春数月每月销售不过二三十包。"② 硝私充斥现象严重。

更甚者，为了获得贩私的安全保障，据长芦缉私营马前营呈称，硝民常组织和加入一些帮会组织，比如红枪会、大刀会等。这种现象在直隶南部表现更为突出："惟营长伏查本年直南各县会匪猖獗，实系时局特殊，灾变猝不及防。自夏令援豫退兵后，直南各县会匪相机蜂起，盐匪土著十九加入，红枪、大刀名目繁多，攻城占县，数见不鲜。县长弃职，警械被收……"③ 硝民结合帮会，抢劫缉私营枪械、服装、马匹等，活动猖獗。这使得硝私贩卖者出现集团化、武装化态势，更加大了硝私治理的难度。

3. 硝私泛滥原因

在北洋政府时期，硝私泛滥，冲击官引至重。原因是多方面的，大致如下：

第一，引岸专商制的存在是硝私出现的主要诱因。沿袭既久的引岸专商制，在民国前期，随着各种社会矛盾的激化，其腐败性和弊端日益昭显。在此旧制下，食盐的运销等环节均为盐商所垄断，使其弊窦丛生。引

---

① 《长芦盐运使训令第三三〇号》，河北省档案馆藏档案，卷宗号 680 – 26 – 1026。

② 《长芦盐运使训令第二〇一号》，河北省档案馆藏档案，卷宗号 680 – 26 – 1026。

③ 《长芦缉私营呈长芦盐运使》，河北省档案馆藏档案，卷宗号 680 – 26 – 1026。

商（业商）凭借引票世代相传，出租引票，坐享厚利。而租商（租借引票者）、代商（代租商办运者）又层层盘剥。各级盐务官吏，巧立名目，私收规费，积弊成例，积重难返，弊窦百出。咸丰年间，户部陈疏引岸专商制的利害："自设立长商（即引商）以来，各省官绅皆视盐务为利数，或藉口办公，巧为侵蚀；或受人请托，曲为通融。他若陋规黑费之类，不可枚举，且课项则有时展缓，而规费则无处减轻，浮费日增，成本日重，盐价日昂，销路日滞，私盐日盛……"① 商人为了捞回行贿成本，只得增加盐价。实际上等于把官僚体系的腐败及引岸专商制的弊端所增加的成本转嫁到普通百姓身上。在当时盐政体制下，官盐从滩坨出场到消费终端，经过了国课、陋规、加价、捐课等税捐的层层加价，各级官吏兵弁、业商、租商、代商等的层层盘剥，运脚、船价等运费的层层加码，盐店的掺泥和水、缺斤短两，再加上银价不断上涨、银贵钱贱，到人们购买时往往是质次价高，其性价比早已超出了老百姓微薄收入所能承受的范围。食盐到岸后，商号在食盐中掺泥和水、缺斤短两、囤积居奇、抬高盐价。由于销盐有岸，老百姓无论盐价多高，盐质多劣，都得到指定盐店中购盐。否则则为食私，会招来牢狱之灾乃至杀身之祸。到了民国初年，由于政局动荡不安，社会经济残破，老百姓赤贫，引岸专商制的弊端更加凸显。老百姓不是不要吃色白质优的官盐、非想吃色黑质劣的硝盐，而是吃不起、担不动官盐所承载的厚重积弊。

第二，农村经济的残破是硝私盛行的根本原因。硝盐的制作虽然简单，但收益并不高。硝土原料由于天气、地点等因素，质量并不一致。气候干燥则盐质盛，潮湿则盐质劣。熬制硝盐还需要柴薪、水和人工等。土质低劣时，枉费柴薪、人工而不能得硝盐。熬硝时还要视天气情况而增减用柴、用水和用工量。由于贫民生产工具简陋、工艺简单，熬制硝盐的效率并不高，几百斤土常出不了几斤盐。"制硝户均是贫民，虽系专业，而不产硝之时亦得兼营他业。每人每年约占营业十分之四。"② "制硝之事获利无多，原视天气之燥湿为升降，天气燥则硝土旺，获利必多；若雨雪缠绵，连月不开，硝土丝毫尽绝，专业依为生活者亦将为他图。查各局厂硝

---

① 曾仰丰：《中国盐政史》，上海书店出版社（根据商务印书馆1937年版复印）1984年版，第26页。

② 《高阳官硝分局谨将调查制硝情形逐条详细问列详请鉴核》，河北省档案馆藏档案，卷宗号680－7－896。

户皆乡村农人，多春冬熬硝、夏秋务农，且夏秋雨水必勤，即欲熬硝亦不可得。是以硝户多兼营者，然究之，兼营者亦制硝时多，业农时少也。就本厂言之，约占每人每年营业七分之三。"[①] 就是说，熬晒硝盐不过是当时贫民为了糊口活命的一个"副业"，熬硝获利微薄，不足以赖为主业。

然而，当时硝盐盛行也是事实。为什么？这对于制硝盐者和买硝盐者而言，一个共同的原因就是"贫穷"。"二三十年代的乡村调查表明，食物费用占农民生活费用的比例最高。20 年代，河北平乡、盐山，河南新郑、开封，山西武乡 5 个县的农家，食物费平均占总生活费用的 63.3%。其中，平乡为 66.4%，盐山为 55.9%，新郑为 75.1%，开封为 76.7%，武乡为 50%。"[②] 联合国粮农组织根据恩格尔定律，将国民生活水平划分为 5 个档次："恩格尔系数为 59% 以上者属绝对贫困型消费，50%—59% 属勉强度日型消费，40%—50% 为小康型消费，20%—40% 为富裕型消费，20% 以下属最富裕型消费。依此衡量，近代华北农家的生活大多数属绝对贫困型。"[③] 连年的战争使广大农村田地荒芜、百姓逃散、流离失所，再加上频繁发生的水、旱等自然灾害，使农村生产力受到极大破坏，正如时人记载："今年（1924 年）六月以前大旱，六月以后大雨连旬不止。河水涨发，田禾尽没。坏民房屋十之七八。吾直既罹饥馑之灾，复受兵戈之祸。不但无衣食，而劳敛兵费追呼不已，子路所谓加之以师旅，因之以饥馑，不料及吾身而亲见之也。"[④] 在这种情况下，人民啼饥号寒，饥寒交迫。贫困的制盐者虽知熬硝获利微薄且要冒违法犯罪、坐牢杀头的风险去熬制硝盐，买盐者明知硝盐质劣味苦并且也要冒"食私"犯罪之险去购买硝盐，二者的契合点正是由于当时农村经济残破，百姓赤贫。他们为了生存活命只能铤而走险、无奈违法，"乃附近居民贫苦之户，藉以扫土熬碱，以资糊口。矧贫民熬碱，固为谋生之计。而成碱之后，不免含盐质。此重碱盐，味苦而涩，无如民贫贪贱值，不乏购食者，又不免影响官

---

①　《谨将任丘分厂调查制硝情形详细开呈》，河北省档案馆藏档案，卷宗号 680 - 7 - 896。

②　李金铮：《近代华北农民生活的贫困及其相关因素——以 20 世纪二三十年代为中心》，载李金铮《近代中国乡村社会经济探微》，人民出版社 2004 年版，第 206 页。

③　同上书，第 207 页。

④　王晋卿：《陶庐老人随年录》，载《近代稗海》第 12 集，四川人民出版社 1988 年版，第 406 页。

销也。"①

在盐碱地域,地质贫瘠,盐质浓时寸草不生。农民还要承担土地的田租课税、养活家口,只得熬硝出卖。对于买私者,官盐当时盐政体制下,从出场到消费终端,经过了国课、陋规、加价、捐课等税捐的层层加价,各级官吏兵弁、业商、租商、代商等的层层盘剥,运脚、船价等运费的层层加码,盐店的掺泥和水、缺斤短两,再加上银价不断上涨、银贵钱贱,到人们购买时往往是质次价高。贫困的乡民要么承受淡食之苦,要么冒违法犯罪之险购私、食私。农村经济的破败和乡民的赤贫为私盐的泛滥提供了最冷酷的注脚。

第三,硝盐原料的方便易取、市场的广阔畅销、工艺的简单易行是硝私盛行的直接原因。"惟产硝之地无不产盐,而硝地又随在,多有偷煎私晒,防不胜防。"② 在直豫两岸的许多农村,硝盐原料来源广泛、容易、就便,农村的场基、隙地、道路区隔等半湿半干之地及盐碱土地均为硝盐原料区域,"产硝原无一定之地点,城之隅、宅之畔、路旁、墙根以及破坏庙宇、村店庭院或半弓之大、一步之微,星星点点,凡晴天返潮之处,均有硝土"③。且制作工艺简单,无非刮土、淋晒,所用工具为铁耙、扫帚、簸箕、小车、铁锅等普通器具,制作最佳时机在春末夏初和秋末冬初等农闲时节。这样,硝盐原料基本不用购买且容易采制,成本仅为工本,"硝土随地可扫,不用钱买,只有人工而无价值"④,再加之偷漏税费,所以价格便宜,在当时处于赤贫状态的农村颇有销售市场。因此,硝私的泛滥也就势所难免。

第四,盐商缺斤短两、掺泥和水及官盐价高质劣弊端的存在是硝私出现的间接原因。盐商为了多赚利润,往往在咸盐中掺泥和水、掺杂使假,或在售盐过程中缺斤短两、低售高收,使守法食盐的人民在遭引岸专商制层层盘剥之后又遭勒索。商人赚取黑心钱固属不当,然而,出现这一现象的原因也不能完全归结为盐商奸猾、丧尽天良。国家对商人的横征暴敛、

---

　　① 《步兵第二营营长杨玉符呈长芦缉私步马全营统领徐》,河北省档案馆藏档案,卷宗号680 - 26 - 1073。

　　② 《盐务署饬第一百六十八号》,河北省档案馆藏档案,卷宗号680 - 7 - 932。

　　③ 《谨将任丘分厂调查制硝情形详细开呈》,河北省档案馆藏档案,卷宗号80 - 7 - 896。

　　④ 《高阳官硝分局谨将调查制硝情形逐条详细问列详请鉴核》,河北省档案馆藏档案,卷宗号680 - 7 - 896。

军阀的肆意摊派、搜刮勒索也真的令盐商们疲于应付。比如1915年5月，当时北洋政府财政捉襟见肘、困窘已极。为了筹集当年对外赔款款项，财政部令芦商报效二百五十万两白银巨款。这笔钱数额巨大，然而在当时盐政体制下的盐商不敢言不，纲总邹廷廉呈称："现已筹备津公砝平化宝银二百五十万两，由中国银行拨交，以备财政部拨还赔款要需。至众商承认报效后，内容之艰苦情形，应早在洞鉴之中。"① 此事虽然最后由于外国人干涉没有成行，但还是可以窥见当时盐商的税外负担是相当沉重的。而这样的报效命令经常是纷至沓来的。国家、军阀把盐商当成了钱粮储备库，动辄数十万甚至上百万地勒逼，商民苦不堪言。在国家落后、政局动荡的大背景下，没有哪一类国民真正可以置身事外、幸免于难。这也许是"国家兴亡，匹夫有责"的另类注脚吧。

还有，有些地方官常巧立名目，向商人们收取各种费用。比如在河南省，在《长芦归并课则暂行章程》颁布后，各种盐课均应改成盐税征收，同时裁废原来各种陋规。但是，河南省当局则将各县所有陋规变换名目，改名为"地方公益捐"，责令商人如数照缴。"而且不时派委严催，异常纷扰。"② 为了收回成本，商人只能采取各种不当手段转嫁负担。在此情形下，商人既是盐业垄断经营的受益者，又是其受害者——盐商在垄断经营中获利坐大，但树大招风，福至祸伏。但他们可以转嫁这种损失——转嫁到社会底层的贫困百姓身上。贫困百姓无以可赖，只能制私、贩私、食私。而食私反过来又刺激了私盐的制贩，影响了官盐的销售。商人为了多获利润，只能加大食盐运销垄断力度或在盐中掺泥和水。这使官盐更加难销，从而为硝私等私盐的制贩提供了必要条件。私盐问题陷入了剪不断、理还乱的怪圈。

第五，时局不靖、运盐受阻、盐店悬秤，私盐盛行。进入民国后，芦盐运输主要依靠火车，水运几停。而北洋军阀统治各派为了扩大势力，割据混战，战乱频仍。每有战事，各地军阀便占据铁路，把持火车运输，致使运盐火车不能通行。1922年4月20日，纲总邹崇光、郭春麟、李宝诗等多次向长芦运使告急，称筑盐受阻，引盐缺运，情况紧急："长芦直豫

---

① 以上两段引文均出自《函济南盐运使　信字第四十六号》，河北省档案馆藏档案，卷宗号 680 - 7 - 1435。

② 《函济南盐运使　信字第四十六号》，河北省档案馆藏档案，卷宗号 680 - 7 - 1435。

引岸自火车路线通行以后，除少数濒河各岸有船运外，其余大多数引岸皆已改由火车转运，以期便捷。乃近数年来国家多事，往往征调兵队、输送辎重，或赶运赈粮，以致商人运盐时虞间阻。迭次承蒙前司长设法维持，以济商运在案。现在京奉、京汉各路，因运送兵队，又以不能通行。而商等各岸存盐多少不同，凡已经运盐到岸者，尚可敷衍济销。而现在报筑尚未运出者，具引岸存盐计日缺乏。……况自火车通行以后，河运船只日少，河道亦日渐汙塞，即欲临时改由河运，水势既虞浅阻，船只尤不敷用，实在不能济运。"① 各地商人们也多次请求长芦运使加速配筑盐斤。1922 年 6 月一个月间，申请运盐的就有晋益恒、通惠店、豫顺店、贞祥店、晋源永及京引盐店等共 18 个店请求筑运盐斤。"自直奉发生战事以来，各路停止装货已经两月有余。目下战事虽渐趋平定，而各路运货车辆仍未见活动。商等迭接外岸函电催盐，急不可耐。若再迟延，时交夏令，雨水连绵，即使引盐抵岸，分运各厂须用骡车，实恐道路泥泞，必致无法挽运。"② 盐务署也多次拍电报、致函交通部及京奉、京汉铁路管理局，催拨车辆，以解芦盐各岸燃眉之急。盐务署、交通部致函曹锟、吴佩孚两巡阅使，请求拨发车辆筑运盐斤。但运盐事宜因各种原因不能按时完成。盐斤无法运出，盐坨积压严重。仅在寨上坨，坨务员李昭焌呈称："窃查坨内车运向章每日可运四十车即八百吨，近因车皮缺乏，每日仅筑三车五车不等。查局中待运准除汝光、久大、永七、宜沙各借运岸商外，即直豫两岸已积存有三百余车之多……"③ 盐商忧心忡忡，百姓不得不淡食，或转而买私。军阀混战对经济、社会的破坏作用由此也可见一斑。

除了军阀干涉下运输不畅外，京奉、京汉铁路当局趁机加价，使盐斤运本提高，也使盐商头痛不已："嗣经知事调查停筑原因，系为京奉、京汉两路联合对于直豫各岸运盐火车核定专价，比较从前运费约加十分之一。运盐商人以担负过重，联合抗争。故自交通部加价章程实行以来，如襄八、汝光商人，以及直豫岸商均暂行停运。一面向交通部请求取消加价。迁延至今，争将未决。"④ 当时，兵连祸结，米珠薪桂，物价飞腾，

---

① 《长芦纲总呈长芦盐运使　元字第二十八号》，河北省档案馆藏档案，卷宗号 680 – 11 – 1204。《元字第六十一号 呈》，河北省档案馆藏档案，卷宗号 680 – 11 – 1204。

② 《商人豫丰厚、福豫号呈文》，河北省档案馆藏档案，卷宗号 680 – 11 – 1204。

③ 《芦字第一百六十号 呈》，河北省档案馆藏档案，卷宗号 680 – 11 – 1204。

④ 《芦字第六十八号运销科 呈》，河北省档案馆藏档案，卷宗号 680 – 11 – 1204。

铁路加价在所难免。真可谓国病民贫、国衰民弱，覆巢之下无完卵！使得本来奇高的盐价更是雪上加霜、居高不下。

另外，各县盐店的设置、道路的远近偏僻、各地盐价及官秤标准的不统一、官盐盐税不断上涨、盐价上升、缉私不严等因素也是百姓选择私盐的诱因。

## 第三节　北洋政府缉私举措

私盐自春秋末期出现以来，从古到今，与官盐犹如一对孪生兄弟，如影随形，从未消失过。二者呈反比例关系：私盛则官滞，官畅则私弱。历届政府都对逃避税收的私盐深恶痛绝、厉行控制与消灭。禁私手段也是多种多样、应有尽有，但私盐从未被真正禁绝过。私盐是盐业垄断制度下的一个社会痼疾。其存续的原因可能千差万别、多种多样，但其本质无非是官民之间在盐利上的博弈。博弈不止，私盐不灭。这也是私盐从古至今一直存在的根本原因。

盐税收入为北洋政府时期重要财政来源之一。北洋当局利用盐税支付的国内外债款就有 1898 年英德续借款，1901 年庚子赔款，1908 年英法借款，1911 年湖广路债款，1912 年克里斯普借款，1913 年善后大借款，1917 年、1918 年及 1920 年日本银行借款，1922 年青岛盐田库券，1909 年湖北公债，1910 年直隶公债等对外借款和国内债券。① 当时国弱民贫，工商业尚欠发达，盐税仍是除田赋以外国家财税的最重要来源，正如袁世凯所说："国家财政，田赋而外，以盐税为大宗。"② 北洋时期，连年战争，军费剧增，国家财政捉襟见肘，困窘异常，正如 1919 年财政总长兼盐务署督办龚心湛所称："迨至近年国家多故，各项税收因之亏短，而临时军费日见增加，以致收支相抵不敷甚巨。"③ 当局为了增加税收，加大了整顿盐务力度。其中，查缉私盐、打击私盐犯罪，是其最为重视、最为重要、投入资金最多的整顿举措。盐务缉私经费是北洋政府时期盐税项下经费开支的大宗，如表 1 - 7 所示。

---

① 南开大学经济研究所经济史研究室编：《中国近代盐务史资料选辑》第 1 册，南开大学出版社 1985 年版，第 451 页。

② 《行唐县知事为详报事案》，河北省档案馆藏档案，卷宗号 680 - 11 - 1185。

③ 《财政部训令第 367 号》，河北省档案馆藏档案，卷宗号 680 - 8 - 456。

表 1 - 7          北洋政府时期历年盐税收入及提支各项经费统计

(1913—1928 年)                          单位：千元

| 年别 | 税收数 | 经费 | | 稽核各机关经费 | 行政各机关经费 | 缉私经费 |
|---|---|---|---|---|---|---|
| | | 合计 | | | | |
| | | 金额 | 占当年税收百分比/% | | | |
| 1913 年 5 月 21 日至年底 | 19044 | 3891 | 20.43 | 205 | 2409 | 1277 |
| 1914 | 68483 | 6096 | 8.90 | 780 | 3313 | 2003 |
| 1915 | 80503 | 6839 | 8.50 | 1102 | 3465 | 2292 |
| 1916 | 81065 | 7852 | 9.69 | 1465 | 3650 | 2237 |
| 1917 | 82246 | 9096 | 11.06 | 1908 | 3765 | 3423 |
| 1918 | 88394 | 9773 | 11.06 | 2707 | 3296 | 3770 |
| 1919 | 87823 | 9978 | 11.36 | 2855 | 3145 | 3978 |
| 1920 | 90052 | 1204 | 12.44 | 3295 | 3282 | 4627 |
| 1921 | 94883 | 12230 | 12.89 | 4323 | 3420 | 4487 |
| 1922 | 98107 | 11494 | 11.72 | 3896 | 3231 | 4367 |
| 1923 | 91047 | 12231 | 13.38 | 5082 | 3340 | 3809 |
| 1924 | 97909 | 12976 | 14.76 | 5733 | 3433 | 3810 |
| 1925 | 91932 | 12795 | 15.01 | 6638 | 3398 | 3779 |
| 1926 | 86317 | 14131 | 16.37 | 6894 | 3349 | 3888 |
| 1927 | 59753 | 12098 | 20.25 | 7438 | 2160 | 2500 |
| 1928 | 54276 | 9533 | 17.56 | 5867 | 1826 | 1840 |

资料来源：根据南开大学经济研究所经济史研究室：《中国近代盐务史资料选辑》（第 1 册），南开大学出版社 1985 年版，第 447—448 页"北洋政府时期历年盐税收入统计表"和"北洋政府时期盐税收入提支各项经费表"编绘。

说明：（1）表中"税收数"未包括各省地方截留税款及附加税。（2）民国 16 年稽核经费的增加，主要用于当年一些地区被裁撤稽核机关离职人员的遣散费、酬劳金及旅费等的开支。

从表 1 - 7 可以看出，用于盐务缉私的经费几乎年年占北洋政府盐务管理经费开支的 1/3 强，并且呈逐年增加之势。只是在 1927 年、1928 年略有下降，是因为 1927 年后当局裁撤了许多地区的稽核机关，当地的行政机关及缉私组织的经费，即无法从该稽核机关征收的税款项下提支所致。由此可见，当局对私盐查缉的重视。

　　面对长芦引岸私盐泛滥情形，北洋政府当然不会坐视不管，一度动用了行政、法律、武力、说服教育等手段来治理包括硝私在内的私盐。纵观当时治理私盐的措施，依据其内容及性质，基本可分为"查堵"和"疏导"两方面。可以说，为了治理私盐，维持税收，偿还贷款，当局的确可谓处心积虑、煞费苦心。由此更见盐政在当时的显重地位。

### 一　私盐查缉措施

（一）"查堵"方面措施

1. 行政手段

（1）颁布规章令则

　　北洋政府时期，为了堵缉私盐，保障国税，在行政上均采取了一系列缉私疏销措施。

　　1913 年 4 月，财政部颁发了《地方官缉私疏销规则》。在颁发该规则时，财政部强调："查缉私疏销为整理盐务之张本。本署盐官专责勤惰，具有考成。惟呼应或有弗灵，机关未能遍设，是不得不委任地方官随时协助，免误事机。兹本部根据各部官制通则及划一地方行政官组织，令酌订《地方官疏销缉私暂行规则》五条，庶使权限分明，不虞推诿。"[1]《地方官缉私疏销暂行规则》主要内容如下：第一条　凡关于缉私疏销事宜，由财政部依各部官制通则第四条暨划一现行各省地方行政官厅组织令第二条第二项规定，委任各省行政官通令所辖各地方官协助办理。第二条　凡运司或榷运局长办理缉私疏销事宜，遇有必要时，得迳向所辖区域内之地方官请求协助或委托办理。第三条　凡地方官对于缉私疏销事宜遇有必要时，虽未经运司或榷运局局长之请求或委托，亦得以职权行之。第四条　凡地方官对于缉私疏销事宜，依第一条为财政部所委任或依第二条为运司榷运局长迳行请求委托者，视为职守义务。如有违背，应受惩戒时，得由财政部向该管长官请求依文官惩戒法草案提起惩戒。第五条　本规则如有变更以部令定之。[2]

　　一周后盐务署颁布了《盐务缉私条例》。此条例规定了缉私营、场

---

① 《财政部训令第一百七十三号》，河北省档案馆藏档案，卷宗号 680 - 7 - 932。

② 同上。

警、商巡等缉私的职责范围、缉私方式、人犯处置、私盐处置等内容。①
依据此条例，缉私营、场警、商巡等都对私盐的制造、贩运、售卖人有检
查、没收、缉捕权力。当然，《盐务缉私条例》主要针对的对象是体制外
私盐的涉及者。除此之外，盐务署还颁布了《私盐轻微案件处罚章程》，
该条约更是主要针对涉私的小商小贩等下层人民。1915 年 12 月，盐务署
颁布了《新订私盐充公充赏及处置办法七条》。1919 年 5 月，长芦稽核分
所还编制了《芦总监秤员办事章程》。这些章程办法的出台，目的均是使
缉私工作进一步规范化、制度化，从而提高缉私的效率。

　　（2）建立行政、武力联防机制

　　除此之外，严令各地地方官认真协助缉私的命令也时有颁发。当时，
北洋政府在许多盐区都设立了武装组织"盐巡营"，专门负责查缉私盐。
在长芦盐区，当局扩编了清末成立的"长芦缉私营"，其职责与他区"盐
巡营"一样，也是专门查缉私盐和保护引盐产销安全。为了严密查防私
盐，当局命令各地建立行政、武力联防机制。1913 年，长芦运使令转发
财政部命令，训令直豫各县、纲总称："惟巡缉私盐原为盐营专责，尤在
地方官随时协助，免误事机。本部去岁业经酌定地方官缉私规则通行各省
办理在案，惟查出产土盐硝盐地方，如直隶、河南、山东、山西、口北、
晋北等地，私贩私煎随地皆有。缉私机关既难遍设，而地方官协助不力
者，往往藉口于地势散漫，稽查难周。私枭日多，以致官盐销路日减，况
'新税条例'颁发以后，严缉土私尤为根本办法。本部委严禁私盐起见，
拟酌定地方官协助缉私办法以专责成。凡在出产土盐硝盐各地，遇有委任
地方官，应由民政长于发给委任状时随颁令文一道勖以缉私考成。俾该地
方官关于缉私事件应认为职守义务，每岁由盐运司严加考核。如该地方官
于管辖内官盐畅销及土盐硝盐绝迹、缉捕得力者，即由司呈部呈请大总统
特加奖励；其意存漠视放弃职务者，亦应由司按照该知事情罪轻重随时分
别呈部，或经由民政长呈部，呈请大总统严予惩戒。"② 北洋当局为了使
地方官充分重视硝私查缉，让硝私等私盐不仅置于财政部、缉私队等这些
盐务管理直属单位监管之下，同时还要让其置于各地地方官监控之下，以

---

　　① 曾仰丰：《中国盐政史》，上海书店出版社（根据商务印书馆 1937 年版复印）1984 年
版，第 199 页。
　　② 《长芦盐运司使训令第三百六十号》，河北省档案馆藏档案，卷宗号 680 - 7 - 932。

对私盐查缉布下天罗地网，根绝私盐。事实证明，这不过是个理想化的单方愿望而已。

1915 年 3 月 14 日，袁世凯专门发布大总统令，严饬地方官认真协助缉私："国家财政，田赋而外，以盐税为大宗。凡整理场运、巡缉、私盐各事，宜固系盐务文武官吏专责。要赖地方官不分畛域，协力维持。各县知事兼理司法，于审理盐犯尤当依法究治，不得稍形宽纵。经此次申儆之后，各该地方官如敢阳奉阴违、意存漠视，定即按照《地方官协助盐务条例》严予惩处。各该巡按使表率属僚责无旁贷，遇有协助盐务不力之县知事、县佐务，即查明事实，立予参劾，毋稍瞻徇。用副本大总统整饬盐纲之意。"① 当时，从大总统、财政部屡颁法令，到设立专门机构查缉私盐，可见当局对查缉私盐之重视。然而，私盐产生之根源不绝，私盐禁绝谈何容易！

章程法令虽然屡经颁布，但是，地方官缉私的积极性却远没有如总统及财政部规定的那样高涨，态度欠积极的地方官的协助作用也极为有限。这种状况一直持续到国民政府时期："地方官对于盐务应负协助之责，在十八年国民政府公布之地方官协助盐务奖惩条例，已有明规。惟地方官每视同具文，尤其在芦区各县地方官，因习见从前缉私队种种腐化不法行为，遂怀成见，以为贩私者情有可原，缉私者皆形同敲诈。如前定县某县长竟扬言，贫民贩私无甚关系，缉队获送盐犯将朝收而夕释，云云，亦可见地方官对于缉务之心理矣。"②

（3）编组保甲

1915 年，为了加强对各地盐务的整顿，财政总长兼盐务署督办周学熙命令各地严加整理场产："税出于盐，盐出于场。故欲整顿盐务、增进税收，必以场产为本，使场产果皆清理，则滩池井灶有数可稽。盐产之盈虚，不难预测。使场私果能杜绝，则斤两颗粒胥为公有，盐务之发达，自属可期。"③ 为了整顿场产，盐务署命令各盐区建筑仓坨、裁废盐滩、限制井盐生产、产场地方实行保伍之法、设置场警等。其中，实行保伍之法编组保甲为防止灶户盐斤走私的重要措施之一，盐务署对此也极为重视。

① 《行唐县知事为详报事案》，河北省档案馆藏档案，卷宗号 680 - 11 - 1185。
② 《长芦缉务情形纪略》，河北省档案馆藏档案，卷宗号 680 - 22 - 1244。
③ 《整顿场产办法》，河北省档案馆藏档案，卷宗号 680 - 7 - 1456。

1915 年，长芦盐运使令丰财、芦台、石碑三场知事编制保甲，"保伍、场警两项，一则树立自治之基，一则严密缉私之制，皆为整理场务根本之图。"① 按照此次保甲编组办法规定，在丰财、芦台、石碑三盐场，依据地势划分保甲区域，以 10 户为一保，选出保长，保长对灶首负责，受灶首领导。"保伍即保甲遗意，须先从编查滩灶户口入手，各场应就地势划分区域，以十户为一保，择其年长行端者为保长，而以灶首领之。编查完后，令其连环互保，使负连带同坐之责。然后能自相儆戒，互为稽查。"② 三场知事依照长芦运司指示，编制了三场灶户保甲连坐组织，选出了保长。各滩灶户及保长均需订立保结，保证永不参与贩私。如有一人违法，保长及其他灶户均要受罚。为了禁止私盐，北洋当局不惜动用了连保连坐办法。上至地方官要缉私疏销，下至百姓要涉私连坐，办法不可谓不全面，防守不可谓不严密，然而，效果却没如当局料想的那样理想，私盐在北洋政府时期依旧禁而不止，反倒有愈演愈烈之势。

（4）调查户口

为了保证引盐销售，盐务稽核总所动用了最直接的方法：按各县人口数目配筑盐斤。为了掌控各县人口数目，长芦运使多次令各县知县调查本县户口，然后按人口每年食用盐斤数目给各县配筑盐斤。至于每县配筑的盐斤数量，则是各县人口数目乘以中国人均用盐数量为标准。为了确定中国人均用盐数目，盐务稽核总所采用了当时盐政改革家张謇对各国人民用盐情况考察后确定的中国人用盐标准："查各国人民食盐均平额最少者每人十斤，如瑞士。量最多者十八斤，如日本量。荷兰则十七斤，奥国则十六斤，法国则十四斤，德国印度均十二斤。东方人民食盐之量过于西方，则中国者当与日本为比例，但中国北部生活程度较南部为低，食盐亦较南方为轻，江苏浙江人民食盐少者十六斤，多者十八斤，江浙地皆滨海，其所购买腌硝海产，如鱼虾海蜇等物暗含盐质者尚不在内，故南部人民食盐可断言必在十六斤以上，即让出一步，与北部人平均计算，其数亦必在十二斤以上，分即作为十二斤，以全国四万四千万人口乘之，则每年销盐总额当为五千二百八十万担。证以前说，差为相近，以时间之亦断不相远

---

① 《长芦盐运使饬三场知事　饬第六百二十一号》，河北省档案馆藏档案，卷宗号 680 - 7 - 1456。

② 同上。

也。"① 民国二年、民国四年长芦引岸各县，展开了大规模的户口调查行动。各县知事均按照长芦运使的要求，调查了本县户数、人口数量等，上报长芦运署。长芦运署即根据各县呈报户口数目和人口数量，确定各县盐斤销售数量，作为各引岸额定引盐销数。实际上，当时直隶、河南地方战乱频发、天灾不断，百姓逃亡现象严重，再加上私盐盛行，各引商很难完成引额销售。但从此项办法的出台，也可以看出北洋政府对盐税的依赖及对治理私盐的重视。

2. 法律手段

为遏制私盐，北洋政府颁布了许多有关处置私盐的法律。比如1914年12月22日颁布的《私盐治罪法》②。该法规定了私盐的内涵、犯私盐罪的处置办法、结伙贩私、枭私以及官弁涉私的处置办法。条文规定了私盐的界定办法及含义："凡未经盐务署之特许而制造贩运、售卖或意图贩运而收藏者为私盐。" 对于犯私盐罪的处理，则按涉私数量多寡规定了不同的刑期："不及三百斤者处五等有期徒刑；三百斤以上者处三等或四等有期徒刑；三千斤以上者处二等或三等有期徒刑。持有枪械意图拒捕者加本刑一等。" 此外，对结伙贩私、拒捕杀人、伤人等严重私盐犯罪，也规定了明确的刑罚标准："犯私盐罪，结伙十人以上、拒捕杀人、伤害人致死及笃病或废疾者处死刑；伤害人未致死及笃疾者处无期徒刑或一等有期徒刑。结伙不及十人，伤害人致死或笃病、或废病者，处死刑或无期徒刑；伤害人未致死及笃病者，处无期徒刑或二等以上有期徒刑。犯前条之罪应处死刑得用枪毙。第三条之未遂犯，罚之。知系私盐而搬运、受寄、故买或为牙保者，减第二条之刑一等或二等。"

对于贩私主体，涉及盐务官员、缉私场警、兵役的，"自犯私盐罪，或与犯人同谋者，加第二条之刑一等；其知有人犯第一条情事而不予以相当之处分者，与犯人同罪；同犯前二项之罪而获利者，并科所得价额二倍以下、价额以上之罚金；若二倍之数不及一百元，科一百元以下、价额以上之罚金。犯第三条之罪者褫夺公权其余得褫夺之。"

---

① 《摘抄张謇改革全国盐政计划书》，河北省档案馆藏档案，卷宗号 680 - 7 - 1460。
② 《私盐治罪法　三年十二月二十二日公布（法）律第二十五号》，河北省档案馆藏档案，卷宗号 680 - 19 - 1310。

对于涉私者之附属物品，按照此办法规定，"犯私盐罪者，所有之盐及供犯罪所用之物，没收之"。本法自公布日施行之时，制盐特许条例第十一条之规定同时废止。

细究这个法令不难发现，它主要针对的犯罪主体是私盐小贩、枭徒，对于贩私于途的枭私、沿街叫卖的小贩是容易确认和执行的。而对体制内私盐的涉私主体商人、官员、兵弁，虽有一条貌似严厉的规定，但由于发现、监督机制的缺失和执行主体的自我化，抑制私盐成为空谈。如何发现这些人物的涉私情弊，由谁监督、如何监督等必要因素并没有明确规定或者说没有配套监督法令的出台，这些法律条文也无疑很难得到切实贯彻。等待对体制内私盐的偶然发现、偶尔打击，实在不足以阻遏这类私盐泛滥的违法犯罪活动，不足以震慑商人和官弁等钱财与权力的勾结群体，不足以维持盐业国家垄断专营体制的正常运转，从而使当时的盐业官、商垄断制度弊窦丛生、千疮百孔，私盐犯罪也找到了合适的温床、私盐泛滥也是势在必行。所以，这个法令只对体制外私盐有效，而对体制内私盐则显得有些苍白无力、无法执行。私盐自然不会禁绝。

3. 组建长芦缉私营等专职缉私武装

为了遏制私盐、加强税收、筹措对外赔款等日益增加的财政用款，晚清光绪朝开始在长芦等各大盐区组建武装缉私组织，实行武力缉私。长芦盐巡营从光绪三十年（1904 年）开始组建，至北洋政府时期续行扩编，编成颇具规模、建制完整的长芦缉私营。长芦缉私营依照晚清新军军制编组，形式上实行陆军军制。在职责上与陆军并不完全相同，其专门负责保护长芦盐区引盐生产、销售安全及查缉私盐。实际上属于缉私警察性质。缉私营驻扎于长芦滩坨和直豫引岸，截至 1923 年 10 月，总计拥有官兵2681 名①。巡查 72 州县，兼巡直豫引岸 100 多州县。

长芦缉私营是长芦盐区专门负责查缉长芦私盐的武装组织。编组缉私营是北洋当局在查缉私盐方面最为重要、最为直接、最为有力的措施。政府颁布的诸多查缉私盐方面的法令法规主要依靠长芦缉私营这支执法队伍去执行，地方官吏在查缉私盐上仅处于辅助地位，辅助缉私营从事缉私工作。况且，地方官吏为了维护地方治安和关照民生，并不认真落实私盐查缉任务。可以说，北洋政府时期，长芦盐区的缉私任务主要由缉私营来执

———————

① 《奉饬编具长芦缉私营巡船各项报告书》，河北省档案馆藏档案，卷宗号 680 - 8 - 867。

行，缉私重责一直由缉私营来承担。从事实上看，缉私营的组建、布防的确在一定程度上起到了遏制私盐、打击私盐犯罪的作用。但由于地广兵单等诸多原因，武装缉私不可能从根本上杜绝私盐。相反，有时由于缉私程度的激烈，反倒引发硝民等盐民的反抗或加入帮会，甚或演变成武装骚动，"且产硝之地不宜禾稼，贫民悉以售硝为业。一旦绝其生计，轻则有旋灭旋起之虑，重则有铤而走险之虞"。①

有关长芦缉私营的详细状况，在后文叙述，此次不再赘述。

（二）"疏导"方面措施

1. 设立善后兴利局、北洋官硝局等机构

硝私为长芦盐区私盐中最具特色的一种，其对官盐销售的影响极为严重。为了整顿硝私，盐务署除了采取缉堵措施外，还设立了长芦善后兴利局，以便给贫困的制硝者开辟生活出路，以从根本上杜绝硝私。1916年2月，财政总长兼盐务署督办周学熙向当时"洪宪皇帝"袁世凯奏称直隶、河南、山东等省硝盐充斥，妨害鹾纲，应责成地方官协同查缉，并要在各产硝州县设立工艺所、兴利局，以利硝民改习他业、自食其力，不再刮土淋私。不久，袁世凯下令直隶、河南等地应切实开设兴利局等机构，引导硝民学习其他工艺："盐税为国家收入大宗，缉私平池实为治鹾之要义。淋晒硝盐本非政令所许，若任听人民就逸避劳、不务正业，势必硝私日旺，正课有亏于财政，殊有关系。著直隶河南、山东等省将军、巡按使转饬产硝区域，该管营县侦缉、查禁不分畛域，一面仿照直隶旧日办法就土性所宜、民情所近，将耕荒、工艺两端切实提倡，务使盐民自食其力，改业有资，国计民生统筹兼顾，如办有成效，并准将出力人员咨部奏奖以示鼓励。"② 此后，盐务署在直隶境内许多产硝严重地区设立兴利局。兴利局设有冀一所、冀二所、冀三所、冀四所、南宫所、武邑所、衡水所、宁晋所、隆平所、平乡所、巨鹿所、广宗所、永平所、内一所、内二所、清丰所、开县所等。③ 这些机构主要引导贫寒硝民学习纺织、印染布匹等技艺。

但是，由于管理不到位、工艺流程存在各种问题及市场方面的原因，

①　《财政部特派员龚心湛为详复事》，河北省档案馆藏档案，卷宗号680-16-243。
②　《盐务署饬第168号》，河北省档案馆藏档案，卷宗号680-7-932。
③　《呈 元字第三二二号 中华民国七年十二月二十六日》，河北省档案馆藏档案，卷宗号680-8-305。

兴利局的创办并没有达到当局预期的目的，也没有起到让硝民改业有依的效果，正如盐务稽核总所会办丁恩调查该局后所说："兴利局于一千九百十二年售出所制布匹合银三万四千三百十五两，购进制布材料四万零四百五十五两。两者相较，出短于入者六千一百四十两，尚有该局经费三万五千二百二十三两，一年间计短四万一千三百六十三两。"① 兴利局 1912 年一年的亏空就达 41363 两白银，其举办可谓举步维艰。并且，直豫两省斥卤地区颇多，靠制硝为业的贫民随处皆在，几处兴利工场能否令几十万贫民都有业可依，实在令人疑虑。正如财政部特派员龚心湛所说："若谓多设工艺等厂，俾业硝者谋生有（述）（疑为"术"——作者注），即可大减硝私，固属釜底抽薪政策。然数十县人民之众，安能全数学工？且开办巨资亦复从何筹措？"② 所以，善后兴利局的设立对于遏禁硝私来讲，无异于杯水车薪；对于帮助硝民改习他业而言，实际上是流于形式。可以说，其象征意义大于实际意义。

设立北洋官硝局是遏制硝私的又一举措。其设立目的是"裁撤督硝公司，设立官硝局，原为收买官硝、协济军火、严禁私煎、维持官引兼售商硝而保成本，凡地方缉私事宜全赖各府州县并缉私局，不分畛域、认真经理，以期不误军火，于官硝、官引均有裨益"③，北洋官硝局的职责是对贫民所产之硝及硝盐进行管理和收购。对于该局内部管理，盐务署沿用了宣统年间的《北洋官硝局整顿硝务简章办法规则》中的内容。此章程详细规定了官硝总分局的管辖范围、人员设置及职责范围、制硝管理、硝斤收买、查缉私硝、人员办事细则等事宜。北洋官硝总局辖 5 个分局、32 个分厂。总分局厂均额设护勇、长夫，专司稽查硝户偷漏、走私等事。但由于"各分局、厂仅止护勇二三名，传递公文，稽查硝户尚不敷用。若令巡缉私硝，实属力有未逮"。北洋官硝局由于性质和兵力有限，实际上并未起到缉查私硝的作用。在收购硝盐价格上，官硝局规定"收买小盐酌中定价每斤发给津制钱二十文，至锅底泥盐尽数追出废弃，概不发价"④。实际上，官硝局有时收购盐斤价格低至制钱七八文，而硝盐卖至

---

① 《稽核总所丁会办对于长芦盐务意见》，河北省档案馆藏档案，卷宗号 680 - 22 - 5。
② 《财政部特派员龚心湛为详复事》，河北省档案馆藏档案，卷宗号 680 - 16 - 243。
③ 《北洋官硝局整顿硝务简章办法规则》，河北省档案馆藏档案，卷宗号 680 - 7 - 896。
④ 以上两段引文均出自《北洋官硝局整顿硝务简章办法规则》，河北省档案馆藏档案，卷宗号 680 - 7 - 896。

食户一般价格会达制钱 70—80 文，① 相差 10 倍左右。硝户自然不愿将硝盐卖于官硝局；而锅底泥盐即是硝盐，正是贫困老百姓为了糊口，千方百计制贩的硝私。所以，设立官硝局以期遏制私盐实在是收效甚微，硝私更不会因此而绝迹。以至于各地盐商与官硝局经常发生纠葛，指责官硝局的设立不仅没有禁绝硝私，反而使得硝民以熬炼官硝为名，行私自炼制硝盐之实，放纵了硝私的泛滥。

2. 发布劝谕告示

长芦盐运使司、各级盐务机关及地方行政机构为了劝谕百姓不涉私，常常会用张贴告示等形式进行宣导劝谕。最有代表意义的是 1915 年长芦盐运使陶家瑶在任时，为了使布告内容真正为百姓所理解，使用了白话告示。而白话文虽在宋元时期就有了话本小说，到晚清时期在文人中兴起了"白话文运动"，但其毕竟多出现在文学领域。而白话文代替文言文是"新文化运动"以后的事情。可以说白话文在当时才刚刚起步，作为官方文件文体使用是很罕见的。但为了老百姓容易理解硝私的相关条律，陶家瑶称应该让老百姓知法懂法，而不要不教而诛、陷百姓于虚妄："理鹾以禁私为第一要义，而禁私当从源头着力。硝户淋煎，私之源也。不拔其本，从齐其末，用力孟老，所伤实多，愚民冒利触纲，狃习忠害，妨害盐法，贻累身家，多缘不知功令，逐致死而弗悟。本使不忍不教而诛，故特撰印白话告示，明著利害，剀切劝导，俾之改习正业，勉为良民。……该知事、管带即将发去告示，遍贴城乡市镇，俾众周知。"②

陶家瑶使用了当时还不甚流行的白话文文体来写告示，可谓勇于开拓创新、用心良苦。该告示内容陈情恳切、利害具陈、说理透彻，少了官样文章的陈词滥调、呆板枯燥、冰冷刻薄。细读这篇告示，它的内容分为两大部分：首先介绍了官府的盐业专卖制度、私盐治罪法内容，然后对制私、贩私、食私者进行了劝谕。尤其是在劝谕民人部分，层层分析、条陈缕析、利害俱陈：先是摆明了私盐犯罪的严重性，接着从制私者的普遍心理、制私目的及涉私后果等各个方面来分析说明涉私的利害，还从老百姓涉私原因角度堵住了其侥幸心理，并指出了不涉私后的出路。最后，为了

---

① 《为遵令查明平乡县设局收硝有妨盐政》，河北省档案馆藏档案，卷宗号 680 – 26 – 942。
② 《饬直豫产硝各县 七月十七日 长芦盐运使饬第 591 号》，河北省档案馆藏档案，卷宗号 680 – 7 – 1516。

断绝硝私利益链条、消灭私盐销售市场，还指出了食私的危害性及后果。整篇文章一气呵成、说理透彻、析事全面，堪称一篇有特色、有新意的好官文。此告示颁发之后，长芦盐运使命令官硝局及长芦缉私营步前营、步后营、步左营、马前营、马后营在各自辖区内广为张贴。一般县份张贴100 张，产硝县份各县张贴 1000 张。①

　　然而，此告示起到的作用，令人不敢妄测。对于饥肠辘辘的贫民来说，活命事大，守法事小，所以此项措施效果几乎是微乎其微。

　　早在 1913 年，就有一些有识之士提出了治理硝私的策略，应收买盐碱地，所产硝盐由政府统一采炼售卖，或者使民产硝盐合法化，由官府收买："一查明产硝地点面积，将盐碱各地发价收买。所产硝盐，由官采炼售卖。设因需款过巨，办理较难，则可将地价按年摊还，人民既免偏担，自必乐从。且地既国有，丁粮杂税当可减轻。既所产土硝锻炼得法，不亚洋硝，供给军用，销路尤广，非特可杜漏卮，抑且获利甚厚。一面小盐加意提炼，制成良品，廉价出售，完能畅销。一查明淋池熬锅数目放任淋刮，每池每日出盐若干，出硝若干，明定价格，由官收买，化私为公，民间既有所图，公家亦可获利。一面责成地方官劝令民间广开沟渠，泻泄卤质，栽种适宜植物，务使旷土成为沃壤。"② 提议虽好，可惜这些措施均未得到实施。硝私一直盛行。

　　**二　私盐治理结果**

　　北洋政府利用各种手段打击硝私等私盐的行为的确是有一定成果的，尤其以武力缉私最为有力。以 1918—1922 年武装缉私成绩为例，长芦缉私营于 1918 年计平毁硝池 2041 座；1919 年计平毁硝池 4335 座③；1920年平毁硝池 5209 座（计步前营 1484 座，马前营 3484 座，马后营 214座），查获硝盐案共 119 起，缴获硝盐共重 353 担 71 斤（计步前营 64 起，马前营 53 起，马后营 2 起），土盐 2 起，共重 12 担 52 斤（步前营）；1921 年，平毁硝池 4891 座（计马前营 4164 座，马后营 727 座），查获硝

　　① 《饬直豫产硝各县 七月十七日 长芦盐运使饬第 591 号》，河北省档案馆藏档案，卷宗号 680－7－1516。
　　② 《顺德官运局具陈筹划硝盐意见书》，河北省档案馆藏档案，卷宗号 680－8－66。
　　③ 《呈报各管带督队及统部办事人员成绩请从优给奖（民国九年二月四日）》，河北省档案馆藏档案，卷宗号 680－26－866。

盐案 194 起，缴获硝盐共重 295 担 78 斤（计步前营 45 起，马前营 97 起，马后营 52 起）；1922 年，平毁硝池 6422 座（计马前营 4377 座，马后营 2045 座），硝盐案 811 起，共重 1373 担 36 斤（计步前营 111 起，马前营 115 起，马后营 585 起）①。由此可见，缉私营查缉硝私的工作还是有一定成效的。

"查堵"措施的结局，的确是起到了一定的抑制作用。许多小规模制贩硝私的硝民不敢肆无忌惮、明目张胆地制私、贩私，而是与缉私营打起了"游击战"，成"旋起旋灭"之势。私盐依然没有禁绝。

在平毁硝池的过程中经常阻力重重。因为平毁盐池，对于地多盐碱的州县来说，就等于断了许多乡民的活路，所以，每到平毁硝池时，乡民一般会拼死抵抗，正如长芦运使所称："奉此查直豫两省半皆斥卤，无知愚民倚硝池为生活者，所在皆是，实为盐务之大害。前年内黄平池，酿成巨案，迄今无良好之结果。去年清丰、濮阳各县平毁硝池，因硝民联结抵拒，派兵弹压，迁延数月，仅得敷衍。盖平池一项，本非容易。地方官责在治安，恐不肯严厉进行；而缉私军队职在缉私，又不能公然放弃。施以劝导，则顽梗不化；诉诸武力，则地面不安。如此次之，隆平各硝民业已预备土枪土炮以死相拒。一时风声所播，各县硝民咸将起而相应。其势已不可收拾。"② 所以，平池过程中，缉私兵平池，常引发兵民冲突，甚至引发命案，进而转化为集体性事件。这几乎成为平池行动的三部曲。这一情形出现原因，当时就有人明确认识到："巡汛会同缉私队协同查禁，官盐幸免滞销，然治标之策，终难持久。况值次共和时代，民权日就膨涨，后经省议会提出议案，谓私盐私硝，系天然物产，关系民生，力图开禁。议案虽未通过，而乡市宣传、虎视眈眈，利之所在，人必争之。若一以压力从事，只图目前，不但将天然物产放弃可惜，且产硝之区地多不毛，人民既无利可图，而丁粮杂税同此负担，盐斤复有加价之议，生计日艰，铤而走险，盐网破裂，势所必就。"③ 国家官盐体制弊端及农村经济结构性失衡矛盾全部由几队缉私兵来承担，官民矛盾、百姓生活得不到解决，暴力冲突就在所难免。

---

① 《奉饬编具长芦缉私营巡船各项报告书》，河北省档案馆藏档案，卷宗号 680 - 8 - 867。
② 《长芦盐运使呈盐务署（抄件）》，河北省档案馆藏档案，卷宗号 680 - 26 - 755。
③ 《顺德官运局具陈筹划硝盐意见书》，河北省档案馆藏档案，卷宗号 680 - 8 - 66。

更为严重的是，为了使自己的制贩私盐活动得到保护、有所依靠，直隶南部各县百分之八九十的硝民加入一些帮会组织，比如红枪会、大刀会等，"惟营长伏查本年直南各县会匪猖獗，实系时局特殊、灾变猝不及防。自夏令援豫退兵后，直南各县会匪相机蜂起，盐匪土著十九加入红枪、大刀。名目繁多，攻城占县，数见不鲜。县长弃职，警械被收……"① 硝民抢劫缉私营枪械服装马匹等来武装自己，随时准备反抗，形势极为严重。对生存艰难、谋生乏术之人奢谈国家利益、遵法守法，本身就是执政者的愚妄、悲哀。所得结果只能是国进民退、官逼民反，别无他途。可谓压之弥强、伸之弥坚。

### 三　硝私治理的标本性意义

硝私为长芦盐区最有代表性、区域性的一类私盐，也是北洋当局着力加以治理的私盐种类。这里，就长芦硝私治理的得失进行一下必要的阐释。

长芦硝私作为长芦种类众多私盐中之大宗，不仅存在范围广，制贩规模大，同时涉及人数也众多。这对当时引岸专商制下官盐的销售的确造成了很大冲击，使得硝私泛滥地区商情疲敝，盐政衰微、税款流失，从而影响了当时"善后大借款"的盐税抵押信度。为此，北洋政府采取了行政、法律、武装、说服引导等手段来力图治理硝私。然而，经过治理，硝私泛滥程度虽然得到一定程度的遏制，但远远未能根绝。长芦硝私不能杜绝的原因很多，但如上所述，在当时社会转型期条件下，在社会动荡不安情形下，农民的极端贫困与谋生乏术可以说是当时硝私屡禁不止的一个根本原因。

在直隶、河南引岸，对于广泛存在的地多盐碱、民多赤贫的状态，如果仅仅把硝私看作硝民愚昧无知、不顾大体、自私自利的一种表现，就把当时农村经济凋敝、农民生活困苦的实质社会问题忽略和掩盖起来了。实际上，硝私已经成为当时经济残破农村的一种特有的经济现象。要彻底改变这种状况，就要从根本上解决农村凋敝、农民赤贫等社会经济问题，帮助他们改变基本的生产条件，引导他们逐渐走上经营正当农副业的正路。

---

① 《骑兵第二营营长李连伸呈长芦缉私水陆全军统领徐 十六年十月二十一日》，河北省档案馆藏档案，卷宗号 680 - 26 - 1026。

这是问题的根本所在，是治本之术。

在当时社会条件下，外敌环逼、军阀混战、国家贫困，上述方法是不能完全实现的。所以，当局只能采用治标之法，以行政、武力等手段查禁硝私。从前文的叙述中可以看出，当局查堵措施不得要领，而疏导办法又流于形式。这不仅没有消除硝私，反而增强了硝私存在的坚韧性：许多硝民为了生计加入帮会、拼死反抗、武力以对。所得结局就是国与民的冲突加剧，社会秩序更加混乱。

实质上，硝私已不仅是一种社会现象，它折射出了当时社会转型条件下各个阶层间利益分配维度问题。在每个社会处于变革、转型时期，都会面临国家及各个阶层间利益的重新分配问题。如何公平、公正分配社会财富，不但关系着每个社会成员的利益问题，更可能关系着这个政权的稳定之基和根本命运：利益分配严重不均衡时，社会各阶层之间便会出现一种自发的调节，这种调节在达到一个新的平衡时停止。在这种调节过程中，方式方法可能是多种多样的，有时甚至会出现暴动、引发社会动荡或更新换代。所以，我们更应把当时硝私的存在提高到一个政治层面高度来认识它。只有这样，北洋硝私治理的经验与教训才能穿透历史的星空，为现在的国家治理提供借鉴意义。

北洋政府时期硝私治理失败告诫后人，任何不顾问题存在根本原因的缉堵行政措施都会徒劳无功。甚至，过度激烈的治理措施往往会激起人们更加强烈的反抗。政府的一切行政行为，必须应首先保证全体社会成员的生存、生计问题，之后才能进一步维护国家利益和进行各阶层利益调节与分配。不应该以过度牺牲某一个或几个社会阶层利益为代价来保证国家运行和其他社会阶层的利益。以过度挤压或扼杀某一阶层生存空间来换取其他人利益的国家干预行为，是危险的。

以史为鉴，可以知兴替。现在，中国正处于重要转型期，毋庸讳言，各种社会矛盾不断出现与激化。比如城市流动摊贩与城管的矛盾、暴力拆迁，等等，实质是国家利益与个人生存利益发生碰撞的表现形式之一，凸显了在社会、城市治理过程中，管理者的理念更多地顾及国家利益、公共利益，而忽视了个体的生存权利和生活利益。这不仅使诸多社会问题得不到根本解决，反而激化了某些社会矛盾，不利于社会的和谐稳定。所以，不能处理好国家利益和个人利益之间的辩证关系，不仅曾经是长芦硝私治理失败的缘由所在，也是现在城管和流动摊贩等社会底层矛盾以及其他诸多矛盾都得不到很好解决的原因所在。以人为本，关注民生，和谐发展，也许正是社会转型期根治各种社会矛盾的良药所在，是社会发展规律使然，是各级管理者的智慧体现，也是长芦硝私治理的历史启迪。

# 第二章　长芦缉私营的组建与营制

北洋政府时期，长芦盐区为全国七大海盐产区之一。其产盐量丰富，盐销量大，盐税收入高，且又因其邻近京畿，为当局所特别重视。在长芦盐区，除了同其他许多盐区一样，存在大量滩私、坨私、邻私等体制内私盐外，还有遍产于直隶、河南 111 个县份的硝盐。泛滥的私盐极大地冲击着官盐的销售与盐税的征收。如上文所述，为了遏制长芦盐区猖獗的私盐，北洋政府多管齐下，文武兼用，在动用了行政、法律、劝谕开导等种种手段外，还一度扩编了缉私营，试图以武力手段来缉没私盐，这也是北洋政府在查缉长芦私盐上投入资金最多、最为重要的一项措施。长芦缉私营为长芦盐区专门负责查缉私盐、维护芦盐产销、保护长芦盐税收入的武装组织。

长芦盐区负责盐务缉私的组织，按照经费提供主体来划分，可分为三类：一类是盐务署命令设置、财政部出具经费的长芦缉私营，包括步前营、步后营、步左营、马前营、巡河炮船等，其职责范围是巡缉直隶、河南两省引岸的私盐；一类是芦纲全体盐商均摊经费、隶属缉私营管理的长芦缉私马后营，其职责范围与缉私营一样；一类是由各盐号出资经办的盐巡，受盐商管理，其职责范围是维护各盐店引岸范围内的销售、查缉其范围内的私盐。

按照其职责范围的不同，可分为长芦缉私营、盐场警察（场警）、盐坨卫兵、盐巡。缉私营主要负责巡查长芦引岸各地的私盐；盐场警察主要为各盐场范围内查缉私贩、防护滩坨、监督调查等事务而设；盐坨卫兵则担任各盐坨内稽查缉私、弹压工人、指挥灶户运盐归坨等职责；盐巡负责各盐店引岸范围内的缉私活动。

按领导主体的不同，长芦盐区缉私组织可分为以下几种：一、由长芦盐运使节制、盐务稽核所监管的长芦缉私营；二、归长芦缉私营统领管理的盐场警察（场警），归坨务员、监秤员节制管理的盐坨卫兵；三、由各盐店、盐号聘用管理的盐巡。

可以说，按照经费来源、领导主体及职责范围等因素综合划分，长芦盐区的缉私武装分为两大类：一是长芦缉私营，一是盐巡及盐坨卫兵。长芦缉私营由北洋政府财政部提供经费，受长芦盐运使节制，依照正规陆军军制编组，履行缉私警察职责的长芦盐区正规武装组织，担负芦盐产、运、销安全的全面职责、主要职责，而盐巡及盐坨卫兵则只对芦盐指定区域、局部领域安全负责，也非正规武装组织，对芦盐安全起辅助作用。二者的关系，相当于现在的缉私警察之于单位保安。在下文中，以对长芦缉私营的考察为主。

## 第一节　缉私武装的组建与发展

### 一　缉私营的历史沿革

在清朝光绪年间以前，长芦盐区并无专职盐务缉私队伍。盐务缉私，向来是州、府、县政务内容之一。年终对巡盐御史、盐运使等缉私成绩按照考成例律进行考核，优奖劣罚。庚子之役后，1901 年，中国与英、法、美、俄等 11 国签订了《辛丑条约》，按照条约规定，中国向各国赔款白银 4.5 亿两，分 39 年还清，年息 4 厘，本息共计 9.8 亿两，以海关税、常关税和盐税作担保。面对巨额的赔款，清政府财政困窘，罗掘俱穷。光绪二十九年，清政府决定对各省盐斤一律每引征银 1 两 4 钱，以备摊还赔款，谓之"新案赔款加价"。为了保证这一新税种顺利开征，清政府严厉杜绝私盐，以保证官引畅销。同时，光绪三十年（1904 年）冬，天津、沧县、宁河等地盐产区滩坨荒废，新产旧存盐斤大量走私，冲销官引、影响盐课甚为严重。时任长芦盐运使的陆嘉穀为了整顿盐产，保证税收，呈报直隶总督兼长芦盐政袁世凯批准，招募练勇 500 人，成立"长芦盐巡营"，任命宋明善为盐巡营统领，专职负责在产盐区查缉场私。这是长芦盐区始有专职缉私机关及武装组织。

到 1909 年，根据曾任长芦盐务缉私统领的刘序东回忆[①]，因津武口岸（天津、武清两县销岸）的商汛极其腐败，营私舞弊、敲诈勒索，激

---

① 丁长清等篇：《近代长芦盐务》，中国文史出版社 2001 年版，第 52 页。

起民愤。长芦盐运使周学熙下令，将该两县汛役交盐巡营管带宋明善改编，仿照当时陆军编制，编为"长芦盐巡营步后营"，提升左哨哨官李振龙为管带。营总部驻天津北车站盐坨地区，另在武清县城内设立分部。同时，周学熙提升宋明善为盐巡营统领。原来的盐巡营改称"长芦盐巡营步前营"，仍由宋明善兼任管带。这样，盐巡营有了步前、步后两个营别，主要负责在盐产区和津武口岸的巡缉私盐任务。

同一年，袁世凯表弟张镇芳以直隶候补道的资格充任长芦永七（即永平府所属七县，即滦县、昌黎、临榆、乐亭、迁安、抚宁、卢龙七县）的盐务总办。后来，为了整顿永七盐务，查缉私盐，张镇芳成立了"长芦直豫两岸缉私总局"，并自兼缉私总办。总局下属 16 个缉私分局，分布于直豫两省芦盐的各个销岸，其活动范围并不限于永平七属。1910 年，因永平七属盐务总局所辖缉私队组织紊乱，弊窦百出，所设盐店缺斤少两、掺泥和水，以致激起民愤，发生暴力事件。又因临榆县与奉天交界，双方因盐务发生纠纷。此时已升任"长芦盐务督转运使"的张镇芳即将永平七属的缉私队交由长芦盐巡营统领宋明善改编。宋明善将永平七属的缉私武装改编为"长芦盐巡营步左营"，由北京武卫右军调来的军官宋振声充任管带。同时，将拥有步前营、步后营、步左营的盐巡营统一改编为缉私营，并将统领部扩大组织，增设帮统一员，以宋振声兼任。迄至1910 年，长芦缉私武装组织正式定名为"长芦缉私营"。1911 年，张镇芳又下令将直豫两岸 16 个缉私分局一律裁撤，将各局缉私队划拨长芦缉私统领宋明善麾下，填充到长芦缉私营。这样，长芦缉私营拥有步前营、步后营、步左营三个营的编制，负责巡缉长芦盐产区、销区，"场警有监守仓坨、稽查制晒之职务，各岸缉私队有保护局店、疏销护运之责成"。①至此，长芦缉私营已初建完竣，只是，这时长芦缉私营每个营的编制还不健全，兵力尚少。进入民国时期，这些营的兵力又经一再招募、扩编，才形成后来长芦缉私营的规模。

盐巡营成立初期，其领导权归属并不分明，从归长芦盐区督销局、盐厘局、榷运局等各盐务机关管理，到归盐巡营专办，再到各局店要求盐巡兵保护、不令远离，从而导致其职责不明、缉务废弛："（盐巡营——作者注）向归各局办理，因无成效，于前清宣统三年闰六月间裁撤改编，

---

① 《盐务署函》，河北省档案馆藏档案，卷宗号 680 - 7 - 1555。

归营专办，原因事权归一，以便控制。嗣经各局长禀请准其节制调遣，始纷纷要队驻扎局店。而该局店皆为保护自己，不令远离。彼时缉私事宜渐有废弛。旋因缉私兵队需用大宗帑项，实为保守滩坨、缉办枭匪、查缉淋卤硝盐私贩而设，该局店各有勇役看守门户，复蒙前司长张通饬将驻局店缉私兵队调驻扼要之区，划一事权，其各局店始无节制调遣之事。"① 另外，当时其职责也不甚分明。在一些滩地产盐无多的地方，缉私营还兼掣验盐斤职务。比如严镇场、海丰场同居坨、道口坨、沧州坨、羊儿庄坨，因入坨较少，所以未设坨务局，以图节省经费。在清光绪三十一年四月，盐运使陆嘉穀发给官秤四杆，饬令缉私营分驻该处的队官长兼理掣验生熟盐包。同时掣验商人筑运盐斤。② 后掣验局成立，缉私营分部于民国元年10 月 4 日把此项任务移交掣验局。

## 二　缉私营的扩编与发展

进入民国以后，战乱频仍、财政更加困窘，当局罗掘俱穷、亏困难支，正如 1919 年 2 月财政总长兼盐务署督办龚心湛向总统上书所称："迨至近年国家多故，各项税收因之亏短，而临时军费日见增加，以致收支相抵不敷甚巨。……民国三年中央政费每月由部核发二百余万元，军费每月核发三百余万元。近则政费每月增加七十余万元，为数已不为少。军费经常一项月须七百余万元，比较三年计增四百余万。自西南用兵以来，又加临时军费五百余万，经、临两项共需一千二百余万元。而中央每月收入，关税既担保债息，解款则纷请截留。所恃以应付者，仅盐余③一项，平均每月约得三四百万元。此外中央直接收入，如菸酒、印花、官产等月解部者，不及百万，以三四百万之收入抵一千五六百之支出，其何以支持？此外每月由部直接应付债款尚有二三百万元，而外省纷向中央请款接济，又动成巨万。"④ 盐税更成了当时政府的财政支柱。而当时百姓赤贫，私盐更加盛行。为了加强盐税征收，北洋政府更严令加强盐务缉私。长芦缉私

---

　　① 《呈文 元字第九百八十九号》，河北省档案馆藏档案，卷宗号 680 - 7 - 862。

　　② 《禀 元字第二〇八九号 中华民国元年十月十二日》，河北省档案馆藏档案，卷宗号 680 - 7 - 367。

　　③ 1913 年 11 月，"善后大借款"的债权国组成的银行团与中国订立《存储及汇寄盐款暂行章程》。依照此章程，此后中国的盐税收入全部存入汇理、汇丰、道胜、横滨、正金等五家银行，以保证债款的偿还。偿还债款之外的剩余盐税交给中国政府处置，称为"盐余"。

　　④ 《财政部训令第三六七号》，河北省档案馆藏档案，卷宗号 680 - 8 - 456。

营在这种背景下，不断扩充与增员，得以发展和扩大。

北洋政府时期，按照"善后大借款"合同，由债权国派员主持的盐务稽核总所开始插手中国盐务，长芦盐务稽核分所则管理、监察长芦盐税收支情况。实际上，稽核总所和长芦稽核分所权力触角延伸到了长芦盐务的各个领域。长芦缉私营作为当时长芦盐务机构重要组成部分之一，自然成了稽核所重点监管对象之一。长芦缉私营的一切经费开支、缉私收入等均须由稽核所签字与监管。所以，缉私营在此时期兵力的增减也受到了稽核总所和长芦稽核分所的干预和控制。

在这种情形下，长芦缉私营兵力与营制经历了一个扩编与裁减共存、增加与压缩齐在的发展过程。在这个过程中，缉私营的冗员得到裁减，营制越来越健全、规范。这虽然没有杜绝缉私营腐败现象的产生、存在，但还是使缉私营较晚清时期有了起色，营制近代化开始肇端。

长芦缉私营营制的健全经历了几年时间，每个营兵力添募时间和人数也不尽相同。

（一）兵力添募

1912 年，长芦运署卫兵因腐败遭裁撤，重新抽调长芦缉私营兵充任卫队。这样，使得长芦缉私兵力减少，不敷分配。后经长芦运使准许，又招募添设缉私兵队 4 棚。事情原委如下：长芦盐运使司原设卫队，官兵共 50 人，设管带、帮带各员，原为保护衙门、维持库款而设立。但是，卫队纪律松散，外出抢劫引起公愤，"惟查该兵等气习非尽驯良，春间兵变之时，出外抢掳，人言啧啧。自应早为淘汰，兹经本司于七月二十七日召集各兵、面饬缴呈械弹，除发足七月份薪饷外，并给恩饷两个月，一律遣散。"① 1912 年 7 月底，长芦运使令宋明善悉数遣散卫队。卫队遣散后，长芦运使从缉私营中抽调兵力，保护运署，"现在另调缉私营并驻署，俾资巡防。查缉私营兵经该统带宋明善训练有年，尚知服从命令，防护一切当可冀其得力"。② 缉私兵被抽调后，缉私兵力因显单薄，"惟缉私兵队，既经抽调，且原有兵数本形单薄，拟饬该统带酌量添募四棚，俾使分布，所需月饷，即于裁撤司署卫队薪饷项下改拨"。③

---

① 《长芦盐运使为添设卫队呈盐务署文》，河北省档案馆藏档案，卷宗号 680 - 7 - 72。
② 同上。
③ 同上。

经长芦运使和稽核总所批准，缉私营添募了 4 棚的兵力，补充到长芦缉私营各营队。

（二）步左营的扩编

长芦盐区区域广袤，情况复杂，硝私充斥，尤其在沧州、盐山一带，"近来民气嚣张，硝私充斥，沧州盐山一带贩私尤众，虽迭饬该营统领扼要驻扎，派队巡逻，惟营队只有此数巡守，难于兼顾"。[①] 1912 年前长芦缉私营仅有步马三营两队五棚，分驻在直豫两岸 123 处，兼查处所共 179 州县，地广兵单，不敷分配。为了维护引盐销售，纲总邹廷廉希望在沧盐一带添驻兵棚，通纲商人桐兴义等呈请酌添缉私勇队 56 棚[②]。同时，为了加强盐税收入，盐务署下令各地盐场整理场产。1912 年，长芦运使命令裁撤场大使，改设芦台、丰财、石碑三个场务所。为了保护场产，盐务署命令在各盐场添设、编练场警。原来驻扎各场、所之兵力，经运使准许，均归缉私统领宋明善调拨和改编。

鉴于此种情况，长芦运使征求缉私营统领宋明善有关缉私营扩编意见，宋即表明应添募兵夫 20 余棚，以期巡查周密。宋明善的建议得到长芦运使及稽核总所批准。长芦运使遂委任宋明善编练步左营左队。宋明善从原来长芦各场所驻兵中抽调，并改编了冀州官运局缉私马队。缉私马队原有两棚，改编时，按照 1 匹马算作 2 个步兵办法，将其改为步队 4 棚。再加上 1910 年时改编的原有步左营左队 4 棚，再添募 1 棚，共成 9 棚，作为步左营左队一队。1913 年 2 月，步左营左队奉命招募编齐。"改编步左营左队增支项下应需开办费银三千七元零，常年费银五千一百三十八元零。"[③] 由财政部在盐款项下开支。

步左营左队编齐后，按照长芦运署原定计划，1913 年 3 月底至 4 月初，长芦缉私营统领宋明善又奉命招募步左营右队五棚。这五棚兵士，部分是通过新募而来，还有部分是改编原来驻扎各场所警察，从各队官长目兵抽拨而来。招募这五棚共开支小口粮铜元合银圆 132.403 元，购买炊具杂具等物 45.06 元，军服耗洋 491.41 元，耗用车店津贴等项共费银洋

---

① 长芦盐运使署：《长芦盐务公报（第 5 期）1913 年 6 月 1 日》，长芦运署出版，河北省档案馆藏档案，卷宗号 680－12－818。

② 同上。

③ 同上。

1143.119 元，雨衣帽共 114.55 元。①

步左营成立初期并没有设立营部。到 1918 年 10 月，陆军少将统领长芦缉私步马各营轮炮船季光恩向长芦运使段永彬呈请，申请设立步左营营部，得到运使批准。为了不增加额外开支，季光恩裁减统领部长夫 30 名，所余薪俸用于营部管带、文案、收支等人员薪俸开支。由原来统领部执事官杨玉符调充步左营管带。② 步左营营部至此建成。

（三）盐场场警的编组

长芦引盐行销直豫两岸，额引 602400 余引③。由于政局动荡等原因，长芦盐滩在民国初年多作荒废。后来，由于淮鄂湘皖等省缺盐，不断借运盐斤，以致芦盐产不敷销。为了整顿长芦场产、增加场产，1912 年，长芦运使即从芦台、丰财、石碑三场产盐最旺之区着手改组盐场管理机构，将原来场大使裁撤，改设场务局三处，又于 1913 年 1 月改称场务所，局长改称所长。为了加强对各盐场的防护，长芦运使决定在此三场设立盐场警察，"查整理盐务，以杜绝私销为先，而严禁私销，以改编场警为要"。④ 按照长芦运使安排，"此项警察应由业已改设场务所各场先行试办，其余各场俟改组后再议扩充"。⑤ 这样，在经过了大量的调查、准备工作之后，场警于 1913 年 1 月在芦台、丰财、石碑三场编组试办。

与此同时，1913 年 1 月，步后营管带宋振升向宋明善禀称各滩巡勇营私舞弊，私行售卖盐斤：济民场大麦口滩盐专卖鱼盐，其巡勇却滥行售卖；石碑场老滩坨后姜石沟、老米沟、归化场团林滩等地巡勇串通盐枭暗行买卖。鉴于此，宋明善请求长芦督转盐运使司盐运使杨寿枏"将滩内巡勇裁撤而守滩责任专属长芦（缉私营）"⑥。运使认为，"惟石碑等场现已改设场务所，遵照部议，于各滩添练守滩警察。一俟募齐，应责成所长

---

① 各数摘自《据缉私营呈请各队人员奖章卷（1913—1924 年）》各个文件，河北省档案馆藏档案，卷宗号 680 - 7 - 851。

② 《请添设步左营营部 第二十四号 中华民国七年十月》，河北省档案馆藏档案，卷宗号 680 - 26 - 731。

③ 《长芦盐运使呈盐务署文》，河北省档案馆藏档案，卷宗号 680 - 19 - 155。

④ 《长芦盐运司训令第一一五六号》，河北省档案馆藏档案，卷宗号 680 - 16 - 56。

⑤ 长芦盐运使署编：《长芦盐务公报（第 16 期）1913 年 11 月 16 日》，长芦运署出版，河北省档案馆藏档案，卷宗号 680 - 12 - 818。

⑥ 《呈文 元字第 95 号中华民国元年一月十五日》，河北省档案馆藏档案，卷宗号 680 - 7 - 867。

认真经理，随行严加查察，毋任再滋弊端"。① 各滩场巡勇的渎职、腐败、懈怠，更坚定了长芦运使编练场警的决心。三场场警开始编练。

设立场警的目的在于"为查缉私贩、防护滩坨、盐制调查等事而设。与地方普通行政警察有别，又与从前滩坨巡役不同"。场警事务所设于各场务所驻在地。芦台、丰财、石碑三场分别划分为若干区域，每一区域分驻额定场警。编练初期，石碑场务所"管理大清河、偏凉汀、洋河口、老米沟、姜石沟、老滩、坨后、济民、团林等九滩坨，机关甚多，地势散漫，济民、团林两坨将在裁撤之列，暂行缓议外，滩坨地势较之他场不同"②，地势绵延700余里，所辖机关最多，额设场警140名，从原来旧有坨役中选拔。丰财、芦台两场场警额定每场设立55名，系由缉私营代为招练。③ "丰芦两场警察项下应需开办费银八千五百六十八元零，常年费银一万八千元零"。④

各场警事务所所设官弁如下：警务长（以场务所所长兼充）；正警官（以场务所巡缉课员改充）；副警官（即以旧有巡缉队长改充）；骑警长（无骑警者不设）；步警长（如场警辖境辽阔、警士零星分驻者，得以滩坨委员就近兼辖，不设警长）；书识（如场警事务所附设于场务所及滩坨各机关者，得以场务所书记及滩坨各机关书记兼充）。场警官弁职责是规划布置、监督指挥、稽查整顿、赏罚去取。各场务所正、副警官均得承警务长的命令，掌理如下事务：一是筹划警务进行，二是督察警士操练，三是分配警士设区，四是处置违警人犯，五是巡查岗位要隘，六是指挥办理职务。

各警士要秉承警务官长的命令，执行站岗、巡逻任务。其职务应分四项："（甲）缉私事项：一查缉春筑盐包浮于例定斤重者，二查缉灶户与商民私相授受者，三查缉官役人等夹带私盐混出滩坨者，四查缉运沟内艚户偷盐渔利者。（乙）防护事项：一防护滩坨存盐之伤耗及偷漏，二防护滩池及坨垣之损坏，三防止滩灶催工及夫役人等之争斗，四防护区内往来

　　① 《长芦盐运使司指令第二百五十九号》，河北省档案馆藏档案，卷宗号680 - 7 - 867。

　　② 《石碑场务所禀长芦盐运使》，河北省档案馆藏档案，卷宗号680 - 7 - 1461。

　　③ 长芦盐运使署：《长芦盐务公报（第16期）1913年11月16日》，长芦运署出版，河北省档案馆藏档案，卷宗号680 - 12 - 818。

　　④ 长芦盐运使署：《长芦盐务公报（第5期）1913年6月1日》，长芦运署出版，河北省档案馆藏档案，卷宗号680 - 12 - 818。

之行人。（丙）监制事项：一禁止未经报司注册滩副内之制造，二禁止法令时间以外未经官长许可之开晒，三禁止滩坨盐码内掺和沙土，四禁止滩盐散漫堆积，务令按时归坨。（丁）调查事项：一调查区内灶户人口及生计，二调查滩池内制造之手续，三调查滩副数目及修辟移转变迁，四调查滩盐产额、收成、丰歉及存积盐数，五调查区内无业游民察其举动。"①场警缉获私犯要呈请官长照普通盐务规则，解请司法衙门惩办，不得擅自处罚。

至于场警的薪饷待遇，按照相关规定："警务长由场务所长兼充，不另计薪；正警官以场务所巡缉课员改充，仍支原薪；副警官以原有巡缉队长改充，仍支原薪；骑警长月支饷银洋十六元，现无骑警不设；步警长月支饷银洋十元，无设立警长之必要者缓设；书识月支薪俸洋十六元，如以场务所书记兼充，不另支薪。警察口粮每名月给口粮洋六元三角，其芦、丰两场前由缉私营代招系照营制核发，为数较多，改编为场警后均照石碑现支口粮数目办理，以后各场添设场警均规一律。"②

场警应选资格为："一须年力强壮无嗜好过犯者，二曾办巡缉事宜者，三曾在滩坨办事有成绩者，四有普通军人资格者，五曾在普通警察学堂毕业者，六曾充地方警察确系告退者。右条各款必具其一仍取切实妥保方准承充。"③

民国二年正月间，长芦运使命长芦缉私营统领宋明善代为招募丰财、芦台两场警察，并代为训练，但无节制之权。两场每处额设警察55名：警长5名，每名月饷10元；警士50名，每名月饷6.3元。以原有巡缉课员改为正警官，督率查缉，以所长兼充警务长，不另支薪。④经过半年多的训练，宋明善认为这些场警操法业已娴熟，遂于8月份把这些场警移交长芦、丰财两场务所所长节制。

各盐场场务所奉命编组场警一年多后，盐务稽核总所为节省经费，又议裁撤场警，"查上年各场组织场警，业经实行。嗣因搏节经费，旋复议

① 长芦盐运使署编：《长芦盐务公报（第16期）1913年11月16日》，长芦运署出版，河北省档案馆藏档案，卷宗号680-12-818。
② 同上。
③ 《长芦盐场警察章程》，河北省档案馆藏档案，卷宗号680-16-56。
④ 《丰财场务所呈长芦运使文》，河北省档案馆藏档案，卷宗号680-16-56。

裁。仍改归缉私营编制分拨各场滩坨驻缉",① 仍由长芦缉私营派兵驻守防缉。1915 年 4 月，盐务署又令重新建立场警。7 月 13 日，长芦运使命令委员宗翰年由津赴芦台、丰财、石碑三场秘密调查各场实际需警情形。33 天后，即 8 月 14 日，宗委员调查完毕，回津销差②，并建议运使三场恢复设置场警。然而因故，此次并未编成。长芦运使令缉私营所有驻扎在场务所和盐场的兵队负责防护各场产及场务所。因丰财、芦台、石碑三场务所知事称"惟滩坨保守实权，既全赖诸缉私营。各处有无漏私，要视驻防官长兵士能否尽职以为断。现在场官对于该营驻防弁兵既无直接控驭之权，遇有查询嘱托事件，皆系借助性质，指挥弗克自如，监察自难有效"③，长芦运使也深以为然。为了很好保护场产，运使遂令各驻兵应由各场务所所长节制，以便调遣。但这遭到了长芦缉私营统领宋明善的坚决抵制，认为场务所所长在与其争夺对缉私营的管理权力。鉴于此情，长芦运使只得作罢，各场驻兵仍归统领宋明善节制。

（四）马后营的组建

鉴于长芦盐区地广兵单，1914 年 12 月 3 日，长芦缉私营统领宋明善奉盐务署署长命令，开始招募马营。"盐务署署长面饬长芦添募马后营一营，曾派所部步前营管带刘金镛面禀司长在案，已于民国三年十二月六日开始招募兵夫，至十三日先后募齐。十二月五日起购买马匹，至十二月二十四日，陆续购足。即遴选官佐，于四年一月元日制成营，起支薪饷。"④到 1915 年 1 月，此队马营编组完成，定名为"马后营"。共募得缉兵 394名，购买马 300 匹。其中目兵由步、马各营内批选，以新募之兵补充各营遗额。均已补齐。⑤

马后营的编组经费来源于芦纲公所全体纲商摊交银两。其中开办经费16000 元，就由长芦众商允认摊交。对于常年饷需及各营经费 99945.20元，则由全纲按盐包摊交银圆一角，每年可得银圆 90000 余元。不足部分

---

① 《长芦盐运使饬第五百五十二号》，河北省档案馆藏档案，卷宗号 680 - 7 - 1461。

② 《详为造具精算书陈请鉴核事》，河北省档案馆藏档案，卷宗号 680 - 7 - 1461。

③ 《长芦丰财、石碑、芦台场公署会呈长芦运使段为驻扎滩坨缉私营队拟请由知事等节制调遣》，河北省档案馆藏档案，卷宗号 680 - 16 - 395。

④ 《详为添募马后营遴派官佐开募兵夫等事》，河北省档案馆藏档案，卷宗号 680 - 26 - 663。

⑤ 《详为遵饬编制马后营按全纲摊交银元数支配》，河北省档案馆藏档案，卷宗号 680 - 26 - 663。

由盐务署筹拨。① 马后营的马匹按规定由目兵自购自带，然而，据长芦缉私统领宋明善称，"按向章凡应募马兵必自购马匹，惟开招之时所招目兵皆贫穷乡民，恐其一时无力购买，故向章署长拟先借给马价银元一万二千元，以备目兵等购马之用，成营后再由目兵饷内陆续扣缴"。② 就这样，马后营的马匹购买费用先由运署垫付。

马后营编成后，先驻河南，后调直隶，分扎各处共防地 20 余所。1919 年前后，马后营营部驻顺德南关，前队驻蠡县，后队驻冀县镇海寺，左队驻曲周县，右队驻平乡县，中队驻沧县望海寺，五队分防 23 处。巡缉区域包括顺德、蠡县、安平、安国、大兴、新城、冀县、武邑、南皮、宁晋、曲周、永年、隆平、任县、平乡、巨鹿、沧县、宁河、盐山各县所属村庄。③

马后营经费由芦纲全纲商人提供，受长芦缉私统领直接指挥，受长芦运使节制。其职责与缉私营步马各营均相同。

（五）耕荒队的设立与裁撤

在盛产硝私的直豫两岸，每逢合适季节和天气，盐碱地即土层泛卤。当地贫民就扫土筑池，熬制硝盐。凭贩卖硝私，赖以糊口。但是，斥卤土地只要一经耕翻和降水，盐碱层就会消失。耕荒队即为耕翻斥卤土地、铲除硝盐而设。它是缉私队伍中极为特殊的一个兵种。此队由耕夫组成，并不携带武器，其装备主要是耕牛和犁、镬子、大车等农具。为维护盐政、保护盐税，缉私营的主要任务之一就是铲除硝盐，其方式有武装缉私，有在硝盐产地平毁盐池，而后出动耕荒队，翻土犁池，变荒为熟，以消灭盐碱层。这样，帮同缉私兵平毁硝池、在已毁硝池之处及其左近盐地翻耕土地④，成为耕荒队的主要职责。

1911 年（宣统三年），耕荒队建立。1912 年，耕荒队有耕夫 18 名，正目 1 名，副目 1 名，牛 20 头。隶属于缉私营，归缉私统领宋明善节制。1915 年，因为内黄平池事件，耕荒队规模、领导体制发生了改变。内黄

---

　　① 《详为遵饬编制马后营按全纲摊交银元数支配》，河北省档案馆藏档案，卷宗号 680 - 26 - 663。

　　② 《详为长芦添募马营拟请借给目兵购买马价》，河北省档案馆藏档案，卷宗号 680 - 26 - 663。

　　③ 《长芦缉私步马各营及轮炮船马一棚等官佐目兵夫薪饷公费服装等项各数目及巡缉调查表》，河北省档案馆藏档案，卷宗号 680 - 8 - 472。

　　④ 《谷塞额调查内黄县耕荒队情形意见书》，河北省档案馆藏档案，卷宗号 680 - 26 - 693。

为河南产硝最盛之县，缉私营多次往复平池毁地，硝民也随平随筑，打起了"游击战"。1914年，内黄硝民为保护制盐，遂联合数十村、公举3人为首，按池捐钱50000文，购置枪炮预备与缉私营对抗。1915年1月，当缉私营前往内黄平毁盐池，终酿成硝民大规模反抗风潮，惊动了当时北洋政府。北洋政府为平息民愤，决定处置宋明善，设立善后机构。财政部委派杨嘉辰、贺良坧二人到内黄调查。二人遂建议扩大耕荒队规模，并使其隶属于财政部，由财政部派专员管辖，不再归宋统领节制。之后，经财政部核准，耕荒队人数扩大到100名，并添置了牛犁器具等物。所增军费由宋统领裁撤步兵150名、马兵60名、马60匹饷干项下开支。由贺良坧任"内黄平池善后筹办处总办"，前内黄缉私督队官平殿魁任管带。二人于1915年9月就职。9月2日，贺、平二人新添募耕夫80名，连前队员共100名。其组织如下：队长2人，排长2人，书记1名，头目10名，耕夫90名。① 耕荒队扩编后，经费因缉私营不能按期拨给，只得由盐务署筹给。

　　新募耕荒队驻扎在内黄县内，专司犁池事宜，不准缉私营再参与平池行动。该队于10月17日开始翻犁耕地，"约历两月之久，所犁地亩有二千六百亩"，"所犁二千六百亩内有七百亩，系人民自耕之地，每亩由耕荒队总办给铜元一百枚，以资奖卹"。1916年4月30日贺良坧、平殿魁二人撤差，其筹办处总办一职，盐务署委任曾在山西河东盐务供职的朱爕阳补充。朱于5月1日奉委到差，5月16日始令耕荒队翻犁盐地。盐民遂群起反对，"经缉私队弹压后，始能开工"。② 新耕荒队的工作进展并不顺利，一度遇到很大阻力。

　　由于耕荒队并无武器，行动遭到盐民反抗时，耕荒活动即告停滞，垦荒效果实在难称得力。据谷塞额调查得知，"自去年十一月至本年五月十六日，即助理员（指谷塞额——作者注）到内黄之前日，耕荒队除种植棉花少许外，并无工作"，"惟考现有耕荒队，自开办迄今从未平池一座，即其附近碱地亦未经翻犁。其所耕者并非靠近硝池之地，因恐太近，又酿盐民反抗之风潮。故自该队改组以后，硝池反见增多，去年九月仅有三千

---

　　① 本段文字均引自《谷塞额调查内黄县耕荒队情形意见书》，河北省档案馆藏档案，卷宗号680－26－693。

　　② 以上三段文字均摘自《谷塞额调查内黄县耕荒队情形意见书》，河北省档案馆藏档案，卷宗号680－26－693。

五百座，本年五月反过四千座。且该队之人若非盐户，即其戚属与硝民土匪皆暗通一气，故皆不愿硝池之毁，宜其产硝之日见增加也"。① 内黄应犁盐地共有 40000 亩，当时内黄县有人戏称，照耕荒队这种工作效率，"内黄盐地若欲二三年之内普通翻犁，耕荒队非添募至一千名，耕牛非添购三百头不可。若按此说，则现时之素餐者仅有一百人，将来当增至一千人，而保护盐民之制造硝私者，将益众矣"。② 内黄地多斥卤，当地人靠制盐谋生由来已久，企图靠耕荒等手段来铲除硝私，效果实在寥寥。

所以，在新募耕荒队存在了三年之后，稽核总所、长芦稽核分所因其徒费薪饷、效用不显，命令裁撤。1918 年 3 月，在长芦稽核分所的主张下，长芦盐运使段永彬命令长芦缉私营统领季光恩，裁撤耕荒队，变卖耕牛器具，遣散官弁。到 3 月底为止，耕牛器具等变卖得款银圆 252.60 元，上缴运署代转长芦稽核分所。③ 耕荒队到此遣散。

### 三　长芦盐区其他缉私武装

#### （一）盐店盐巡

长芦盐区的盐巡，是一类由盐店自行雇用的武装巡缉私盐人员，具有协警性质，主要负责各盐店引岸内销盐安全。长芦盐区盐场广布，运道涉及水、陆两途，路途崎岖漫长。行盐区域广及直隶、河南两省及山西、湖北、湖南（借运）等地，广袤绵延 3000 里，直、豫两岸盐店有总店 143 处，支店 979 处④。而长芦缉私营兵士仅有 2000 余人，不可能顾及直、豫两岸产、销各处。而当时"体制内私盐"和"体制外私盐"泛滥肆行，正如稽核总所在调查长芦盐区情况后称："长芦引地袤延三千里。东接辽海，南界齐鲁，西邻河东，迤北一带密迩、蒙池奸贩惟利是趋，乘虚抵隙、越境侵售，是谓邻私。腹地内引地土含碱质，斥卤居多，村民假取硝取碱之名，私晒私淋，是谓硝私。其在场域之内，滩坨林立，堆积生盐，防范稍疏，难禁偷漏，是谓场私。私充则销滞。"⑤

---

① 以上两段文字摘自《谷塞额调查内黄县耕荒队情形意见书》，河北省档案馆藏档案，卷宗号 680－26－693。

② 《谷塞额调查内黄县耕荒队情形意见书》，河北省档案馆藏档案，卷宗号 680－26－693。

③ 《长芦盐运使指令第二七二号》，河北省档案馆藏档案，卷宗号 680－26－791。

④ 《谨将直岸总支盐店数目开呈钧鉴》，河北省档案馆藏档案，卷宗号 680－8－55。

⑤ 长芦盐运使署编：《长芦盐务公报（第 3 期）1913 年 5 月 1 日》，长芦运署出版，河北省档案馆藏档案，卷宗号 680－12－818。

　　为了缓解兵力不足的矛盾和保护引盐销售，许多盐店盐商雇用几个乃至几十个人充当汛役，负责各盐店引岸范围内的缉查私盐、保护盐店等事宜。盐巡的薪资由盐店盐商提供，受店主节制。盐巡编组的历史可追溯到清朝时期。由于盐巡纪律松散，经常发生扰民、害民事件，使得人们对盐巡印象极坏，声名狼藉。民国初期，长芦稽核分所和长芦盐运使为了加强对商汛的控制，遂对其进行了规整，训令各盐店按月向运署上报各该店雇用商汛详细情形，包括雇用人数、姓名、年龄、籍贯、个人特征等事项，以防商汛惹是生非、发生事端后商汛无处查找和盐店的庇护情形发生。一些引岸的盐店还加强了对商汛的管理与节制，比如 1922 年，在芦台场所属蓟县、宝坻、宁河三县设立总汛 1 处，设立芦台分汛，设立汉沽、北塘、新河、蒋沽、大各墩、黄庄等分处，共计 6 处，计总汛官 1 人，分汛官 5 人，汛役共计 270 余人。①

　　对于商汛所获私盐的处理，据驻汉沽缉私营队官张拔称此类私盐均由盐总店收存："各处汛获私盐，均属运送芦台，交总商店收存，每担连运费在内，由总商店赏给大洋一元二毛，查该盐虽不完税，亦不出卖，历来所存，闻已达五百余担之谱。"② 然而，据长芦稽核分所称："查向章商巡拿获私盐，应即变价，分别补课充赏。风闻近年商巡获私并不补课，直运至商店行销，是不啻商人贩私，殊与官销有碍，缉务有关。"③ 这可能更接近事实，因为大多盐店对商汛的管理是松散的，没有建立起很好的约束、监督机制，商汛的渎职、腐败在所难免。

　　针对汛役渎职、腐败事件频出、引起民愤的现实，长芦盐运使也深表忧虑，不断命令纲总邹廷廉、直隶各县知事严管盐巡："照查各县盐商汛役责任缉私，正赖以辅兵力之不及，乃访问商募之管汛及汛役，往往勾通枭贩，得贿分肥。以致私盐盛行，官引大滞。亟应择尤严惩以革积弊。以后如有管汛汛役涉私，该管县知事应从重惩办，不得以一革了事。该知事有协助盐务之责，亦应饬警随时侦察，倘有以上情弊，当即严拿，究治勿

---

　　① 《汉沽缉私营官兼营副张拔致塘汉沽支所助理函》，河北省档案馆藏档案，卷宗号680－23－191。

　　② 同上。

　　③ 《长芦稽核分所致缉私营队官兼营副张拔函》，河北省档案馆藏档案，卷宗号680－23－191。

稍宽纵。"① 但在当时社会条件下，这类命令很难彻底贯彻，盐巡护私放私现象时有发生，从未根绝。

（二）盐坨卫兵

1913 年，盐务稽核总所组建以后，会办丁恩经过实地调查，会同盐务署，命令各盐区大力整理场产。其重要措施之一就是裁废一批路途遥远或运输不便的盐坨，建立和扩建了一批新坨。盐务署要求各盐场制成新盐以后，新盐要悉数运入坨内保存，等待配筑。长芦盐区自改建新坨、大加整顿以来，在坨内设置了驻坨缉私兵，职司巡防；添设了坨务员、监秤员等人员，责在稽查办理。

然而，1920 年 12 月，长芦稽核分所洋助理员莱义称，坨内物件被窃事件时有发生，系因缉私兵常离岗位，坨内安全不能保证而致。所以建议稽核总所核准在长芦各盐坨设立盐坨卫兵，以担任稽查缉私、弹压工人、指挥灶户等职责。1921 年 2 月，盐务稽核总所批准长芦稽核分所所请，命令设置"坨警"："惟现已核定，准予贵分所在每坨雇用卫兵四名，完全归贵分所节制，以便帮同助理员等，按照分所办事章程，办理职务。此项卫兵，均应妥为遴选，以具有知识且身体壮健者派充，并应穿着特别制服，携带警杖，惟不必给予枪械。至于现有之盐巡，则仍应照旧办事。"②8 月，经总所核商，该组织正式定名为"盐坨卫兵"③。10 月，丰财、芦台两场所署塘沽、汉沽、邓沽、新河各盐坨添派卫兵，名额分配为塘沽坨 4 名、邓沽坨 4 名、汉沽坨 7 名、新河坨 3 名，共计 18 名，所有卫兵目 3 名包括在内。④ 为了选拔强壮精干之人充当卫兵，长芦稽核分所特请天津警察厅万长杨以德代为选择。经过选拔，各坨卫兵队伍组建完成。

卫兵每名月支薪洋 10 元，卫兵目每名月支薪洋 18 元。分驻各该坨以资护卫，与缉私兵不同的是执行公务的地点不同，卫兵专门负责坨内弹压维护、保护安全等事，坨外巡缉等事则由缉私岗兵负责。⑤ 盐坨卫兵由各

---

① 《长芦盐运使公署 饬纲总、直隶各县知事：饬以后如有管汛汛役舞弊通私察出送县从重惩办 饬字第 118 号 运使陶》，河北省档案馆藏档案，卷宗号 680 - 7 - 932。

② 《稽核总所函中华民国十年二月五日 第二二八一号》，河北省档案馆藏档案，卷宗号 680 - 22 - 623 号。

③ 《稽核总所函中华民国十年八月九日 第二四四五号》，河北省档案馆藏档案，卷宗号 680 - 22 - 623 号。

④ 同上。

⑤ 《长芦丰财场公署训令 第二一八号》，河北省档案馆藏档案，卷宗号 680 - 19 - 1323。

坨坨务员、监秤员等节制、管理。

为明确其职责，长芦盐务稽核分所拟订了《丰芦两场各盐坨卫兵暂行办事章程》①，该章程规定了卫兵职责范围："卫兵专司坨内一切事宜，由各坨监秤员管理；凡坨外之事属于缉私营方面者，毋庸干预，以分权限。"卫兵每日的具体工作为站岗、查询入坨人员、缉查出坨人员是否有夹带私盐情事、维持盐坨秩序、报告应疏通卤沟、保护坨内公物以及监督新盐入坨、生盐出坨、堆放新盐事宜："二、每日轮班站岗，至下午六钟栅门上锁落班，免站夜岗。如筑盐日，工人每于上午三四钟入坨，该卫兵等应加早班以便稽查。三、各项工人入坨如查无腰牌执照者，应执交岗兵申诫之。四、各项工人出坨时查有夹带私盐情事，当将人盐并获，交由坨门外缉私岗兵照向例处置。五、每日筑运应弹压一切人等，勿得喧哗，以维秩序，如遇有特别事故该卫兵人单不能弹压，应即知会坨外岗兵，帮同弹压。六、盐码四围沟道如有积卤过多、应行疏通者，得随时报告监秤员，以便知会坨务员饬令灶户疏通之。七、坨内公用物件卫兵有保护之责。八、新盐入坨查验旗号木印是否相符，如果查有不相符情事，一面应暂令停止进坨，一面报告监秤员，以便知会坨务员核办。九、验运生盐之船于将出坨时，应查验该船有无带私，如果带私，应将人船扣留，知会缉私兵照例处分。十、新盐入坨，堆码均确定地点，不得任意乱堆，越过界石，往往堆码后方觉违式，再令搬移，殊费手续，该卫兵应随时察视，如有堆码违式者一面阻止一面报告监秤员，以便知会坨务员纠正。"② 此章程详细规定了盐坨卫兵有防护、稽查、维持盐坨秩序等职责，主要负责盐坨内坨盐安全。盐坨卫兵履行职责范围在盐坨以内，盐坨以外则由长芦缉私兵驻扎防护。长芦盐区，产盐在场，存盐在坨，如能保证场坨盐斤不致走漏，"体制内私盐"之大部分就会为之消失。然而，盐坨卫兵并没有完全按《丰芦两场各盐坨卫兵暂行办事章程》规定的职责恪尽职守、尽职尽责。相反，卫兵监守自盗、护私放私事件时有发生。所以，"坨私"在北洋政府时期也就从未真正被禁绝过。

---

① 《长芦盐务稽核分所呈长芦运使 第三〇三一号》，河北省档案馆藏档案，卷宗号 680 - 22 - 623 号。

② 《长芦稽核分所呈长芦运使 民国十年十一月十九日 第一八五五号》，河北省档案馆藏档案，卷宗号 680 - 22 - 623 号。

#### 四　北洋政府对缉私武装的规整

自古以来，对盐业的管理以产、运、销、税、缉为"盐政五政"。并且，由于盐是高税商品，为历代政府所垄断或部分垄断。盐成了春秋以降各个朝代各种社会阶层争相抢夺的利益渊薮。官盐、私盐的争斗战穿越了历史的时空，一直在历代政治、经济战场上氤氲着、较量着，不断变幻出或明或暗、或柔或烈的争战样式，令人在眼花缭乱、目不暇接中感受到了国家、国民的本质和面目。国家为了维护"官利"，以维护整个社会的正常运转，利用自己手中掌握的国家机器，力图挤压国民的争利空间；而涉私盐民为了维持生活、生存，则利用自己的小谋小算与国家体制空隙，极力侵蚀国家的垄断巨柱。历史就在这种吊诡中向前行进着、演变着。北洋政府时期也不例外，私盐与官盐争夺战在当时战乱不已、政局动荡的特殊历史环境中发酵着，官民争利的闹剧演绎得更为跌宕起伏、高潮迭起、惊心动魄。北洋政府为了确保盐税收入这根财政巨柱尽量稳定、粗壮，除了整理场产、加强税收等措施外，把盐务缉私放在了很重要的位置："查各处销盐之畅滞、课款之盈亏，以私盐之有无为断。而私盐消长之机，又视缉私办法之良否为转移。故无论产场销地区域形势如何不同，行盐制度繁简有异，要皆以整顿缉私为当务之急。"[1]

况且，中国盐政沿袭既久，积弊迭现。私盐本为盐政顽疾，而盐政体制内又乱象频出、积重难返。正如 1915 年财政总长兼盐务署督办周学熙所宣称："惟是中国盐政沿革最久，缉私情形随地各殊。统系既不分明，编练亦难一致，甚且关卡林立，岁糜巨款，而查缉转属具文卖放、适资奸利、积习难返。赏罚俱穷，自非根本澄清，极力振涤，不足以资挽救。至滩场沿海之处，斥卤广漠，在区巡堠既疏，户口尤杂，历来皆不甚注意。"[2] 为了强化盐政管理、加强缉私，"现在时异势殊，场产属重，整理伊始，取缔宜严，亟应统筹全局，创立规模，俾垂久远"。[3] 1915 年 7 月 31 日，盐务署特制定了《改定盐务产地销地缉私办法大纲》，令各盐运使、运副、榷运局长等分别遵照执行。该办法要求从以下几个方面对包括

---

① 《盐务署饬第七七三号》，河北省档案馆藏档案，卷宗号 680 - 7 - 1555。

② 同上。

③ 同上。

长芦盐区在内的各盐区缉私事务进行规整。

第一，改定名称。针对当时各省场警缉私营等名目多不划一的情况，《大纲》规定："凡系驻场之警兵，名曰盐警；分驻各岸者名曰盐巡。"①对各盐区缉私武装力量的名称进行了统一。但是，这个规定在长芦盐区并没有得到贯彻执行。盐务署命令各盐区缉私武装名称一律改为"盐巡队"，因为长芦盐区原来商汛名为"盐巡"，纪律松散，护私放私，骚扰百姓，无恶不作，声名狼藉，恶名远扬。鉴于此情，长芦盐运使周学熙才下令将津武口岸（天津、武清两县销岸）两县的商办汛役交盐巡营管带宋明善改编，编为盐巡步后营。再依照盐务署规定改名恐引起百姓误会，以讹传讹，难以控制局面。所以，长芦缉私营的名称一直并未作改变。

第二，划一编制。当时各盐区的缉私组织编制多不统一，统系亦不分明，这是因为"此皆由当时盐政归督抚兼任，省自为政之故。现在盐务既经统一，自应酌量变通，以资整顿。所有各处缉私厂卡向属巡丁性质，习气最深，卡员多系冗［ ］之流，视私盐为奇货。若非切实裁汰，另定办法，断不足以起衰靡而图振作"②。令各盐区运司、榷运局，在其所属厂卡要道，容易产生私盐地点和私盐运道，统计人数、经费，汰弱留强，一律编入各该处缉私营队，易其名为"盐巡队"。其人数多寡、能否成营，各官长要视原有额数为定。"宜巡宜驻以及如何轮调，俾均劳逸之处，即由各该运司、局长等督同统领、管带等官体察，就地情形明定办法，详署察夺施行。"③该办法大纲还规定了各盐场应根据场产多少、大小及区域情形，拟定设立场警事宜。长芦盐区缉私力量除各盐店雇用的商汛和盐坨卫兵外，确实均归属到了长芦缉私营麾下，统系较为分明。

第三，明订职权。在各盐区缉私营队未加整顿之前，各营队领导权不分明，统系归属不明确，正如盐务署所称："现在缉私军队之统系，多不一致，有受统领节制者，有受运司局长指挥者，各处固不尽同。即一省之中，亦或间有歧异，事权庞杂，最易推诿。"④针对这种情况，盐务署规定各地盐区缉私营队均要受各区盐运使或运副节制："今宜一律规定，凡缉私军队之在各区域者，无论有无统带官长，均应受该区域内之盐务长官

---

① 《改定盐务产地销地缉私办法大纲》，河北省档案馆藏档案，卷宗号 680 - 7 - 1555。
② 同上。
③ 同上。
④ 同上。

运司或榷运局节制调遣。其各场盐警应即以运司或运副兼任统带，仍就其所驻之各场区域内受场知事之节制调遣，俾专责成而资控驭。"关于缉私营归场知事节制一事，在长芦缉私统领和场知事之间争论较为激烈，统领认为这是场知事在争夺缉私营管理之权，而场知事认为无节制权则会对缉私兵指挥失灵："而于节制权限，均未明白规定，驻防弁兵场知事亦无直接操驭之权。名为节制，而实为借助性质，以故呼应不灵，仍属等于空文。"① 场知事会呈要求明定权限。但由于长芦缉私统领宋明善的坚持，缉私营驻场兵士终归统领节制，盐运使并不能真正起到调遣、节制作用。

第四，限制经费。鉴于各盐区缉私经费管理不严、多寡不一、虚糜浪费情况，盐务署经过了大量调查摸底后，各盐区实际用款情况得以浮出水面："查各运司、运副原有之实支缉私经费，除册报未齐之广东，及悬案未定之四川、云南不计外，应以两淮为最巨，长芦、福建次之；松江又次之。其余如东三省、山东、河东、浙江等处少则不及五万，多亦不及十万。"② 当时，盐务署命令各地整理盐务，加强盐税收入。除整理场务等外，在各地酌设盐巡也是稽核总所整顿盐务重要措施之一。但对于各盐区缉私经费的使用乱象，盐务署也感到很是棘手："现既须筹设场警、整顿盐巡，若一律责令就款办事，其多者固可设法挹注，而少者则相形见绌、应付立穷"。③ 经过慎重考虑、统筹安排、协商诸司后，盐务署因地制宜，限定了各个盐区缉私经费的使用："如长芦、两淮、福建、松江等处原有经费既已甚多，所有此后应设场警、盐巡之饷项，应即以现在实支之数为限，由各该运司等设法匀拨动支，不得率意增加，致生窒碍。其余各处即责成各该运司等按实在必需数目迅速估计，一面商明分所，一面报署查核。如因地方情形简单，原有经费已足敷用，亦即将现行办法切实改良，并支配经费详细册报。"这一点在稽核总所和长芦稽核分所的严密监控之下，在以后的缉私营经费开支管理中，确实得到兑现。长芦盐区的缉私经费除了个别临时经费开支外，经常经费再无增加，极大地避免了经费的浪费虚糜和一些腐败现象的产生。

另外，这次规整还规定了要在各盐场边界分段勘设瞭台、以资节省经

---

① 《上盐务署函 信字第二六号》，河北省档案馆藏档案，卷宗号 680 – 7 – 1555。
② 《改定盐务产地销地缉私办法大纲》，河北省档案馆藏档案，卷宗号 680 – 7 – 1555。
③ 同上。

费和呼应灵便；并令严查户口，将"制盐户口与别有职业之良民皆编入户册，由驻场盐警随时稽查。遇有无业游民，概不准逗留场境，则私贩无可容身，亦正本清源之一策"。这些规定均在长芦盐区得到落实。石碑场"老米沟滩户仅十三家，星散四处，相距或十里或八里不等。以故划分四区"①，大清河兼坨后滩分为两区、老滩分为两区、老米沟兼姜石沟滩共分四区，都缔结保伍甘结。石碑场筹拟全场警察额数及驻扎地点及岁出经费预算，第一区警察所所辖地区为偏凉汀、洋河口、大清河、坨后、老滩；第二区警察所所辖地区为老米沟、姜石沟和臭水沟。官兵共 141 名，马匹 6 匹。经费每月开支为 1456 元，全年开支 17472 元。拟在老滩坨后两滩建立瞭台三座，在老米沟滩中心建瞭台一座。原来第一区马巡由 8 名裁为 4 名，第二区马巡由 4 名裁为 2 名。② 丰财场、芦台场也同样做了编组与建设。

这次规整后，长芦缉私营的统系归属得到了明确，营制和缉务也有了改进，还是有一定效果的。

# 第二节　缉私营营制及其演变

长芦缉私营的职责是负责维护长芦盐区盐斤产制、行盐、配运、销售等安全及查缉私盐。从其性质上来说，长芦缉私营实际上是一种缉私警察。但是，它却并不是按警察建制进行编组，而是仿照清末新军军制编练。这是因为，近代警察在中国建立、出现的历史较晚，一般认为是出现在 1898 年，湖南巡抚陈宝箴在长沙设立的"湖南保卫局"，它是中国历史上最早的专职警察机构，但这一组织随着戊戌变法的失败而撤销。1905年，清政府为了维护其摇摇欲坠的统治，慈禧太后批准了袁世凯的建议，在北平建立"巡警部"，这是中国出现的最早的、统一的中央警察管理机构，也是中国历史上第一个全国性的专职警察机构。1912 年中华民国成立后，南京临时政府将"巡捕"和"巡警"改为警察。1914 年，北洋政府在北京创建了"保安警察大队"，它名义上是保安警察，实际却是北洋

---

①　《长芦石碑场详为详送保伍清册甘结由 宙字第七三〇号 中华民国四年九月十一日》，河北省档案馆藏档案，卷宗号 680 – 7 – 1555。

②　《筹拟石碑全场警察额数及驻扎地点及岁出经费预算表》，河北省档案馆藏档案，卷宗号 680 – 7 – 1555。

政府的内务部队性质的武装。这就是说，长芦缉私营和巡警几乎同时在各自的领域内出现，不存在互相模仿建制的可能性。所以，长芦缉私营建立时模仿清末新军军制进行编练。这样，长芦缉私营表面上戴着陆军军制的面具，实际上从事着警察职能的工作，是具有从普通军队向专职警察过渡特征的特殊组织。因此可以说，长芦缉私营是中国缉私警察的雏形，是中国近代警察建立时期的一个典型，是晚清以来中国社会逐步向近代化迈进过程中的产物。

### 一　缉私营营制概况

长芦缉私营从光绪三十年始建，屡经扩编、改编方成。缉私营组建初期，编制基本是模仿晚清时期新军军制。新军编制是以镇为战略基本单位，镇下设协，协下设标，标下设营，营的指挥官称管带，副职称帮带或督队官。营辖前、后、左、右4个队，队官称为哨官。每队设3个排，每排辖3个棚。棚设正、副目，下辖正兵4个、副兵8个。兵种不同，各营编制也略有不同。长芦缉私营编制为营、队、棚三级，没有"排"这一级，但在每队中有"排长"这一职位。在长芦缉私营中，"队长"级别要高于"排长"，这是与其他盐区缉私营有所不同的。长芦缉私营每营所辖"队""棚"数量也不统一，马前营、马后营每营下辖前、后、左、右、中5队，每队分6棚；步前营、步后营每营下设前、后、左、右、中5队，每队9棚；步左营陆续募成，下设前、后、左、右、中5队，其前、后、左、右4队每队辖9棚，其中中队仅辖5棚。各营中各棚兵员数名也不尽相同，有12名者，也有13名者。① 另外，因长芦盐区东邻渤海，区内有海河、大清河、滦河等大河，因缉务需要，缉私营还设有巡河、巡海炮船等。

经过了清末民初的扩编和整编，到1914年，缉私营拥有统领部、步前营、步后营、马一营、耕荒队、海巡轮船、天津海河头、二号炮船、大清河炮船等编制，有步兵、马兵、船舰及耕荒队等兵种。其中，统领部有官佐兵夫共59人，步两营有2617人，马一营有444人，耕荒队有20人，海巡轮船有7人，海河炮船有23人，大清河炮船有4人。这样，长芦缉私营共有官兵长夫3174人。截至1914年4月，缉私营编制如下：

---

① 《奉饬编具长芦缉私营巡船各项报告表》，河北省档案馆藏档案，卷宗号680-8-867。

统领部项下：①统领官 1 员；②执事官 1 员；③稽查 2 员；④正文案 1 员；⑤总收支 1 员；⑥会记 1 员；⑦文案司事 1 员；⑧收支司事 1 员；⑨医官 1 员；⑩清书 3 员；⑪枪匠 2 名；⑫辎重车夫 2 名；⑬伙夫 2 名；⑭长夫 40 名。

步两营三队五棚项下：①管带 2 员；②督队官 1 员；③文案 2 员；④收支 2 员；⑤清书 2 员；⑥队官 13 员；⑦队长 27 员；⑧排长 14 员；⑨书识 3 员；⑩正目 122 名；⑪巡兵 1234 名；⑫备补兵 30 名；⑬伙夫 165 名。

马一营一棚项下：①管带 1 员；②督队官 1 员；③稽查 1 员；④文案 1 员；⑤收支 1 员；⑥清书 1 员；⑦医生 1 员；⑧马医生 1 名；⑨队官 5 员；⑩队长 10 员；⑪排长 10 员；⑫书识 5 员；⑬马巡目 31 名；⑭马巡兵 279 名；⑮伙夫 48 名；⑯马夫 48 名。

耕荒队项下：①正目 1 名；②副目 1 名；③步队 18 名。

海巡轮船项下：①管带 1 员；②司机 1 名；③司舵 1 名；④管油 1 名；⑤升火 1 名；⑥水手 1 名；⑦厨夫 1 名。

天津海河头、二号炮船项下：①队长 1 名；②头目 2 名；③驾兵 20 名。

大清河炮船项下：①巡目 1 名；②驾掌 1 名；③揽头 1 名；④巡兵 1 名。①

可以说，此时缉私营虽然建制还不是十分齐全，步队只有步前营和步后营，马兵只有马一营（即后来的马前营），海巡轮船也只有 1 艘，巡河炮船只有 3 艘，但这时的兵员人数却是缉私营历史上规模最大、人数最多的时期。后来，随着稽核总所和长芦稽核分所插手长芦盐务，不断要求紧缩经费、精减冗员，再加上内黄平池风波后，财政部令缉私营裁减 150 人以及派遣部分兵员赴两淮盐区缉私营服役，使得以后缉私营的人数一直保持在 2700 人左右。就在这些编制中，海巡轮船、大清河炮船所配兵力极其有限，其每日里的出巡行动，主要是起一种震慑作用，实际上并没有稽查的能力和作用。有时，这些船只还成了管带等官佐的专门出行工具。正如当时有人宣称，"盐巡营管带所用之小火轮，每年需费

---

① 《长芦缉私营统领官宋明善为呈送事　中华民国三年四月四日》，河北省档案馆藏档案，卷宗号 680－7－845 中文件整理所得。

洋三千余元。夫河海各有巡船，而小火轮不过为管带游宴之用。似此虚糜，亟宜裁汰"。①

后来，随着长芦缉私营各个兵种和各种营队的不断编练与扩充，到1919年，形成了比较完备的军事编制，具有统领部、步前营、步后营、步左营、马前营、马后营、飞舰轮船、飞艇轮船、巡河炮船、马一棚，详细情形如表2－1所示。

表2－1　　　　　长芦缉私步马各营及轮炮船马一棚等官佐目兵夫
数目及巡缉区域

| 情况 机关 | 员名数 | 驻扎地点 | 巡缉区域 |
|---|---|---|---|
| 统领部 | 统领官1员，执法官1员，执事官1员，正文案1员，总收支1员，会记员1员，稽查员2员，军医官1员，司事2员，清书3员，枪匠2名，辎重车夫2名，伙夫2名，备补兵30名，长夫10名，共计官佐匠夫60员/名 | 邓沽南开 | |
| 步前营 | 管带官1员，队官5员，队长10员，排长5员，文案1员，收支1员，清书1员，书识5员，头目45名，巡兵455员/名，伙夫61名，共计590员/名 | 营部驻扎沧县城内，前队驻晋县雷陈镇，后队驻沧县辛庄，左队驻平乡县节固店，右队驻盐山县羊儿庄，中队驻唐山县城内，五队分驻38处 | 沧县、藁城、晋县、无极、深泽、南皮、平乡、巨鹿、广平、大名、盐山、庆云、唐山、定县、望都、冀县、正定、新乐、隆平各县所属村庄 |
| 步后营 | 管带官1员，队官5员，队长10员，排长5员，文案1员，收支1员，清书1员，书识5员，头目45名，巡兵455名，伙夫61名，共计590员/名 | 营部驻滦县北关，前队驻山海关，后队驻滦县大庄河，左队驻宁河县张家码头，右队驻宁河县汉沽，中队驻乐亭县老米沟。五队分防39处。（因直奉战争将营部暂移滦县之八十里胡各庄，大局平靖再移回原处） | 临榆、抚宁、滦县、乐亭、丰润、宁河、汉沽、芦台、昌黎、洋河口、大庄河各县所属村庄 |

① 《谨将长芦弊之最大者为我司长约略陈之》，河北省档案馆藏档案，卷宗号680－7－63。

续表

| 情况 机关 | 员名数 | 驻扎地点 | 巡缉区域 |
|---|---|---|---|
| 步左营 | 管带官1员，队官4员，队长9员，排长5员，文案1员，收支1员，清书1员，书识4员，头目41名，巡兵415名，伙夫55名，共计537员/名 | 营部驻邓沽坨地，前队驻宁河县塘沽，后队驻东大沽，左队驻邓沽坨地，右队驻宁河县桃花口，中队驻邓沽坨地，五队分驻31处 | 宁河、武清、玉田、天津各县所属滩坨及各村庄 |
| 马前营 | 管带官1员，督队官1员，队官5员，队长10员，排长10员，文案1员，收支1员，稽查员1员，清书1员，军医生1员，马医生1员，书识5员，头目30名，巡兵270名，伙夫47名，马夫47名，共计432员/名 | 营部驻开封曹门关，前队驻滑县城内，后队驻新乡县，左队驻濮阳县，右队驻兰封县，中队驻开封，五队分驻22处 | 开封、滑县、清丰、浚县、封丘、新乡、阳武、原武、武陟、延津、获嘉、长垣、内黄、郑县、濮阳、兰封县、东明、太康、中牟各县所属村庄 |
| 马后营 | 管带官1员，督队官1员，队官5员，队长10员，排长10员，文案1员，收支1员，稽查员1员，清书1员，军医生1员，马医生1员，书识5员，头目30名，巡兵270名，伙夫47名，马夫47名，共计432员/名 | 营部驻顺德南关，前队驻蠡县，后队驻冀县镇海寺，左队驻曲周县，右队驻平乡县。中队驻沧县望海寺，五队分防23处 | 顺德、蠡县、安平、安国、大兴、新城、冀县、武邑、南皮、宁晋、曲周、永年、隆平、任县、平乡、巨鹿、沧县、宁河、盐山各县所属村庄 |
| 飞舰轮船 | 管带1员，大夫1员，司书1员，管轮1员，二车1员，油工1名，头等火工1名，二等火工1名，三等火工1名，正舵1名，副舵1名，水手4名，伙夫1名，共计16员/名 | | 由海口至洋河口，秦皇岛程子口一带 |
| 飞艇轮船 | 管带1员，司机1员，司舵1名，管油1名，火工1名，水手1名，厨夫1名，共计7员/名 | | 由东沽海口至天津海河一带 |
| 巡河炮船 | 队长1员，头目2名，驾兵20名，共计23名 | | 由东沽海口至天津海河 |
| 马一棚 | 头目1名，巡兵9名，伙夫1名，马夫1名，共计12名 | 驻邓沽南开 | 东沽至邓沽各滩坨一带 |

　　资料来源：根据河北省档案馆藏档案"长芦缉私步马各营及轮炮船马一棚等官佐目兵夫薪饷公费服装等项各数目及巡缉调查表"编绘，卷宗号680-8-472。

根据表 2 - 1 所示，到 1919 年，长芦缉私营拥有统领部、步前营、步后营、步左营、马前营、马后营、飞舰轮船、飞艇轮船、巡河炮船、马一棚等编制。步队前、后两营为缉私营中编制较大的营队，每营有 590 人；而步左营为后建营队，建制受经费限制，有 537 人。马队前、后两营有官佐目兵 432 人，巡海轮船和巡河炮船均只配有极少的兵力。耕荒队已于 1918 年被裁汰。这一时期，缉私营共有官佐兵夫 2699 人。[①] 步队主要分驻在各滩坨，多系产储之区；还有驻扎在海私出没或硝私制贩重点地点。马队分驻出产硝盐最盛的各县区，并兼查邻县。各地点驻兵至少一棚，多至二三棚不等。在缉私营各营中，兵员流动性很大，有的请长假而去，有的因始勤终惰而被辞，有的因违纪而遭斥革。所以，各营中旧兵约占六成，新兵约占四成。[②]

### 二　缉私营营队名称演变

缉私营的营制名称一直采用晚清时期防营编制。进入民国以后，缉私各营编制名称及官职名称均仿照前清，未作改变。这样，在与其他军队发生交涉事件时就容易产生隔阂，不便处理。且与民国军队定章也有所不符。1926 年 5 月，长芦缉私统领张运良就请求长芦运使要求改变长芦各营队和职员职务名称。但薪饷公费仍按照原定章程开支。这个请求很快就得到了批准。[③] 至此，从 1926 年 5 月起，缉私营各营队名称与各职员职务名称就按民国军制作了改变，详细情况如表 2 - 2 所示。

表 2 - 2　　　　　长芦缉私马步全军部附属轮炮各船更易名称一览

| 原有名称 | | 更易名称 | | 说明 |
|---|---|---|---|---|
| 统领部 | 统领官 | 司令部 | 统领 | |
| | 帮统 | | 帮统 | |
| | 执事官 | | 少校副官 | |
| | 执法官 | | 执法官 | |

---

① 依据上文表格中各营队人数相加所得。
② 《奉饬编具长芦缉私营巡船各项报告表》，河北省档案馆藏档案，卷宗号 680 - 8 - 867。
③ 《长芦缉私营统领呈长芦盐运使 营字第二十五号》，河北省档案馆藏档案，卷宗号 680 - 8 - 1283。

| 原有名称 | | 更易名称 | | 说明 |
|---|---|---|---|---|
| 统领部 | 正文案 | 司令部 | 少校书记官 | |
| | 总收支 | | 少校军需官 | |
| | 会计员 | | 庶务员 | |
| | 稽查 | | 稽查员 | |
| | 文案司事 | | 中尉书记 | |
| | 收支司事 | | 中尉军需 | |
| | 清书 | | 少尉书记 | |
| | 医官 | | 一等军医 | |
| | 枪匠 | | 枪匠 | |
| 马兵营 | 管带官 | 骑兵营 | 营长 | 原名称计前、后两营拟改为骑兵第一第二营 |
| | 督队官 | | 上尉营副 | |
| | 督察员 | | 稽查员 | |
| | 文案 | | 上尉书记 | |
| | 收支 | | 上尉军需 | |
| | 清书 | | 准尉书记 | |
| | 医生 | | 医生 | |
| | 马医生 | | 马医生 | |
| 步兵营 | 管带官 | 步兵营 | 营长 | 原名称计前、后左三营拟更为步兵第一第二第三营 |
| | 文案 | | 上尉书记 | |
| | 收支 | | 上尉军需 | |
| | 清书 | | 准尉书记 | |
| 队部 | 队官 | 连部 | 上尉连长 | 原名称计分前、后左右中五队拟改为第一第二第三第四第五连，余一一类推 |
| | 队长 | | 中尉排长 | |
| | 排长 | | 少尉排长 | |
| | 书识 | | 书写上士 | |
| 轮炮船 | 飞舰轮船管带 | 轮炮船 | 飞舰轮船少校船长 | |
| | 飞艇轮船管带 | | 飞艇轮船中尉船长 | |
| | 巡河炮船队长 | | 中尉船长 | |
| | 马一棚 | | 马一棚 | |

资料来源：根据河北省档案馆藏档案《长芦缉私营统领呈长芦盐运使 营字第25号》编绘，卷宗号680－8－1283。

相对应地，长芦缉私营各营队名称也发生了相应改变。取消了原来模仿晚清军制中的"营""队""排""棚"等旧式名称，而代之以"营""连""排""班"等，原来各营队内的"前""后""左""右""中"队改为"一""二""三""四""五"连等。在新名称中，步前营、步后营、步左营依次改称为步兵第一营、第二营、第三营；马前营改称为骑兵第一营，马后营改称为骑兵第二营。各营所设前、后、左、右、中等五队依次改称为第一连至第五连。详细情形如表2-3所示。

表2-3　　　　　　　长芦缉私步骑各营连队新旧更易名称对照

| 原有名称 | 步前营 | 前队 | 后队 | 左队 | 右队 | 中队 | 步后营 | 前队 | 后队 | 左队 | 右队 | 中队 | 步左营 | 前队 | 后队 | 左队 | 右队 | 中队 | 马前营 | 前队 | 后队 | 左队 | 右队 | 中队 | 马后营 | 前队 | 后队 | 左队 | 右队 | 中队 |
|---|---|---|---|---|---|---|---|---|---|---|---|---|---|---|---|---|---|---|---|---|---|---|---|---|---|---|---|---|---|---|
| 更易名称 | 步兵第一营 | 第一连 | 第二连 | 第三连 | 第四连 | 第五连 | 步兵第二营 | 第六连 | 第七连 | 第八连 | 第九连 | 第十连 | 步兵第三营 | 第十一连 | 第十二连 | 第十三连 | 第十四连 | 第十五连 | 骑兵第一营 | 第一连 | 第二连 | 第三连 | 第四连 | 第五连 | 骑兵第二营 | 第六连 | 第七连 | 第八连 | 第九连 | 第十连 |

资料来源：根据河北省档案馆藏档案《长芦缉私营为更易名称呈长芦盐运使 营字第111号》编绘，卷宗号680-8-1283。

可见，长芦缉私营从成立到北洋政府期间，在形式上一直是仿照陆军军制的，但在职责上却不同于陆军，而在履行着缉私警察的职责，"盐务署缉私员弁本具有军队及警察性质"①。这种不准确定位给缉私营的管理带来了一些不便。具体内容在后文中述评，此处不再赘述。

至此，各营均依照民国军制完成了改编。但是，这只不过是各营名称发生了改变，而编制、营制均未发生改变。并且，这样的改变也只限于公文往来的书面文字中。在实际生活中，当时人们还是习惯于称呼其原来名称。缉私营的缉务等均一如既往、照旧进行。

# 第三节　缉私营人事管理制度

## 一　兵员征募制度

长芦缉私营在兵役制上，实行募兵制度。在募兵标准上，模仿清末新

---

① 《为酌拟盐务署奖章条例缮单仰祈钧鉴事》，河北省档案馆藏档案，卷宗号680-8-305。

军《新军制方案》中有关募兵的标准，有严格的规定：年龄限于 20 岁至 25 岁；力气限平举 100 斤以外；身高限当时官裁尺 4 尺 8 寸以上；步限每一时行 20 里以外。另外，规定会吸食洋烟者不收，素不安分犯有事案者不收，五官不全、体质软弱及有目疾、暗疾者不收，且必须是土著乡民、有家属者方准入伍，溃勇游民一律不收。为防止游惰之人蒙混入伍，报名时还要报明三代家口、住址、箕斗数目，此类清册要移县里存案备查。这样尚不算完结，兵丁入伍后先行训练、试用 3 个月后，查明堪胜操练者才准留用。

为解除兵员入伍后的后顾之忧，使其安心服役，按 1913 年颁布的《长芦缉私营募备补兵章程》规定，首先，要定期给兵丁家属汇发兵丁提扣饷银，兵丁到营任职，即各给家属执据一纸，盖用关防。入伍三个月后，头目每月提扣银 1 两 5 钱，副目、正兵提扣银 1 两，按 6 个月一次，派员会同原籍地方官牌示，定期令各该家属持执据亲自赴领，该委员即当面发给，并于该执据注明何年何次领讫字样。倘将此执据遗失，必于放饷前一二日向地方官及发饷委员报明缘由，查实再行取保补发饷银，并补给执据，以免使其误领。如承发委员有克扣短少情弊，准由该家属函知各兵在营呈诉，应当尽法究治。其次，还要保护兵丁家属、优待家属。按此条例规定，其家属人等，原籍地方官要妥为爱护，毋任土豪痞棍肆意欺凌。"倘家属遇有涉讼案件，准其援照生衿一律遣抱，以示优异。"[1] 最后，各该兵丁入伍 3 个月后，经检查能胜操练者，即饬知各该州县照缘营马兵例，每名准免差徭 30 亩，以示体恤。倘该兵丁有包揽情弊，查出严惩。其革退长假者，仍以平民论。

备补兵待遇上，按规定，人数收足 50 人暂住候调者，每名发给小口粮大钱 100 文，募齐开差时发给大钱 150 文，头目及文理粗通者各加给大钱 50 文。兵丁到营头目每月饷银 5 两，副头目 4 两 5 钱，正兵 4 两 2 钱，衣履按季发给。[2]

对所募之兵的请假、斥革、升迁、伤病等事项，该《备补兵章程》也有规定："此次所募之兵，嗣后请假、斥革、离营者，由各该营管带发

---

①　长芦盐运使署编：《长芦盐务公报（第 1 期）1913 年 4 月 1 日》，长芦运署出版，河北省档案馆藏档案，卷宗号 680－12－818。

②　同上。

给假单，盖用关防，登明长假、短假及永革字样，按月呈报，行知各该管地方官注册。如有永革字样者以后不准回营再补，即再遇招募亦不得再行保送。凡永革及请长假，兵丁差徭仍照旧征，派领饷执据作废。兵丁潜逃回籍者，由营行知该原籍地方官查缉，但不得株连保人。如查缉不力即照军政'缉拿逃兵则例'分别参处。兵丁有选升官长者，知会该原籍地方官填注原册以便查核。兵丁在营遇有婚丧大故，按照路程远近酌予限期准其回籍办理，限满回营，遇有征调概不准假，俟差完补给。兵丁积劳成病及打仗受伤者，医局诊治给药，伤重者分等给赏，仍支原饷，在营病故者给埋葬银十两，阵亡者恤赏原饷二年。"[1] 从该章程规定看，缉私营并无严格现退役制度，兵弁可以随时请假离开。对于伤病者，抚恤办法尤显优待。但在后来盐务稽核总所介入缉私营经费管理后，缉私营伤亡抚恤并未按照该章程执行，而是另有规定。后文有详述，此处不再细解。

长芦缉私营官佐兵员籍贯多为河南、山东及直隶人。偶见有浙江、安徽人。兵员年龄在18—24岁，多为20—36岁男性。可见，其并未完全按照章程规定来招募兵员。[2] 这是因为，当时军阀割据，连年混战。为了扩充兵力，各派军阀经常到处抓兵拉夫，再加上天灾不断，百姓流散逃亡，各地壮丁数量连年下降。要征募到合格兵源，并非易事。所以，当时许多军队，包括缉私营，在征募兵夫时但求数量，不管质量，也是无奈之举。

## 二　考核、升迁制度

### （一）缉私营缉私成效的考核

1916年前，盐务署等机关对长芦缉私营的缉私成绩并没有明确、严格的考核规定，一般是以各个引岸每年销盐引数比较上一年引数的大致差额为限，来比较缉私营的工作绩效。并且，这种比较并非常态化进行，而是在遇有纷争和有人要求升迁时偶尔提及，许多时候还是缉私营在自我标榜与比较。这样，缉私究竟有无效果，效果卓著还是低下，并没有客观事

---

① 长芦盐运使署编：《长芦盐务公报（第1期）1913年4月1日》，长芦运署出版，河北省档案馆藏档案，卷宗号680-12-818。

② 依照河北省档案馆藏档案680-8-250卷、680-8-251卷中随机抽取共700人履历统计所得。

实和数据可以说明。往往缉私营认为自己风餐露宿、日夜巡缉、辛苦劳顿，而社会上人们却认为缉私营尸位素餐、了无作用，并且监守自盗，应速裁撤。当时盐务专家景本白即称："自民国开幕，军阀万能，缉私营凭藉虎威，一跃而为天之骄子，盐政机关，但求其不自贩私盐，抗纳国税，已属万幸，尚何敢问其缉私之力不力哉？"①

1916 年，两浙缉私统领拟订销盐考成条例，由两浙盐运使上报盐务署。盐务署认为该条例具有可行性，随即以此为蓝本，制定了《缉私各营队官长考核成绩章程》，颁发各个盐区运署及缉私营，以对各盐区缉私营缉私成绩进行考核。该考核办法规定，考核各营缉私成绩的主体为缉私统领，"各营官长缉私成绩由该管统领考核，牒报长芦盐运使查核前项考核成绩优劣，以驻防区域内官盐销数之多寡为断"②。考核标准为以各营驻防区域内官盐销数为准，而官盐销数则由长芦运使依照各县销盐比较额数为基准。各营专防一县者，以一县的销数为比较；防守数县者，以各县销数年额并计总数为比较数额，其他情况各有定章。考核时间为每季考核一次，年终汇核一次。根据考核结果，奖优罚劣："每季考核时各营队官长所辖区域内官销盐数有短至年额二成以上者，即认为缉私不力，立予撤退。其余溢销短销之数，得注册存记，统俟年底汇核。"③ 年底汇核时按照比较年额，溢销者奖励。具体奖励办法为："溢销不及一成者，记功一次；溢销一成以上者，记大功一次；溢销二成以上者，记大功二次或记名升用；溢销三成以上者，记名尽先升用或请奖勋章。"对驻防不能完成引额销售任务县份的营队，年底汇核时分别惩处："短销不及一成者，记过一次；短销一成以上者，记大过一次；短销二成以上者撤退。……各营队官长有因防堵或巡缉不力，以致销数奇短者，经统领查实，得不俟季考随时撤惩。"④

细研这个办法，其考核主体为长芦缉私统领及长芦运使，缉私统领负责考核各营长官，而长芦运使负责考核长芦缉私营的缉私成绩。从表面上看，长芦缉私营应归长芦运使节制，长芦运使也负有对长芦缉私营

---

①　景本白：《缉私营存废问题》，《盐政丛刊（二集）》第 1 页，盐政杂志社 1933 年。

②　《饬　务署饬第二百六十一号》，河北省档案馆藏档案，卷宗号 680 – 11 –1182。

③　同上。

④　以上引文均出自《饬　盐务署饬第二百六十一号》，河北省档案馆藏档案，卷宗号 680 – 11 – 1182。

行政管理的职责。从这个意义上讲，长芦运使考核缉私营应该是顺理成章的。可实际上，长芦运使并不能完全支配长芦缉私营统领，原因是民国年间，为了增加盐税收入，盐政集权，权归中央，不再由各省督抚兼充。缉私营统领人事任免权不在长芦运使，而在大总统。军饷虽出自盐税，但制权却不归盐官。长芦缉私营虽然名义上由长芦运使节制，但在当时的战争环境下，手握兵权的缉私统领并不会完全听命于运使。这种情形由前文所述的场知事和缉私统领争夺对场警的节制权一事上即可看出。统领不愿去做的事情，运使也无可奈何。况且，在稽核总所和长芦稽核分所成立前，运使对缉私营许多缉私事务几乎是不加监管的；稽核所成立后，军饷监控权又归于洋人会办、协理。让一个没有实权的盐运使来严格考核缉私营，是不大可能的。而缉私营统领对各营官长的考核，有"老子考核儿子"之嫌，又没有相配套的、强硬严格的约束机制，仅靠缉私统领一个人的良知行事，公正恐怕成了一种奢望。所以，这个章程在以后的缉私营工作中并未与官兵缉私成绩真正相联系。各地溢销者未见奖励，短销者也未见处分。缉私营的考核实际上仍然处于一种无序的状态中。没有分明严格的激励或惩罚措施，自然难以鼓动起缉私营官兵充分的缉私积极性。

再有，考核缉私营缉私成绩以一个县份或防区内盐斤销数为标准，这就有失偏颇。在北洋政府时期这样一个特定的历史环境中，影响一个引岸内销盐引数的因素很多，比如天灾或战乱后灾民伤亡或外逃、铁路运输阻隔致使盐斤缺运等偶然因素及因国家财政困难、苛捐杂税过多致百姓赤贫、百姓生计无着等结构性因素，都会致百姓不去购买价高质次的官盐，或可淡食。这就是说，一个县份销引不足不一定全由于私盐充斥或查缉不足而引起，如果把销引不足责任全怪罪到缉私营身上，显然有失公允。最重要的是，这样一个不切实际的考核标准，会严重打击缉私营官兵的查缉积极性，因为许多引起引盐滞销的因素都不是缉私营所能左右、改变的，缉私官兵无论怎样努力，都无法改变一些引岸盐斤滞销的现实，都会受到处罚，那缉私官兵只能消极应对、尸位素餐。由此可见，这个考核办法不仅不切实际，且有打击士气之嫌。其激励士气、考核有据的初衷也就落了空。

1926年，长芦缉私统领张运良制定了《长芦缉私各防办事简章》。该章程首先规定了缉私营兵队驻扎原则及缉私纪律："各盐场引岸由统领亲莅查勘指定扼要之处，分兵驻防。责成带领各官长头目约束巡兵严守纪律，违者分别责革呈报查核。遇有拿获私盐硝盐火硝平毁淋池洒池各案，随时呈报，按月内营汇转本部，并分设官长目兵功过簿二本。"① 在该简章中，缉私营以每月拿获私盐次数为考核缉私营标准："每防一月内获案三次者，将出力官兵分别记功三次者，以应升之阶尽先提升，头目则加学习排长，以示鼓励。每防于一月内不获案一起者，由该防官长将不获案理由呈明，请将怠惰不力各目兵记过，两月内不获案一起者，将该防官长记过一次，四个月不获案一起者，将该防官长记过二次，六个月不获案一起者，将该防官长记过三次，再由本部派员前往密查该防官长目兵有无怠惰及贿纵情弊，并详查该处情形是否硝私尽绝。呈候核夺。凡官长目兵有违背此章程内规定各案，重者分别核办，轻者均予记过。官长记过至三次者撤差，目兵记过至三次者责革，永不复充。所记功过随时呈司，并通传各营队，俾得周知而资实行。"②

　　此章程比较盐务署制定的考核办法，还是有一定改进的。比如其考核缉私优劣标准不再是以引岸溢销或短销引数为标准，而以每月获案次数为基准。这就比前一个办法更具可操作性。虽然把各防获案次数"一刀切"，会引发一些为了获案而骚扰百姓的事情，但在当时私盐盛行的社会背景下，驻扎私盐泛滥区域或缉私要道的各营，一月获盐三次以上还是比较可行的。但可惜的是，张运良因受到直隶军务督办褚玉璞重用，在其就任长芦缉私统领后不久，又调他去滦东领军，由徐孟起继任。人走政息，该考核办法也没有得到切实的执行。

　　所以，在北洋政府时期，上级机关对长芦缉私营的考核一直没有一个切实可行、真正执行过的办法。盐务稽核总所和长芦稽核分所更多地关注的是缉私营缉获私盐数量和私盐变价数额，对缉私营缉务考成也从未制定过切实有效的办法。所以，缉私营缉务考成一直处于缺乏有效监管的状态，这不能不影响缉私营的缉私积极性和主动性。

　　(二)缉私营官佐目兵受奖、升迁体制

　　长芦缉私营自光绪三十年建立后，屡经增添，至 1916 年，编制已渐趋完整。长芦缉私营在编制制度、组织体制、兵役制度等方面都大体模

---

① 《长芦盐运使任　指令第二百二十号》，河北省档案馆藏档案，卷宗号 680 – 8 – 1265。
② 同上。

仿新军制度，唯独升迁制度没有定章，没有效仿陆军奖励制度。依照陆军奖励章程，为激励士气，陆军每三年汇报一次，对立功陆海军准授军职。但长芦缉私营官长的升迁却没有像陆军这样有章可循和切实进行。至 1914 年，长芦缉私营组建已届 10 年，一直没有制定官兵升迁的明确章程，缉私官兵一直没有制度性受奖升职渠道。并且，当时国家在各军队授奖时规格并不相同，陆海军准授军职，而别的军种只准奖给勋章或奖章。"凡盐务人员，著有劳绩或非盐务人员而协助盐务著有劳绩者，均得颁给奖章。奖章分五等：一金色奖章，二红色奖章，三黄色奖章，四蓝色奖章，五白色奖章。一二三四等奖章给予官员，五等奖章给予士兵。各等奖章由盐务署按照各员劳绩核给，或由该管长官详叙事实，呈请盐务署核给，汇案呈报。"① 据此，缉私营应该不授军衔，而只授予奖章。对此，长芦缉私统领宋明善颇有微词："本营缉私无异陆军之驻防，本营平池无异陆军之战地，甚至盐户抵抗动聚数千，快枪抬炮迎面开放。"②"本营办事较诸陆防各军尤为困难，硝户抵抗动聚数千，快枪抬炮，公然迎敌。无知愚民愍不畏死。击之，有伤人道；让之，则有害蓤纲。轻重缓急，全在监机制度。但求有济于事，不敢残民图功。虽无赫赫之功，实全赤赤之心。近年陆防各军稍有劳绩人员，均蒙不次受职。而长芦将佐历年沐风栉雨，在事出力，独抱向隅之歉，殊非淬属之方。若不择优钧请奖励，恐无以彰有功而策后效。"③ 由于当时缉私营性质定位不准，建制按照陆军模式，而工作性质又与警察类似，"盐务署缉私员弁本具有军队及警察性质"④，这样模糊不清的定位，使缉私营部分制度亦为之缺乏。所以，在官弁受奖升迁上，也处于模糊状态。宋明善自己也不太清楚缉私营应该依照军队制度受奖，还是依照盐务工作人员请奖。这就是说，十多年来，缉私营激励机制欠缺，官兵缉私工作再努力也与受奖升职无涉。工作积极性不能与激励机制有效联系，这对于官弁缉私工作积

---

　　① 《为酌拟盐务署奖章条例缮单仰祈钧鉴事》，河北省档案馆藏档案，卷宗号 680 - 8 - 305。

　　② 《长芦缉私统领为缉私营各队人员请奖呈长芦盐运使陶》，河北省档案馆藏档案，卷宗号 680 - 7 - 850。

　　③ 《长芦盐运使公署呈盐务署　呈字第四十九号》，河北省档案馆藏档案，卷宗号 680 - 7 - 850。

　　④ 《为酌拟盐务署奖章条例缮单仰祈钧鉴事》，河北省档案馆藏档案，卷宗号 680 - 8 - 305。

极性应该是有一定影响的。

　　1914 年 7 月，长芦缉私统领宋明善呈明长芦盐运使、两淮盐运使，请为长芦、两淮缉私营①出力官长援照陆军奖给军职办法给予奖励。此次共请授长芦及长芦调任两淮缉私营共 20 余营的 72 名官佐授予军衔。其中请授上校 1 员，中校 2 员，少校 12 员，上尉 36 员，中尉 21 员。②未见有答复。1916 年 1 月、12 月以及 1917 年 12 月中，宋明善又多次请求陆军部，要求依照陆军立功奖励章程授予缉私营出力官佐各级军衔。但据盐务署称，"惟请奖一层，核与前事考核成绩章程不合。该章程第八条所开分别奖励文项，全以溢销分数为断。本年直豫两省行盐，比较定额，未见溢销，遽行请奖，无凭措词。一经按照章程核转，俟来年成效果著，销盐大畅，则平池成绩实有征验，再叙将士辛勤，酌请褒奖，方可函准。请统领当能共谅此意"。③ 而导致一地盐斤不能溢销的原因很多，比如盐商缺运、战乱频仍致使人民外逃等，不一定与缉私营缉私效果直接相关。而要把盐斤滞销责任全归在缉私营头上，简单把盐斤销售畅滞与缉私营升迁机制挂钩，未免有失偏颇、不公，也会打击缉私营官兵士气。

　　面对此景，在 1917 年 3 月 17 日这一天，芦纲各商号联名及邢台、南和等 22 县知事联合呈请长芦盐运使陶家瑶，请求转呈盐务署，授予长芦缉私马后营管带李连仲"奖给实官"。芦纲各商号称李连仲缉私出力，并详细开列了顺德、正定、保定、广平、大名、河间、冀县属、深县属、霸县属等地民国三年、四年、五年销售盐引数额，借以说明民国五年盐引畅销，"是以今年私盐敛迹，官盐年复一年益形畅销。商等统盘保定、顺德、广平、河间、冀深各属共四十六县销数，民国四年比较三年，共畅销二万三千四百余引；大名、正定、赵州各属共二十一县，民国五年比较四年共畅销二万五百余引。以近年天时之旱，产私之多，其销数竟能如此畅旺，地面如此和平，曲突徙薪，厥功尤著"。④ 22 县

---

　　① 1913 年，宋明善兼任两淮缉私营统领。

　　② 《长芦盐运司函缉私营宋统带 请给各队人员奖章等情》，河北省档案馆藏档案，卷宗号 680 - 7 - 850。

　　③ 《指令六四八号》，河北省档案馆藏档案，卷宗号 680 - 7 - 850。

　　④ 《长芦缉私马后营调查各县硝盐比较开列》，河北省档案馆藏档案，卷宗号 680 - 7 - 850。

知事则称赞李连仲勤于缉务，"该营长所辖区域，私盐潜消，官盐益畅，……凡该营长分防各处，声名洋溢，盗匪匿迹，地面籍镇摄，人民阴受其福"。请求长芦盐运使对李连仲"准予优加擢用"①。在此阵势下，1917 年 11 月，由大总统下令，奖给长芦盐务缉私出力人员李连仲、刘金镛、宋振升、王炳芳等 14 人以七等文虎勋章，但并没有给予各营官长军衔。1918 年 3 月，宋明善因"该统领在芦有年，办理缉务勤劳卓著，现在调任两浙，拟请颁发奖章，以资鼓励"②，被盐务署授予一等金色奖章。

1918 年 3 月，季光恩出任长芦缉私统领，之后，多次向运使、盐务署呈请授予缉私官佐勋章。1920 年 8 月 13 日，白恩荣接替季光恩任长芦缉私统领。白恩荣上任后，即向运使、盐务署呈请为 60 员官佐授予一等至四等奖章。此后，官佐奖励多以请获奖章为主。

在立功受奖一事上，长芦缉私营受奖显得尤为艰辛。部分官佐受奖是经统领反复请示，一再争取，上级才作批示。北洋政府期间，此事一直没有制度化运行、标准化管理。对此，盐务稽核总所和长芦盐务稽核分所并没有予以更多关注，也没出台相关规定。虽然，稽核所对缉私营官弁的升降、补充等予以了关注："嗣后所有缉私员弁兵士病故、免职、升降、补充、调换等，必须每次另行函报本分所备案，以资参照。"③ 但是，它也仅仅是从经费管理角度对缉私官兵的升调等予以知晓，而并没有进行实质性干预。

在缉私营内部，也没有制度性升迁渠道，是一种典型的"人治"管理。这种"军队人治"的思想和事实要追溯到宋朝。宋太祖赵匡胤陈桥兵变之后，下令"废藩镇，释兵权，罢功臣，典禁兵"④。从此之后，在军事领域，各方追求的不是军队的战斗力，而是如何使军队绝对服从君主和统帅，使军队成为君主的"私人保镖"。这种思想和做法一直延续到清朝时期，清末新军仍然没能摆脱其窠臼。在这种体制下，各官佐受上司的支配、节制而不是受制度、法律的约束，工作是为长官而做而不是

---

① 以上两段均出自《呈 元字第一百六十二号》，河北省档案馆藏档案，卷宗号 680 - 7 - 850。

② 《长芦盐运使公署训令 第一百五十号》，河北省档案馆藏档案，卷宗号 680 - 8 - 305。

③ 《信函》，河北省档案馆藏档案，卷宗号 680 - 22 - 586。

④ 《朱子语类》卷 128，清光绪年间刘氏刻《刘氏传经堂丛书》本。

为国家而做，效忠于个人而非国家，呈现出典型的"人治"特征。因为没有制度化的升迁渠道，下级只有讨好长官、取悦长官才可能得到升迁机会。这就使得其工作重形式而轻实际，重粉饰而轻效果，唯上而失真，短视而乱行。这种习气一直浸润到长芦缉私营中，官佐目兵均受缉私统领节制，均对统领负责。官佐升迁也要靠讨好、逢迎统领及官长，以图其赏识、提拔。善逢迎者升职极快，不善溜须者原位不动或平行调动。这就使缉私营中"人治"习气极重，容易造成人事腐败，缉务懈怠，缉私低效。

　　不过，为了工作的方便，当时缉私营官兵得到提拔的一个很重要条件就是是否识字，是否有一定文化水平。以驻扎在山海关一带的步后营、步左营各队队官 1916 年 6 月提拔为例，步后营前队 4 名被提拔者均识字，步后营后队 4 人有 3 人识字，步左营前队 2 人均识字，步左营右队有 1 人识字。① 被提拔为队官的人大多都具备了识字的条件。

### 三　革退、替补制度

　　长芦缉私营兵员流动性很大，当时据缉私统领估算，缉私营中旧兵约占六成，新兵约占四成。② 这就是说，缉私营兵员的革退、替补是相当频繁的。每年都会招募好几批新兵入营，然后分配、补充到各营队当差。以 1917 年 1—12 月份长芦缉私营革退替补情形为例，步前营一年中因各种原因革退的有 150 人，占全步前营人数 590 人的 25%；步后营革 109 人，占全营人数 590 人的 18%；步左营革 118 人，占全营 537 人的 22%；马前营革 60 人，占全营人数 432 人的 14%；马一棚革 6 人，占全棚人数 12 人的 50%；巡海轮船革 3 人，占全船人数 16 人的 19%；巡河炮船革 4 人，占全船人数 23 人的 17%；马后营革 123 人，占全营人数 432 人的 28%。这一年，全缉私营被革人数达 573 人。③ 长芦缉私营各营革退替补详细情形如表 2 - 4 所示。

---

① 《长芦缉私统领宋呈送山海关驻兵情况》，河北省档案馆藏档案，卷宗号 680 - 8 - 104。
② 《奉饬编具长芦缉私营巡船各项报告表》，河北省档案馆藏档案，卷宗号 680 - 8 - 867。
③ 根据河北省档案馆藏档案《民国六年长芦缉私营每月上报长芦运使本营革退替补名单》统计、计算，卷宗号 680 - 8 - 250。

表 2 - 4　　　　　1917 年 1—12 月份长芦缉私营革退替补情形一览

| 营别 | 原因 | 一月 | 二月 | 三月 | 四月 | 五月 | 六月 | 七月 | 八月 | 九月 | 十月 | 十一月 | 十二月 | 小计 | 总人数 |
|---|---|---|---|---|---|---|---|---|---|---|---|---|---|---|---|
| 步前营 | 不守营规 | 1 | | 5 | 3 | | 1 | 2 | 2 | 1 | 2 | 1 | 3 | 21 | 150 |
| | 家有要事 | 2 | 2 | 7 | 4 | 8 | 3 | 7 | 1 | 3 | 3 | 5 | 5 | 50 | |
| | 提拔升职 | 1 | 1 | 4 | 4 | 3 | | 4 | 1 | | 2 | 3 | | 23 | |
| | 不遵约束 | | 1 | 2 | 2 | 1 | | 1 | 1 | 2 | | 1 | | 11 | |
| | 逃逸 | | | 1 | 1 | | 1 | 1 | 1 | 1 | 1 | | 2 | 9 | |
| | 调、拨 | | | 1 | 2 | 19 | | | 2 | 1 | | 1 | 2 | 28 | |
| | 伤亡病故 | | | 1 | 1 | | | | 1 | | 2 | 1 | 2 | 8 | |
| 步后营 | 不守营规 | 1 | | | 1 | 1 | 1 | 1 | 1 | 2 | 3 | 3 | 3 | 17 | 109 |
| | 家有要事 | 1 | 3 | 3 | 5 | | 3 | 3 | 3 | 5 | 10 | 2 | 4 | 42 | |
| | 提拔升职 | | 2 | 2 | 1 | 2 | | | | 1 | 2 | 1 | 1 | 14 | |
| | 不遵约束 | 1 | | 3 | 1 | 1 | 1 | 1 | 2 | | | | | 10 | |
| | 逃逸 | | 2 | 1 | | | 1 | | 2 | | 2 | 1 | | 9 | |
| | 调、拨 | | | | | 4 | | 3 | | 1 | | 1 | | 9 | |
| | 伤亡病故 | | | | 1 | | 1 | | 1 | | 3 | | 1 | 7 | |
| | 其他 | | | | | | | | | | 1 | | | 1 | |
| 步左营 | 不守营规 | 2 | 2 | 1 | 2 | 1 | 2 | 2 | 1 | 2 | 3 | | | 18 | 118 |
| | 家有要事 | 1 | 2 | 1 | 4 | 3 | 3 | 2 | 1 | 3 | 3 | 2 | 6 | 31 | |
| | 提拔升职 | | 4 | | 1 | | 2 | | | 1 | 1 | 4 | 2 | 15 | |
| | 不遵约束 | 1 | | | 1 | 1 | | 2 | 1 | | | | 1 | 8 | |
| | 逃逸 | 1 | 1 | | 2 | 1 | 3 | | 1 | | 1 | | | 10 | |
| | 调、拨 | | | 1 | 3 | 25 | | 1 | | 1 | | 1 | | 32 | |
| | 伤亡病故 | | 1 | | | | | | | 1 | | | | 2 | |
| | 其他 | | | | | 1 | | 1 | | | | | | 2 | |

续表

| 营别 | 原因 | 一月 | 二月 | 三月 | 四月 | 五月 | 六月 | 七月 | 八月 | 九月 | 十月 | 十一月 | 十二月 | 小计 | 总人数 |
|---|---|---|---|---|---|---|---|---|---|---|---|---|---|---|---|
| 马前营 | 不守营规 | 1 |  | 2 | 2 | 3 |  | 1 | 1 | 1 |  |  |  | 11 | 60 |
|  | 家有要事 | 1 | 4 | 3 | 1 | 4 | 3 | 4 | 4 | 2 |  |  |  | 26 |  |
|  | 提拔升职 | 1 |  |  | 2 | 3 |  |  | 2 | 1 | 3 |  |  | 12 |  |
|  | 不遵约束 | 1 |  |  |  |  |  |  | 1 | 1 |  |  |  | 3 |  |
|  | 调、拨 |  |  |  |  |  |  | 1 |  |  |  |  |  | 1 |  |
|  | 伤亡病故 |  |  | 1 |  |  | 1 |  | 1 | 1 | 1 |  |  | 5 |  |
|  | 其他 |  |  | 1 | 1 |  |  |  |  |  |  |  |  | 2 |  |
| 马一棚 | 家有要事 |  | 1 |  |  | 1 |  |  | 2 |  |  |  |  | 4 | 6 |
|  | 调、拨 |  | 1 |  |  |  |  |  |  |  |  |  |  | 1 |  |
|  | 提升 |  |  |  |  |  |  |  |  |  |  | 1 |  | 1 |  |
| 轮船 | 不遵约束 |  |  |  |  | 1 |  |  |  |  |  |  |  | 1 | 3 |
|  | 提升 |  |  |  |  | 2 |  |  |  |  |  |  |  | 2 |  |
| 炮船 | 家有要事 |  |  |  |  | 1 |  | 1 | 1 |  |  |  |  | 3 | 4 |
|  | 提升 |  |  |  |  |  |  |  | 1 |  |  |  |  | 1 |  |

注：其他为：4月份马前营马夫不善喂养1人，3月马前营懒惰1人，4月步左营不耐劳1人，6月步左营降1人，10月步左营在外滋事1人。

资料来源：根据河北省档案馆藏档案"中华民国六年长芦缉私营每月上报长芦运使本营革退替补名单"绘表、统计、计算，卷宗号680－8－250。

以上为官立长芦缉私营各营革退替补情况。由于长芦缉私营马后营经费由商人捐赞，当时盐务稽核总所在对长芦缉私营经费进行管理时，一直是把官立长芦缉私营和商立长芦缉私营马后营经费分开核算，所以，在日常事务中，官立缉私营和马后营也是分开处置的。马后营革退替补情况如表2-5所示。

表 2 - 5　　　　　1917 年 1—12 月份马后营革退替补情形一览①

| 月份\人数\原因 | 一月 | 二月 | 三月 | 四月 | 五月 | 六月 | 七月 | 八月 | 九月 | 十月 | 十一月 | 十二月 | 小计 | 总人数 |
|---|---|---|---|---|---|---|---|---|---|---|---|---|---|---|
| 不守营规 | 1 | | 2 | 1 | | 3 | 1 | 4 | 4 | 3 | 3 | 1 | 23 | |
| 家有要事 | 2 | | 2 | 4 | 2 | 1 | 3 | 3 | 3 | 8 | | 2 | 30 | |
| 提拔升职 | | | | 3 | | | | 2 | 5 | 5 | 11 | 1 | 27 | |
| 不遵约束 | | 4 | | 1 | | | 1 | | 2 | | 1 | 2 | 11 | |
| 逃逸 | 1 | | | | | | | | | | | | 1 | 123 人 |
| 伤、病、故 | 1 | 2 | | 1 | | | | | 2 | | 1 | | 7 | |
| 调、拨 | | | 2 | 6 | 7 | 4 | 3 | | | | | | 22 | |
| 溺毙 | | | | | | | | 1 | | | | | 1 | |
| 不耐劳 | | | | | | | | | | | | 1 | 1 | |

资料来源：根据"民国六年长芦缉私营每月上报长芦运使本营革退替补名单"统计编绘，河北省档案馆藏档案，卷宗号 680 - 8 - 250。

从以上两个表格可看出，被革或回家兵士原因有不守营规、不遵约束、家有要事、提拔升迁、拨补调动、逃逸、久病不愈、伤亡病故等，因这些原因被辞率达 99% 以上，其中一年中因"家有要事"请假回家的人有 186 人，占这些退役人员的 32.5% 以上。② 因不守营规、不遵约束被革的有 134 人，占总革退人数的 23.4%。另外，还有因为懒惰、不能胜任工作、外出滋事等原因被革。缉私营每月会招募一批新兵以替补被革或回家旧兵。由此也可看出，缉私营并没有严格的退役制度，兵弁因各种事务即可以随时退出营队。同时，由缉私营兵革退替补主要缘于不守营规、家有要事等情，也反映出缉私营队军风纪极其紊乱和松懈。鉴于盐务缉私中经验及业务熟悉程度对缉私行动有着密切关系，频繁的人员流动替补对营队管理、缉务等都会带来一定影响。

缉私营在对待逃兵上分为两种情况：如果逃兵未带走兵器等物品，缉

---

① 根据河北省档案馆藏档案《民国六年长芦缉私营每月上报长芦运使本营革退替补名单》统计、计算，卷宗号 680 - 8 - 250。

② 以上两段文中数字均根据上两表统计、计算所得。

私营就不会追究，只替补以新兵即止；如果兵弁带走武器等物品，缉私营便会严格追查。1918 年 8 月 23 日晚间，巡海炮船驻新城 2 号炮船驾兵王炳臣逃跑，并携带毛瑟枪 1 杆、子弹 10 粒。缉私营派出兵士四出寻找，不见踪迹。因王是巡海炮船中驾兵张同如内弟，缉私营便派兵 8 名责成张带路到该逃兵家乡山东沾化县黄升店查找，并无所获。缉私兵即请沾化县知事协助追查，未果。沾化县知事遂将逃兵父亲王有德缉捕，交由缉私营兵带回缉私营讯办，"俟其子炳臣回家"，① 可谓动用了连坐刑法。缉私营对携械出逃治理还是很严格的。

缉私营革补程序是各棚、队每月向所属各营汇总呈报本营人员流动情况，各营再向缉私统领总结汇报。缉私统领于每月 1 日宣布各营被革或请假回家人员名单，并对各营所缺人员予以升补。同时上报长芦盐运使署备案。这就是说，长芦盐运使并不直接干涉或管理缉私营革退替补事宜，其仅仅负责知晓和保管缉私营替补人员数目和名单。缉私营人事任免大权全部由长芦缉私统领掌控，缉私统领和各级营官即为兵弁"衣食父母"，缉私营"人治"色彩颇为浓厚。

为了防止官佐与兵士日久生情、结伙难羁，也为了避免官佐和当地盐贩勾结贩私或护私，缉私营还经常进行官佐平级调动或目兵调防。如1917 年 5 月，庆云县板打营防后营右队队官改驻为左营后队队官，宁河县塘沽防左营后队队官改驻为后营中队队官，巨鹿县大韩寨防后营中队队官改驻为后营右队队官，新乐县防左营中队排长改驻为后营右队排长，天津县邓沽南开防后营右队排长改驻为左营中队排长。新乐县穆村防左营前队头棚目兵一棚调编为后营右队八棚，南皮县半壁店防后营右队八棚目兵一棚调编为左营前队头棚，新乐县杜寺村防左营后队九棚目兵一棚调编为后营右队九棚，深泽县防后营右队九棚目兵一棚调编为左营后队九棚。② 这种改驻和调编是经常进行的，但并没有固定的时间期限。这固然有利于防止缉私营官弁护私放私弊端出现，但也容易造成兵不识官、官不认兵情形，对兵队管理形成一定影响。

---

① 《呈 为遵令严拏逃兵王炳臣查未回籍，现将伊父有德拿护送案》，河北省档案馆藏档案，卷宗号 680 - 26 - 764。

② 《长芦缉私统领为拟改所部呈长芦盐运使》，河北省档案馆藏档案，卷宗号 680 - 8 - 250。

## 第四节　缉私营领导指挥体制

为了考察长芦缉私营领导体制对其营队发展和缉务运行的作用，在以下文中，笔者把长芦缉私营的领导体制分为上级行政领导系统和缉私营内部指挥系统两个部分来叙述。

### 一　上级行政领导系统

晚清时期，长芦盐巡营创办之时，归长芦盐运使节制。长芦盐巡营第一任统领宋明善由长芦盐运使兼办新军后路粮台陆嘉穀委任。薪饷由盐款项下开支。长芦盐巡营成立后，长芦盐务各机关及盐店纷纷呈请长芦运使，要求使盐巡兵驻防各局店，由各局店节制，不令远离。盐巡兵实际上成为了各局店的保镖，制约了盐巡作用的发挥。1910 年，升任"长芦盐务督转运使"的张镇芳将拥有步前营、步后营的盐巡营统一改编为缉私营，并将统领部扩大组织，增设帮统一员，以宋振声兼任。缉私营隶属于长芦督转运使，由运使节制。

1913 年 4 月，袁世凯以中国盐税为抵押与五国银行团签订"善后大借款"合同。在五国银行团及其政府的压力下，北洋政府被迫同意设立盐务稽核所，任用外国人参与管理中国盐务。1913 年 1 月，财政部制定的《盐务稽核造报所章程》，规定在财政部下设盐务稽核造报总所，在各省设稽核造报分所。后来，在五国代表的干预下，《盐务稽核造报所章程》按照双方的意思进行了修改。1913 年 10 月 26 日，新修订的《盐务署稽核总所章程》由财政总长熊希龄核准、1914 年 2 月公布。依据该文件规定，盐务稽核总所的职权范围是"审核所有一切盐款收支账目，以及凡为政府一切收买存储转运及销售盐斤之收支，并于呈报财政总长后，将该项收支按季造报颁布"[①]；与此同时，盐务署制定了《盐务署稽核分所章程》，该章程规定盐务稽核分所的主要职责是"甲、华洋经协理会同监理发给引票或准单，准许纳税后运盐，以及在各稽核分所设立之处，可征收一切盐税盐课及各费，并监督他处之征收上列各税各费。凡该处收税

---

① 　南开大学经济研究所经济史研究室编：《中国近代盐务史资料选辑》第 1 卷，南开大学出版社 1985 年版，第 149 页。

之官应由总会办委任，该收税官关于所收税款，对于分所担负责任。乙、凡在盐区征税后放盐，须以该分所华洋经协理会同签字之单据，或以该分所印信为凭。其管理秤盐及由仓坨放盐事务各员应为分所属官。华洋经协理及其所属之秤盐及放盐之员，对于场仓放盐须稽查是否有正式准单、是否照则完全纳课、是否只照允准之量数放出。并按时期向该分所所辖地点内之场坨视察。在该地点之内，如该处运司或运署所属各局所之人员，有违背章程之事，须呈报总所之总会办。倘于巡查时，见有私盐及向领有牌照之场坨私运等情，亦须一律呈报。买盐、贮盐、运盐并代政府售盐之地方，各分所对于此数者应尽之职务，由盐务署按各地情形规定办法。"①长芦盐务稽核分所成立于 1913 年 4 月，设立于天津，为全国 13 处分所之一。首任华人经理严璩（严复长子），洋人协理为日本人郑永昌。是年 11 月，设立丰财、芦台稽核支所。

由此可见，盐务稽核所把持了中国盐政的财政和税收大权。盐务署及各盐区盐运使仅有管理盐务行政事务之权。实际上，在以后的工作中，稽核所的管理范围并不局限于上述章程规定内容。为了保证中国对五国银行的偿债能力和维护各债权国利益，稽核所把自己的权力触角伸向了中国盐务的诸多领域：除了负责管理盐税、改革盐税征收办法外，还试图改革中国实行恒久的引岸专商制，整顿、管理场产，控制、监督缉私营的经费使用、造报及缉私活动，等等。在这种背景下，再加上缉私营的营制、饷章、缉私活动本身处处需要强大的财政支持，所以，长芦缉私营的经费、缉务活动乃至营制都成了稽核总所和长芦稽核分所干预、监督的内容。

就在盐务稽核总所和长芦稽核分所成立后不久，为了明确缉私营的领导归属，北洋政府财政部下达了各盐区缉私营均归各盐运使或榷运局长指挥节制的命令。1913 年 5 月，财政部奉大总统令，饬令各盐区缉私营要归各盐运使或榷运局长节制，饬令称："奉大总统令整理盐务首在缉私，非有得力营队，无以收查缉之效。各省原有缉私营队向归盐运使节制，或直隶于督销局，且饷项均由盐款项下支给，其性质实与普通军队不同。现在各省盐运使及榷运局长均经先后任命，嗣后各该管区域之缉私营队应即

---

① 南开大学经济研究所经济史研究室编：《中国近代盐务史资料选辑》第 1 卷，南开大学出版社 1985 年版，第 150—151 页。

由该盐运使，或榷运局长分别节制，随时调遣，以资整顿而一事权。"①
但是，缉私营领导权的整顿并不是一蹴而就的，在财政部饬令下达之后，
各地缉私营领导统系仍处于混乱状态。

为了进一步规范缉私营的归属领导，1915 年 10 月，盐务署为了明定
各盐区运使、运副及缉私营权限职责，"惟各省运使运副与缉私统领职务
虽属相因，而事权要各有定。若非明为厘正，俾有遵循，则平时措置既不
免诿卸之心，临事指挥且恐启纷歧之渐"。② 财政总长兼盐务署督办周学
熙颁布了《各省盐运使运副及缉私营办事权限章程》③。依照该章程，各
盐区盐运使俱兼缉私营督察长之责，运副俱兼督察官，承盐务署命令，督
察所转盐务地方缉私营一切事务。盐运使或运副对于缉私统领及各营长之
尽职与否，有督察检举之权；对于所属缉私员弁兵丁饷项之支出，得秉承
盐务署有考核之权。盐运使对于缉私营队有节制调遣之权，运副对于缉私
营队有合宜之调度，得就近商同统领照办并报明督察长查核。对于巡缉勤
务及约束弁兵，运使有监督之责，如有不合情弊，应知会统领按照情节轻
重，分别处置，并由督察长详报盐务署；如在运副所管区域内，遇有特别
重要之事，并准由督察官径报盐务署，一面牒报督察长。督察长或督察官
对于统领所发号令、处置事宜，认为违法侵权或妨害行政事实显著者，得
知会统领即予撤销，并由督察长详报盐务署；其在运副所管区域内者，应
酌情办理。盐运使或运副对于各缉私营队遇有特别重要事件，得径饬各营
遵照办理，一面知会统领查照。统领对于缉私事宜，负完全责任，所有员
弁兵丁之赏罚进退，悉由统领主持担任。统领对盐运使负责。可见，长芦
运使对缉私营负有监督管理之责，甚至在特别情况下，还可以直接指挥缉
私营各营行动。在实际工作中，长芦盐运使的确在行政上对缉私营进行了
指挥管理，比如经常调遣缉私营前往私盐严重地区或发生危急情况地区展
开查缉活动或处置事件；对盐务署等上级机关和缉私营行政事务上传下
达、布置实施；对缉私营一些重要事情或违法情弊进行处置，比如对缉私
营军风纪乱象经常给予批评和指导，等等。但是，在当时社会条件下，缉
私营在名义上归长芦盐运使节制，实际上存在很大独立性，长芦运使对其

---

① 《河南榷运局公函　豫字第二十六号》，河北省档案馆藏档案，卷宗号 680 - 7 - 862。
② 《盐务署饬　第一千一百三十二号》，河北省档案馆藏档案，卷宗号 680 - 7 - 1506。
③ 同上。

事务并不能完全控制。

与此相对照的，是盐务稽核总所和长芦盐务稽核分所对长芦缉私营的全面控制和监督。盐务稽核总所在建立之初就着手开始对中国积弊已久的盐政进行改革。长芦盐务稽核分所在总所的领导下，也对长芦盐区的场产、运销、税收、缉私等进行了一系列的整改，这就包括对缉私营各方面事务的变革。1915 年 8 月，长芦稽核分所邀请缉私营统领宋明善筹商整顿缉私营办法，拟具办法《长芦分所条拟整顿长芦缉私营办法》11 条，上报稽核总所。稽核总所修正后，饬知长芦盐运使及缉私营严格照章实行。内容如下：

"（一）长芦盐务各机关所办事务之内以征收盐税、管理坨务、稽核出入款项为第一紧要，而盐务警察次之。故长芦稽核分所与缉私营之事务实有密切之关系，非此两机关协同改良，极力奉公，恐难副政府改革盐政之期望，而收其实效。

（二）稽核分所对于长芦盐务各机关所需各经费账目等项负有稽查并加改良，使其悉臻妥善之责任。

（三）长芦盐务各机关之内，其范围之大，而其事务之繁杂者，以盐务警察为最。可以改良缉私办法尤为不易，故其改良不得不急速入手。

（四）缉私营为巡缉性质。每日所办之事，必须详细记载，或按月、或按旬编造报告，交运署及稽核分所。故缉私兵丁均应识字、能写方能得力。现拟改良，当以教导兵丁识字者写为第一要务，改良之初，每棚至少有能写者二至三人，然后渐推渐广以期普及。

（五）各营各队及各驻防处所，现时所用款项拟由稽核分所派员前往各营调查情形，议拟簿记式样，呈请总所核准。其试办之初，并由分所委员将登记之法赴营指导。务使总所深信缉私营用账无虚糜之弊，各事得以实力进行。

（六）裁减用项不在节省经费而在删除不当。譬如挂甲寺、新车站两坨既已撤销，则原驻该处之兵如无另移他处之必要，则可从而裁汰，以省其费用。当其时适有新增机关，确须移驻，不妨以此调彼。又如此处并非要隘，事少人多，每年政府所获之益不足偿其所用之费，即应将多出之人裁去，总以斟酌得宜、事无虚设为唯一宗旨。

（七）滩坨为走私之根本。嗣后守护各滩坨之缉私兵丁，应由各营管带与各场知事及各稽核支所助理员遇事会同办理，以免隔阂。如滩坨不致走私，则本省之漏卮既塞，仅剩硝私及邻私较易抵御。

（八）邻省私盐如山东、奉天虽易充斥芦盐销地，然与邻省交界之处如无本地私贩至彼偷买，亦无从浸灌内地，故缉私最要在看守毗连邻省之路口侦探偷买之人犯。一经访实，即多带兵队痛切拿办。来路既绝，私盐自少。若门户不守，徒于内地之多设防队，散漫零星，无济于事。

（九）移队设防调派一切必须计划得当，方获实效。此后拟由缉私司令部每月将各防人数、饷数及杂用各数，造报送运司及稽核分所备查。遇有移改，尤须将应行移改之理由，于事前报告运署及分所商定，再行实行。

（十）拟请缉私司令部仿照前开驻扎丰芦两场之兵丁名数及每月饷数之择式，将现时丰芦石三场及直豫各县所驻兵队一律详开送交稽核分所，研究改良方法。

（十一）长芦缉私营范围日广，上须与盐运署及稽核分所随时会商事件，似总司令部驻扎南开，距津较远，未免有不便之处，将来如能移驻天津本埠最为相宜。"①

由上述条款可见，长芦稽核分所对长芦缉私营的经费开支、营制改革、日常缉务、营队布防、驻扎处所、统领部地址等都极力插手控制、管理，几欲置长芦盐运使于无用无权之地。长芦运使为了维护自己的权力，则努力把稽核分所对缉私营的管控限制在仅能稽查、监督长芦缉私营的各经费账目各项位置上，缉私营的行政、经费、改制、缉务等事项则置于自己的职权范围之内。为此，长芦盐运使和长芦稽核分所展开了激烈的权力角逐。1916 年 5 月，长芦盐运使把稽核分所的"十一条"进行了修正，内容如下：

"（一）长芦盐务各机关所办事务之内，以征收盐税、管理坨场、稽核出入款项第一要义。而缉私营队之支款尤须随时稽核，以免虚

① 《长芦盐运使饬第五百二十九号》，河北省档案馆藏档案，卷宗号 680 - 16 - 316。

糜。至前项营队一切整顿办法皆属运使行政范围以内之事，如运使及缉私统领有未能周密之处，分所可拟具意见送请运使酌议采用，以备改良。

（二）稽核分所对于长芦盐务各机关所需各经费账目各项，负有稽查使其无稍虚糜之责任。

（三）缉私营队改良一条应删，按此条已包括于第一条之内，故应删。

（四）缉私营为巡缉性质，每日所办之事必须详细记载，或按月或按旬编送报告送运使，随时稽查。并由运使转饬统领，于每处驻扎地方派一能识文字之人实力教导，每棚至少有能专写者 1 人至 2 人，渐次推广，以便记载日行事务。

（五）各营队及各驻防处所现时所用款项，应报由运使查核，并由运使饬转送分所，随时检查。所有款项簿记式样可由分所核拟，详请稽核总所核准，即由分所将式样送交运使饬缉私统领分饬照办。此项簿记试办期内，得由运使派员将登记之法赴营指导，俾归一律。倘分所因特别情形有必须调查时，可函商运使会同派员前往，免致隔阂。

（六）裁减用项不在节费而在删除虚糜，如挂甲寺新车站两坨既已取消，则原驻扎处之兵如无另移他处之必要，似可裁汰，以节费用。倘遇有新增机关，不妨以此调彼。又有并非要隘，事少人多之处，亦应裁节，总以事无虚设、款不虚掷为唯一宗旨。应请盐务署饬行运使遵照办理。

（七）滩坨为走私之根本。嗣后守护各滩坨之缉私兵丁，应由各营管带与各场知事遇事会同办理，若查悉守护盐巡有不尽职守情事时，应即详报运使转详办理。设或情节重大，一面由各营及场知事详明运使转详盐务署呈核外，分所秤放盐员亦得详报分所经协理，转详总所，付知盐务署，呈明总长核夺办理。

（八）邻省私盐如山东、奉天虽浸灌芦盐销地，然与邻省交界处若无本地私贩运，亦无从灌入内地。故缉私全在注重邻省交界扼要之区及侦察私运之人。一经查明即予严究。私源既塞，私销必绝。若不守门户，徒于本地多设防队，散漫零星，于事何裨，应请盐务署饬行运使知照。

（九）移队、改防、调派，一切必须计划得当，方收实效。此后拟由缉私司令部每月将各防人数饷数及杂用各数，分别送报，由运使抄录一份，转送分所备查。遇有移改，应将移改理由报明运署批准方可实行，并由运使知会分所查考。

（十）缉私司令部及各场各县所驻兵队应一律开送运使研究改良方法，俟改良方法详由盐务署核准后，得由运使知会分所以期接洽。

（十一）缉私司令部移驻天津一条应删。按长芦缉私营司令部驻扎南开历有年。所距津甚近，且统领亦时时在津，遇事尽可相商，故当无不便。缉私营队以巡缉为主，驻扎僻静之区当可帮同查缉，若驻扎天津繁盛之地，固无须此。似毋庸称驻天津，免致周折，此条即可删除。"①

由修正条文内容可见，盐运使认为整顿缉私营事务皆属运使管辖范围之内，稽核分所仅有辅助之责；各营队所用款项，应报运使知照，稽核分所仅有查核之责；缉私营日常缉务应报运署核准而非稽核分所；改革事宜也应由运使主持。依照相关章程规定，稽核所对缉私营负有用款经费稽查之责，而盐运使对缉私营主要负有行政管理之责。而稽核所的实际管辖范围远出于此，所以二者矛盾迭生。

实质上，虽然运使与稽核所在其建立之初有权力争夺，但由于稽核所背后是强大的外国政府支持与"善后大借款"合同约束，相对于中国的软弱落后，且受制于人，二者在缉私营管控问题上的权力之争，不久之后稽核所就占了上风。长芦运署几乎成了稽核总所和长芦稽核分所对于缉私营发号施令的一个传话筒。稽核所不仅操纵了缉私营的经费管理与监督，而且得寸进尺，在管理经费的名义下直接将手伸向了缉私营的营制及缉务管理中。1913年，长芦稽核分所请示总所，希望与长芦各盐务机关直接交涉，而不需要运使来转达："查稽核分所，虽为独立机关，与行政范围不同。然因税款及账目出入之关系，与运使所属各场坨、各缉私营部暨检查局，时有交涉事件。每遇分所与各机关互相问答或应行查报之事，必待运使为双方转达，是以动多迟误。兹求办事敏捷起见，嗣后凡在盐税范围以内，且无碍行政事项者，可否由分所与运使所属之场坨（缺字——作

① 《长芦盐运使饬第五百二十九号》，河北省档案馆藏档案，卷宗号680-16-316。

者注)。"总所自然支持长芦分所的建议,遂批示:"盐务稽核分所固属独立机关,凡关于盐务财政问题,本有与长芦盐务各机关直接通信之权。如处置私盐事宜,因其盐税范围,更不妨直接通信,无须必经运使转行也。"① 长芦运署只不过负责些缉私营的日常管理以及转达缉私营跟稽核分所之间的文件传递,并且这种中转者的角色也因稽核总所的介入而受到了削弱。

盐务稽核造报所(后改为稽核总所)成立后,首先对缉私经费及长芦运司所属各机关的薪饷及经费进行了整顿与改革。1913 年,稽核总所令裁减长芦缉私营经费 10 万元。长芦运使和缉私营统领为了保存实力、维护经费,极力宣称缉私的重要性和各营缉私功绩,表示难以按照总所要求裁减。稽核总所不为所动,坚决主张如数裁减。1913 年 9 月 14 日,盐务筹备处态度强硬,命令长芦运使杨寿枏,两淮正拟增募缉私兵,长芦缉私营不能裁减经费即裁撤兵员人数。② 为了落实缉私营经费核减,会办丁恩还令缉私营切实呈报实际兵员数名及名单。经过激烈斗争,经费裁减之后,缉私营的冗兵冗员现象也得到有效扼制,全营人数由 1914 年前的官兵长夫 3174 人③减至后来一直保持的 2700 人左右。此后,稽核总所和长芦稽核分所下达了一系列有关缉私营办公费、薪饷、津贴、旅费、轮船修理费、年终慰劳金、军装、房费等方面的规定,正如 1913 年长芦运使杨寿枏所称:"自奉设稽核造报分所以后,于支出款项监督綦严,近准函送总所核订收据月结各式,精密异常,又自审计分处成立,叠准函布章程格式,条理纷繁。究其要旨,不外于各种款目用途务求确当。"④ 稽核所的整顿措施使缉私营的经费管理走向了规范化、制度化和精确化。

为了对缉私营形成有效控制与监督,使各项费用管理更加节省与合理利用,稽核总所和长芦盐务稽核分所对缉私营的兵员设置、设卡地点、巡缉记录及私盐月报都要求定期、按时上报稽核所,并对上报格式作了详

---

① 以上两段均引自《稽核分所:关于缉私营步马营经费、为旅费、驻扎处所、防获数目、调查吞没饷项、购买木椿云南省等事项报告 (1914 年)》,河北省档案馆藏档案,卷宗号 680 - 22 - 586。

② 《盐务署训令长芦盐运使 地字第二百八十六号》,河北省档案馆藏档案,卷宗号 680 - 7 - 845。

③ 从河北省档案馆藏档案《长芦缉私营统领官宋明善为呈送事 1914 年 4 月 4 日》中文件整理所得,卷宗号 680 - 7 - 845。

④ 《长芦盐运司训令第 1112 号令缉私营》,河北省档案馆藏档案,卷宗号 680 - 26 - 1131。

细、明确的规范。这些都促成缉私营对日常缉务及营务加强管理。

除了促进缉私营进行规范管理外，为了深入、真实地掌握缉私营各项情况，1916年，稽核总所还建立了委员巡视调查制。按照《长芦盐运使公署、盐务稽核分所巡视员服务规则》规定，冀岸分为四区，由巡视员分别定期巡视，除了巡查一些场产、滩坨、销售等事务外，还强调要注意各地税警情况，"驻有税警地方应考察其勤务是否认真、学术科有无进步，驻在地是否扼要，暨缉获私盐及处置情形，以及有无庇私放私情事。随时报告署所核办，履行职务时如遇发生重大事件，得就近报知税警"。①巡视员还要将巡视所得结果，随时制成改革方案，分呈署所核夺施行。自此以后，运署、稽核所派巡视员定期巡查，调查范围涉及缉私营旅费、薪饷、船只维修、房租、杂费等的实际花费情形，还考察缉私营兵夫缉务活动的一系列详情，并随时命令缉私营进行整改。

由此可见，在北洋政府统治时期，对缉私营的领导实质上实行的是盐务署、长芦运使和盐务稽核总所、长芦稽核分所并行共施的二元制领导系统。并且，各级盐务稽核所掌控着相当多的实权，对长芦缉私营的财务管理更具有直接监控全权。盐务稽核所对缉私营的控制及监督固然出于加强盐税收入和维护各债权国利益的目的，但在客观上，这些监控措施促使长芦缉私营进行了某些改革，使其革除了某些积弊和陋习，在财务管理等方面逐渐走上了较规范化、制度化、精细化的轨道。在缉私营近代化转型方面，还是有一定积极意义的。

**二　缉私营内部指挥体制**

缉私营设有统领部，设统领一人，统筹管理全缉私营人员招募、训练、缉务、人事等事务。下面每营设管带、督队官一人，均对统领负责。营设前、后、左、右、中五队，队设队官一人，队长二人，排长一人。队官听从管带节制，受管带指挥。

长芦缉私营设有统领部，设有统领官1员、执法官1员、执事官1员，另外还有正文案、总收支、会记员、稽查员、军医官、司事、清书、枪匠、辎重车夫、备补兵、长夫等，统领部驻扎天津南开村。统领为缉私

---

① 《长芦盐运使公署、盐务稽核分所巡视员服务规则》，河北省档案馆藏档案，卷宗号680－11－1375。

营最高长官，受长芦盐运使节制与督察。长芦运使秉承盐务署命令，督察所辖地方盐务缉私营一切事务，对于缉私营队有节制调遣之权，对于统领所发号令、处分事宜，认为违法侵权或妨害行政事实显著者，可以知会统领即予撤销。

按照 1915 年盐务署颁布的《各省盐运使运副及缉私营办事权限章程》规定，缉私统领对缉私事务负有全权处理责任，并拥有缉私营人事任免调动权力。该章程规定："统领对于缉私事宜负完全责任，所有员弁兵丁之赏罚进退，悉由统领主持。但任用员弁，须选长于缉私、经验素著人员，不得滥竽充数，应随时报由督察长核明，汇详盐务署。"除此之外，缉私统领对缉私营缉私行动中所获私盐及附属物品处置应上报盐运使查核，章程规定："统领于所辖缉私营队之巡缉情形及缉获私盐数目，须随时报明督察长或督察官查核办理，统由督察长按月汇详盐务署。若系重大事件并即随时详报。"另外，统领与各级地方官及其他盐务机关在处理相关事宜时，要禀明运使或运副。但遇紧急情况时，可以直接与之共同处置，事后再行告知运使、运副："统领对于地方官及各场知事，并别项盐务机关，遇有商办事件，须报明督察长或督察官，以盐运使或运副名义转行其地方官等。对于统领亦如之。但事关紧急，须立时直接商办；或在省巡缉，遇有大帮私枭拒捕特别困难情形，亟须兵力协助者，其对于将军、巡按使，得用详或电禀；对于地方官等，得径以公函文电往来。仍各以督察长或督察官及盐运使或运副存查。"①

在缉私营日常缉私事务上，长芦缉私统领负责指挥协调缉私营各营队的驻扎地点、兵员设置、轮换调拨、勤惰考绩等。各营、队官长负责本营官兵各种缉私事务，同时听候统领调遣。缉私统领一般要根据私盐流通程度、交通情况、各地产私规律来设置营队驻扎地点、兵员数目、营队军种等。步队分驻各滩坨，多系产、储地点，还有各处海私出没或硝私要道；马队驻扎在各县出产硝盐最严重的县区，负责查缉盐池淋地，并负责兼查邻近县区私盐情况。各营队驻扎地点并不是一成不变的，而是经常随着缉私任务的变化随时调拨。各营遇到其防区内发生重大或紧急情况，要呈报缉私统领，由缉私统领负责调拨营队处置。

① 本段中引文均出自《饬　黄字第二百八十六号　盐务署饬第 1132 号》，河北省档案馆藏档案，卷宗号 680－7－1506。

在平时工作中，各地盐店、滩坨或芦纲经常会因为遭遇私硝充斥、匪徒打劫等事情，就向长芦运使请求调拨缉私营队协助处置，长芦运使也一般会根据情况缓急命令长芦缉私统领调队前往协同处理。但缉私统领并不一定完全按照长芦运使命令执行，往往借口兵员不敷分配、距离遥远、经费不足等加以婉拒。所以，长芦缉私营统领对缉私营是全权指挥，运使的节制权限并不能完全实施。

由此看来，缉私营统领对缉私营拥有相对独立的指挥权。缉私营虽为长芦运署下属机构，但由于缉私统领一般由北洋政要任命，且人选一般为北洋政要亲信或亲属，又拥兵自重，所以实际上并不完全听从运使调配。这就使得缉私营缉务及纪律缺乏有效监督与管理，仅仅靠缉私营官兵的自律自觉来维持缉务，会造成缉私营缉务懈怠松散，影响缉私效果。

北洋军阀统治时期，时局变幻多端，中央政府更迭频繁。随着时局的不断变幻，长芦缉私营统领也屡有更动。缉私营第一任统领为宋明善，袁世凯任直隶总督时，宋为袁亲兵护卫，后受袁世凯指派，担任长芦缉私营统领。1913年，兼任两淮缉私统领。宋一人兼任两重要盐区缉私营统领，显赫一时。1916年6月袁世凯死后，北京政府实权基本由皖系军阀段祺瑞把持。原为段祺瑞部下的季光恩担任长芦缉私营统领。宋明善调任两浙缉私统领。1920年，直皖战争爆发，皖系失败，季光恩失去靠山，弃职回家。

皖系失败后，北京政府财政部把宋明善从两浙缉私统领调回，继任长芦缉私统领，后遭人算计，被直隶督军兼四省经略使曹锟免去统领职务，委白恩荣暂行代理。宋明善进退无路，气愤而终。

白恩荣到任后，保荐李连仲为长芦缉私帮统，兼马后营管带。1924年9月，第二次直奉战争爆发，曹吴失败，白恩荣即时引退，并保荐李连仲继任统领，得到北京政府财政部照准。

在李连仲尚未上任之时，奉军入关，时任长芦运使的张廷谔求先遣军头目李际春为其保留运使一职。李即提出交换条件，委其胞弟李宏春为长芦缉私统领。二人密谋以李宏春取代李连仲蒙混过去。后被天津镇守使兼直隶军务督办公署参谋长李爽垲获悉，遂向督办李景林告密。李景林大怒，立即派其侄李书凤带兵包围李宏春住宅，追回统领关防。此距李宏春上任刚满18天。

事后，张廷谔仓皇离职而去，李景林即委张同礼为长芦运使，李书凤兼任长芦缉私统领。李连仲因空缺无着，遂联系曾任长芦运使的段永彬（段芝贵三弟）结交张作霖把兄弟刘金标，希望由刘出任长芦缉私统领，赶走李书凤。李景林不敢得罪张作霖，只能劝李书凤让出位置。刘金标接任统领位置。至1924年10月，冯玉祥发动北京政变，囚禁曹锟，直系失败。刘金标也随后下台。

1926年，山东省军务督办张宗昌与李景林组成直鲁联军，反攻直隶。褚玉璞出任直隶省军务督办。委任张运良兼任长芦缉私统领，不久又令张兼任他职。张无暇顾及长芦缉私统领职务，褚玉璞改任徐孟起为缉私统领。1928年，国民革命军北伐成功，褚玉璞兵败下野。徐孟起亦随之下台。①

这样，长芦缉私营成为了民国初年风云变幻形势的展示台、见证者。"城头变幻大王旗"，从长芦缉私营成立到1928年的18年间，长芦缉私统领一职随着当时政局的变幻而变化，共经历了10任缉私统领。由于统领一职频频更换，除了宋明善任职时间较长（14年，含盐巡营时期）外，别人均如走马灯般更换。所以对长芦缉私营的管理势必形成不利影响。更引发营纪混乱，财政乱象频出。

综上所述，北洋政府时期，长芦缉私营的上级领导系统主要由外国人控制的长芦盐务稽核分所和长芦盐运使组成，实行二元制领导体制。在这个体制中，长芦稽核分所占主导地位。由此反映了半殖民地半封建社会在缉私营身上打下的烙印。在其内部指挥系统中，缉私营统领占据全权地位，凸显了典型的"人治"特征。并且由于政局动荡因素，缉私营统领经常更换，更使缉私管理造成恶劣影响，从而直接影响了其缉私效果。

---

① 赵文光回忆录：《长芦缉私十一人统领更迭的内幕见闻》，载丁长清编《近代长芦盐务》，中国文史出版社2001年版，第220—227页。

# 第三章　长芦缉私营的后勤保障

后勤保障情形，直接关系军队的作战能力、内在心理因素和战斗士气，是制约军队建设与发展的重要因素之一。长芦缉私营建制是仿照清末新军军制，给养保障也模仿了新军的部分后勤建制，比如统领部设有枪匠、辎重车夫、医官、长夫等负责营队后勤保障的兵种，马前营、马后营设有军医生和马医生等负责营队卫生救治兵种。但又不具备新军后勤组织那样较独立、较健全的后勤保障系统。正是当时缉私营的这种陆军编制兼警察职责的不确定身份及两兼定位，使得缉私营的给养保障体制也具有了双重特征。长芦缉私营经费是长芦盐区各项经费开支中的大宗。"善后大借款"后，北洋政府财政部下设盐务稽核总所，长芦盐区设立了长芦盐务稽核分所及丰财和芦台稽核支所。在稽核所的监督与控制下，长芦缉私营的经费及各项开支管理经过了一系列的改革，逐步走向规范化、精简化。并且，稽核所对缉私经费的控制也使缉私营营制发生了一系列的变化。

## 第一节　缉私营的经费保障

长芦盐区负责盐务缉私的组织，按照经费提供主体来划分，可分为三类：一类是盐务署命令设置、财政部出具经费、由盐款项下开支的长芦缉私营，包括步前营、步后营、步左营、马前营、巡河炮船等，其职责范围是保护长芦盐斤产制、配运、行盐安全及巡缉直隶、河南两省引岸的私盐，为了下文叙述方便，可称为"官费缉私营"；一类是芦纲全体盐商均摊经费、隶属缉私营管理的长芦缉私马后营，其职责范围与缉私营一样，可称为"商费缉私营"；一类是由各盐号出资经办的商汛，又称为"盐巡"，受盐商管理，其职责范围是维护各盐店引岸范围内的销售、查缉其范围内的私盐。本书以考察前两种组织的经费体制为主。

### 一    "官费缉私营"经费保障

北洋政府时期，长芦缉私营步前营、步后营、步左营、马前营、飞舰、飞艇轮船、巡河炮船等官兵薪饷及公费等项开支，均是由北洋财政部供应、在盐款项下开支、由盐务筹备处（后改为盐务署）[①] 核发。盐务署把各营薪金及办公经费按月拨发给长芦盐运使，运使发给长芦缉私营统领，再由统领分发给长芦缉私各营，管带再分发给各棚官兵。"官费缉私营"经费保障与新军有所相似的就是盐款项下开支的经费保障非常充足，很少发生经费短缺和延迟的事情。

进入民国以后，缉私营经费供应体制中最具特色的是由洋人操纵的盐务稽核所插手缉私营经费管理。1913 年 4 月，袁世凯与五国银行团签订的"善后大借款"合同以中国盐税为抵押。在五国银行团及其政府的压力下，北洋政府被迫同意设立盐务稽核所，任用外国人参与管理中国盐务。1913 年 1 月，财政部制定的《盐务稽核造报所章程》规定，在财政部下设盐务稽核造报总所，在各主要盐区设稽核造报分所。长芦盐务稽核分所成立于 1913 年 4 月，设立于天津，为全国 13 处分所之一。首任华人经理严璩（严复长子），洋人协理为日本人郑永昌。是年 11 月，设立丰财、芦台稽核支所。

后来，在五国代表的干预下，《盐务稽核造报所章程》按照双方的意思进行了修改。1913 年 10 月 26 日，新修订的《盐务署稽核总所章程》规定，盐务稽核总所的职权范围，是"审核所有一切盐款收支账目，以及凡为政府一切收买存储转运及销售盐斤之收支，并于呈报财政总长后，将该项收支按季造报颁布"[②]；《盐务署稽核分所章程》规定盐务稽核分所负责监理发给盐商引票和准单，可征收一切盐税盐课及各费，并监督他处征收上列各费及负责在盐区放盐、监督运使或运署所属人员等职权。[③] 鉴

---

① 1913 年 1 月，财政部内设立盐务筹备处与稽核造报所，将全国盐务收归中央掌握，统一事权。该年 9 月将盐务筹备处改为盐务署，稽核造报所改为盐务稽核总所。稽核所的职权主要是监督、审计盐税的稽核，同时负责领导盐务改革的一切事宜。

② 南开大学经济研究所经济史研究室编：《中国近代盐务史资料选辑》第 1 卷，南开大学出版社 1985 年版，第 149 页。

③ 同上书，第 150—151 页。

于此，长芦缉私营的经费及各项开支全部置于盐务稽核总所和长芦稽核分所的监控之下。按照当时相关规章规定，缉私营应受长芦运使领导、管理，对运使负责。但特殊的条件和特定的时期，稽核所反客为主，对长芦缉私营包括经费在内的多项事务进行管理，反而使依照相关章程对缉私营有全面管理之权的长芦运使成为辅助管理者。

（一）民国初年缉私营经费的裁减

稽核总所和长芦稽核分所插手长芦缉私营经费管理的第一件事情，就是核定裁减缉私营经费数目。1912 年，长芦缉私营的经费数额为银111429 元。到 1913 年，缉私营经费经常门原列 417202 元。① 经财政部复核，梁士诒认为经费增长过巨，下令裁减缉私营经费 10 万元，为 317202元，稽核总所也插手此事的处理。长芦盐运使杨寿枏接到这个命令后，因担心缉私事务受到影响，并不十分情愿。表示"惟芦属直豫两岸共计一百八十余县，地多斥卤，素产硝盐。加以邻私浸灌，缉私最关紧要，原有马步三营数棚，已属不敷分布，若核减经费十万，必须得兵额饷章大加裁减，地广兵单，尤恐滞销亏课。且目前时局未定，不得不倍加慎重……"所以，杨寿枏授意缉私营统领宋明善"缘盐务已设稽核所，与地方款项不同，恐一经减定，稽核所即按照办理，不易更改也"②。"财政部已将核减该营之数送稽核总所，为总所照部减之数开支，窒碍必多，请速收该营自行核减之数呈部，并详叙为难情况，转知稽核总所。"③ 1913 年 8 月 17日，长芦缉私营统领宋明善即陈明，难于按照财政部要求裁减，只裁减了经常门、临时门经费共 28520.165 元④。

面对宋明善的延宕敷衍，盐务筹备处态度强硬，表示必须按照要求裁减经费。于 1913 年 9 月 14 日，命令杨寿枏，两淮正拟增募缉私兵，长芦缉私营不能裁减经费即裁撤兵员人数。⑤ 9 月 26 日，统领宋明善又一次抗争，陈述了缉私经费难裁、缉私巡兵难撤的各种理由。⑥ 财政部仍不接

---

① 以上两个数字均摘自《（信函）司长阁下敬肃者八月二十五号接奉公函内开》，河北省档案馆藏档案，卷宗号 680 - 7 - 845。

② 《函请盐务筹备处暂缓裁定缉私营经费　第一百四十六号》，河北省档案馆藏档案，卷宗号 680 - 7 - 845。

③ 《长芦缉私营裁减经费说明书》，河北省档案馆藏档案，卷宗号 680 - 7 - 845。

④ 同上。

⑤ 《地字第 286 号》，河北省档案馆藏档案，卷宗号 680 - 7 - 845。

⑥ 《长芦缉私营呈长芦盐运使》，河北省档案馆藏档案，卷宗号 680 - 7 - 845。

受，表示必须按照原计划裁减。在这种情况下，长芦盐运使及缉私统领无计可施，只好采取两种办法裁减经费：一是对缉私营步巡兵、马巡兵、马头目、备补兵、伙夫、马夫、长夫、枪匠、车夫、炮船头目、炮船驾兵的士兵的每月薪饷酌加裁减；[①] 二是裁撤一些步巡兵人数，共裁步巡兵130名，拨赴两淮盐区。与兵弁薪饷减少相对照的是，步头目的月饷及马乾都略有增加。[②] 到1913年10月，长芦缉私营裁减经费得到落实。从此之后，一直到1928年，只有宋明善因为兼任长芦及两淮盐区缉私营统领薪俸曾经增长，长芦缉私营其他各官长的薪俸一直未发生变动。有所变动的是巡兵、驾兵、步马头目、枪匠、正副舵、油工、火工、水手、伙夫、司机、司舵、管油、升火、马夫、辎重车夫等这些下级军官及各军种普通士兵的薪饷，他们的薪俸均被裁减，由8元下降至3元、6元下降至1元不等，薪俸在当时各兵种中算是比较低的。

对这次裁减，运使杨寿枏也颇感无奈，只得安慰统领宋明善："缉私地广兵单，续减此数，具见执事于无可设法之中，力求节减，殊深佩慰，缉私事宜关系重要，本不应过事裁减，惟部中核减预算为数甚巨，纵不能照减，亦须极力设法，以勉复中央减政主义。现部核预算已行司遵办，贵营续减之二万一千二百余元，虽极为难，只能照裁。此外实在不能再裁，应由弟将尊处为难情形代呈大部……"[③] 这次裁减，对减少缉私营一些冗兵冗员现象、精兵简政是有益处的。1914年，缉私营官兵从以前的3100多人减至2700人左右，以后一直保持人员数目的基本稳定，缉私营工作效率亦有所提高。

1913年9月16日，长芦运使在致缉私营宋统领的函中称："长芦自课税改收银元后，现在各机关已一律改用银圆，为国家将来划一币制之预备。贵营薪饷各项报部预算册，本系以银元列计。惟按月支放时，仍随市作价，市价涨落无定。核算既费手续，即将来造报，亦未易与预算符合。故拟自下月起，一律改以银元发放，其以银元或以元计。"[④] 1913年10月起，缉私营发放薪饷，一律改用银圆，避免了官兵月薪随银两市价涨落发

---

① 《计开》，河北省档案馆藏档案，卷宗号680 - 7 - 845。

② 同上。

③ 《长芦运使函长芦缉私营统领》，河北省档案馆藏档案，卷宗号680 - 7 - 845。

④ 《长芦运使致缉私营宋统领函　第一百八十一号》，河北省档案馆藏档案，卷宗号680 - 7 - 847。

放而受到影响，以及预算不便作出等情形，使得缉私营经费管理更加简化、便捷。

（二）缉私营经费管理制度的确立

1. 近代化经费管理模式的形成

盐务稽核总所和长芦稽核分所成立之前，缉私营经费为长芦盐区经费开支中的最大宗。缉私营官兵的薪俸开支水平在当时是比较高的，年终津贴、旅费、杂费等基本上是随报随销，并无稽查、审核办法；军服、枪支弹药按缉私营所报官兵数目发放；房屋维修、船舰维修费用基本上也是按缉私营所报额数支付；对缉获私盐变价，长芦运使根本不了解缉私营每年所获私盐数目，更遑论其变价额数。缉私营上报长芦运署的账目，也一般只是造具"旧有、新收、开除、实在"四柱清册，每项花费只列其每月的花费总数，并无细目。各项花销均由缉私营自说自报，无须收据等凭据。① 所以，原来缉私营的经费开支基本处于一种极度松散、缺乏监管、混乱糊涂的状态。

1914 年 3 月，稽核总所和长芦稽核分所发现长芦缉私营薪饷请领上存在很大问题："宋统领管辖之缉私营照请领薪饷表，每月应发二万五千二十六元二角六分。惟二年五月二十一日起至六月三十日止，共发薪俸三万三千二百二十一元一角二分。五月二十一日至三十一日止平均计发八千九百十二元九角六分。六月份发二万四千三百八元一角三分。七月份发二万二千五百五十五元八角二分。八月份照宋统领交来表内所载，应发二万一千二百五十四元八角六分。九月份应发二万一千二百五十四元八角六分。照以上所列实发数与请领表每月约少二三千元。兹先将长芦各场所及各坨滩缉私人数不归宋统领节制者开单送核等语，场坨各处巡警既非送军管辖，应即裁遣，由宋统领派缉私营兵弁充之。该兵弁即归坨务长及洋员古塞额节制，薪饷亦照定额送坨务长与古塞额会签各等情。查宋统领所部之缉私营饷，前次屡以不敷开支高言。兹据该分所呈称由该统领领支六七八九等月薪饷，实较预算款目为少，是前此之浮支可知。"② 1915 年 10 月，盐务署曾派委员王敦敏赴芦、东、淮、浙等地调查缉私办理情形。调查员也发现了长芦缉私营账目混乱、浮支虚报情况，据王敦敏称："至其

---

① 《长芦缉私营账目情况参阅》，河北省档案馆藏档案，卷宗号 680－7－609。

② 《长芦盐运司训令 第一百三十一号》，河北省档案馆藏档案，卷宗号 680－16－79。

开支额项一节，经调查其全部营制饷章细则，逐款核算，每年共支款三十八万八千零八十元，与钧部前发之营制饷章清单，每年支款四十八万五百三十九元七角八分四厘，两相比较，约多支十万有零。至该营所管军衣，在宋统领所开之军衣庄内设法调查，每年约需洋二万四千余元，核计仍多支七万五千余元，不知其是何用项。嗣经秘密访查，该统领部本年二月份报销共活支款项，有办公购置文具、消耗杂支、杂费等项，又有所设营造修缮、慰劳卹赏、房租地租、旅费及特别旅费等种种名目，是否即系此多支之数，未曾目观，难以臆断。此长芦缉私营队之实在情形也。"① 缉私营经费乱象由此可见一斑。

在这种情形下，稽核所对长芦缉私营经费管理的第二件事情，也是最为重要的一项，即是为长芦缉私营逐步建立起一套比较严格、详尽的管理制度，对其各种经费开支进行严格、认真的监督与控制。稽核总所成立之初，即在广泛调查各盐区经费使用情况后，于 1913 年 8 月制定了盐务各机关用款规则，主要内容如下：

（一）关于经常各费，难载入预算册，然未经总会办核准不得任意开支。凡应支各款须预先呈由总会办，定其是否必需者，斟酌核准。再此次通函如有忽视之处，即为各该分所员司是问，此意总会办愿各分所员司一律知悉。

（二）每月额定之开支，如俸给一项，须将场务所（缉私在内）暨在其所属区域内各盐务局、所，所用之员司及一切由盐款开支之人员，列详细俸给表呈核，该表内应分款目如下：

甲：运署所用职员；

乙：分所所用职员；

丙：附于盐场之各局所及掣验局等；

丁：缉私；

戊：用盐款开办之局所（每局须分款细列）。

（三）该俸给表须照缮华、英文各一份，所有任用之员司弁役，虽暂用之人，未经核准者，均须一一详列，并详加说明，以期划一而

---

① 《财政总长兼盐务署督办周谨呈为派员调查芦东淮浙缉私办理情形》，河北省档案馆藏档案，卷宗号 680 - 26 - 679。

便核准。

（四）俸给表呈由总会办核准，以后则每月所需之款，可由经协理由中国政府盐款项下照拨，并填写领单为凭。如员司有缺额者，所余之款当仍归还政府，不得列入领单，并应通知存盐款之各银行。照支票支此项款时，其数目须在每月额定数目之内。若金库由分所掌管者，即由该分所自行由金库内支取，所填领单应送一份至总所，以备稽核。按借款合同所载，盐款只能由总会办支拨或由总会办以专令饬拨，但现时仍应将支票送分所签字、交由运司拨款。

（五）凡呈候核示之俸给表内，应将各员以前所支薪额及现定发之薪额统皆列入。

（六）每月薪水均于下月一日发，不得于是日以前支给。如贵分所以前有早发薪水之习惯，则于此九月起须一律停止。凡习惯预发薪水之处，亦可将九月份薪水预发半月，其余一半待至十月一日发给。

（七）关于办公费（旅费修缮在内），每月需款若干应细分款目，编成概算呈请核准，于全年办公费数目规定之后，则办公费单内应按该数目内开列呈由总所核准后，由政府盐款下照拨，并于每月月终应缮具决算清册，并是月内所支款项在五元以上者，各凭条送交总所查对，如查有妄费及未经核准而支之款，应由负责任之员司薪俸内扣除。

（八）膳费如系以前核准者月共若干，应按口计算至员司；因公病故其丧费，若未经总会办特别核准者，不得由该盐务局所发给。

（九）旅费：于旅行事毕之后，开具清单呈送总所查核，经核准后再由盐款项下支拨。①

由此可见，盐务稽核总所对包括缉私营在内的各盐务机关经费开支的监管是极为严格的，包括薪俸、办公经费、膳费、旅费等经常费用没有总会办核准，一律不得随意开支。对于各机关支领各种费用，也有了相关限制、规定，使得包括缉私营在内的各机关用款开始规范化。

如果各盐务机关未能按照上述规定按时依式完成有关经费项目的造报请领，造成后果即由各机关承担，稽核所则绝不迁就姑息、法外开恩。关

---

① 《长芦盐运司训令第81号》，河北省档案馆藏档案，卷宗号680-26-1131。

于延拨各局所司员俸给暨盐巡薪饷，以及办公费等款事项，稽核总所总会办曾明白宣示说："所以拨款迁延之故，全由各运司未将正当之司员俸给表与办公费之概算送所核准，且有时因欲滥支国家公款而致。请参观本所民国二年八月二十六日第六号通函并十月十七日第十六号通函，若照此项训令办理发款，当不致迁延。"① 这样，在经费管理上，各级稽核所秉公办事、铁面无私、不徇私情，规定一旦下发，即会按律执行，不打折扣。对此，财政部也表示支持："该两函（指民国二年8月26日'第六号通函'和10月17日'第十六号通函'——作者注）所订各项条文均尚平实易行，并非苛例。该运司等如均照此办理，所有按月经费自可无留阻之虞，……凡已经照办者，应仍查照赓续进行；其未经照办者，嗣后务须按此恪切将事。"②

稽核所对盐务各机关用款的严格审核监督，开启了缉私营建立规范的财务管理制度的先河。正如长芦运使杨寿枏所称："本署自奉设稽核造报分所以后，于支出款项监督綦严。近准函送总所核订收据月结各式，精密异常。又自审计分处成立，叠准函布章程格式，条理纷繁。究其要旨，不外于各种款目用途务求确当。"③ 为了使盐务各机关经费开支更加规范、精确，稽核造报所还下设了审计处，以监督各机关的实际用款情形。1913年11月，长芦运署向长芦各机关下发了稽核所和审计处制定的"稽核总所核定俸薪收据单""办公杂费收据单""每月支出概算单式""收支款目月结清单"及按照审计处章程拟订的"领款总收据联单""审计分处领款凭单式""补领凭单式""薪俸收据式"等。而这样规范细致的经费开支制度及单式在长芦盐政史上是从未有过的，以至于长芦盐务各机关，包括缉私营在内，起初根本弄不懂这些精细规范的单据和表格，运使杨寿枏也只得承认："而事属创办，各处承办未得要领，几若无所适从。自应规定画一章程，以为提挈纲领之用，庶办法不致歧误，领款亦免稽迟。"④

为了使长芦盐务各机关经费支出与稽核所所定办法接轨，长芦运使制定了《慎重支出概算章程（六条）》，要求"嗣后各局、所长务须体念时

---

①　《长芦盐运司训令第81号》，河北省档案馆藏档案，卷宗号680－26－1131。

②　同上。

③　《长芦盐运司训令第1112号》，河北省档案馆藏档案，卷宗号680－26－1131。

④　同上。

艰，制节谨度，于用人购物一切费用，一一遵照此次所发章程办理"①。
该章程分别制定了对长芦稽核造报分所（即后来的长芦稽核分所）所规
定事宜和长芦审计分处所规定事宜的贯彻办法。其中，对稽核造报分所的
规定，运司命令所属各机关每月领薪必须编制概算并送运司审核；对应领
办公杂费等月初列出估算清单、月终按收据或经手人签字盖章凭证按月结
清；临时用款须先呈运司核准、送支所签字盖章；各机关如有浮滥之款，
查实后应责成各主管担负完全责任；还详细规定了长芦各机关 1913 年
8—9 月薪俸办公经费支领办法。对审计分处的规定，运司制定了以下执
行方法：各机关每月薪俸办公杂费要于上月 15 日前造具概算册呈司，
"册式虽与分所核订单式不同，数目必须相符，并填领款凭单送司核定转
送审计分处覆核，一面颁给发款，命令该机关，奉到发款命令后即填领款
总收据，送司汇送审计分处查核"。② 有关邮寄物品和拍发电报经费及报
表格式和办法也作了详尽规定；有关房屋租赁，不仅得详细呈明租赁事
宜，每月领款时还须有房东收条为凭证；普通修缮费用和旅费要每月编具
概算，月终详细编制决算送分所查验后领款支用；临时发生费用要呈先开
具估单呈运司核准，送审计分处，再送稽核分所签发；对于员役薪工收
据、商店验货清单及零星杂支无收据等类决算应按 1913 年 4 月份审计处
规定办理；另外还规定了员役请假、浮领工薪、节省用度等事宜处置
办法。

　　长芦盐区虽然存在了千百年，但如此详尽、规范、细致的财务管理制
度却从未出现过。原来各机关经费开支制度与稽核所所定规范相去甚远，
所以，对于长芦缉私营来说，经费管理体制的形成是一个困难重重、缓慢
行进但不断取得进展的过程。直到 1917 年，盐务稽核总所调查委员陆兆
初、长芦分所协理郑永昌等调查长芦缉私营账目时，其账目情况仍然不能
令人满意。陆兆初等人的报告中称："该司令部各账目皆甚简略，除支发
本处每月各项用款外，不过将由运司领来各款转发各营而已。委员等对于
该司令部各账，并无何项非议。惟嫌其太欠详细，其发给各营之款项，登
于账目内只有总数一项，并不分别各款系何种支款。"③ 稽核所为了加强

　　① 《长芦盐运司训令第 1112 号》，河北省档案馆藏档案，卷宗号 680 - 26 - 1131。
　　② 《长芦盐运司训令第 1112 号》（附件），河北省档案馆藏档案，卷宗号 680 - 26 - 1131。
　　③ 《调查缉私营账目报告书》，河北省档案馆藏档案，卷宗号 680 - 26 - 795。

对缉私营各种开支的监督与控制，不断出台各种规定，上到大宗经费花项、下到一种报表单据格式的填写方法，稽核所都作了明确规定和说明，引导督促包括长芦缉私营在内的长芦盐务各机关经费管理的规范化。在盐务稽核总所和长芦盐务稽核分所坚持不辍的督励和赏罚严明、严格细致的规范引导下，使得包括长芦缉私营在内的长芦盐务各机关的经费开支逐步走向制度化、规范化的轨道。以前的种种浮支滥报、账目不明等弊端得以逐步改变。

2. 各种用费管理制度的形成

在经费管理制度改革过程，稽核总所和长芦稽核分所对缉私营的公费、薪饷、津贴、马干、柴价、旅费、修理船费、年终慰劳金、军衣费用、枪械费用、私盐变价、杂费等各项费用的数目、用途、实支等项都进行了严格细致的监督与控制。命令缉私营将各项费用都以一定的公文格式、表式等按期进行严格上报。为了对缉私营的经费开支情形进行精确量化计算和增裁，长芦稽核分所要求缉私营统领及各官佐依规制定巡缉记录、私盐月报、经费预算、决算等表式定期上报，以便查验。1918年，盐务稽核总所就缉私营薪饷马干、旅费、驻扎处所、获私数目等事又作了明确规定。在薪饷管理上，规定各营账目要迅速改为一律格式，以便稽核。缉私人员及兵士薪额，暂仍其旧，不做更改；以后缉私营经费总额不能予以增加，如要增加各官兵薪额，则须将巡兵数目酌量裁减。对于马干，各营管带在每月具领之时，须证明马匹足数且肥壮可供公用。驻扎沧县、滦县、开封及顺德等处各缉私营，每月之经费，嗣后应由天津银行汇解，不必再由各管带亲自或派员带同巡兵赴南开司令部领取。

在旅费管理上，根据缉私营各官佐目兵职务的不同，旅费的每日津贴、出差距离远近等也有相应规定，1918年7月1日起执行。对于马后营的出差津贴，每月固定500元，不予增加。如遇特殊情形，得由经协理酌情处置。但每月额外费用总额不能超过300元。如乘坐火车，"应照下开各节办理：（一）统领执法官及各营管带均按头等车费折半发还。（二）收支员、会计员、稽查员及棚头以上其他各项人员均按二等车费折半发还。（三）棚头马弁及巡兵等均按三等车费折半发还"。各管带因公出差，还要将出行日期及拟办事务，呈报统领，办事完毕还要呈报归营日期，并报稽核分所备案。①

　　另外，在修理船费、年终慰劳金、军备费用、私盐变价、杂费等方面，稽核所都作了相应规定，使其在日常实施中，变得有章可循、有法可依，形成了较正规、较完善的用费制度。

　　稽核所在出台这样针对性强、细致性高的规定基础上，还推动盐务署、财政部制定了一些"章程"等法律效力更高的文件，来约束、规范包括缉私营在内的盐务各机关的经费开支行为。1914年6月，财政部颁布了《盐务署旅费规则》②，盐务署颁发了《运使旅费章程》《课员书记等之旅费章程》《卫队等之旅费章程》③，等等。

　　稽核总所、长芦稽核分所对缉私各营经费进行了严格控制，这不仅体现在对经费预算决算的严格审核上，还体现在对超出预算经费的严厉惩治上。在1915年12月份石碑场署经费开支超过了额定数目，稽核总所令石碑场各主管"均行垫补"④，长芦稽核分所不再核转所超费用。并且规定以后各机关用款超限都要照此处置，由各主管自行垫补："自兹以后，各机关用款账目凡查有超过额数之处，皆应驳还不准各等因，并饬询本分所签发各机关用款办法。奉此当即函请运使转饬各机关，嗣后不准再有超过额数之用款。其已用逾额之款数，应由各该主管员自行垫补，并将本分所此后不能核转各机关超过额数之用款账目一事，一并函请运使转饬遵办矣。"⑤

　　3. 用款稽查制度的形成

　　盐务稽核总所和各盐区分所对包括缉私营在内盐务各机关的用款，并不只停留在出台规定、章程、办法层面上。为了使盐款的使用达到精当确实、用不虚糜、清除腐败的目的，稽核所还试图建立其一套盐务机关用款稽查制度。为此，除了制定各种政策法规、规定各种办法和措施外，还定期派出人员跟踪调查缉私营的经费使用情况。1916年，长芦盐运使公署、盐务稽核分所会同制定了《长芦盐运使公署、盐务稽核分所巡视员服务

---

　　① 《抄录总所七年六月七日第一四九〇号复函》，河北省档案馆藏档案，卷宗号680-22-586。

　　② 《长芦盐运司训令第235号》，河北省档案馆藏档案，卷宗号680-26-659。

　　③ 《长芦盐运使饬第58号》，河北省档案馆藏档案，卷宗号680-26-659。

　　④ 《长芦丰财场公署，饬第55号》，河北省档案馆藏档案，卷宗号680-19-47。

　　⑤ 同上。

规则》①，依照此规则规定，长芦运署及稽核分所均可派员巡视盐务，"本署、所巡视员巡视盐务或奉派调查关于事项，除公务员服务法令别有规定外，对于本规则应遵守之"。巡查区域为"冀岸盐务暂分为四区，由巡视员分任巡视事宜，于必要时得互相更调，并另派他员复查"。巡视员的巡视内容涉及官盐销售、盐店售盐情况、滩坨事宜、硝盐产销状况及查缉办法、缉私营训练、缉务、私盐处置及各行政、稽核、缉私三机关工作情况等涉及盐务的产、运、销、税、缉情况。

对于巡查结果，巡视员要编具成文或以图表方式，上报运署或稽核分所："巡视员除奉派调查特别事件应专案具复外，对于应行整顿改良事项，须叙述现在情形及改良方法，一一详载报告书中，报告书得分章段，以醒眉目。前项报告事项有文字所不能表明者，须择要绘成图表或撮成影片"；"巡视员应将巡视所得之结果，随时制成改革方案，分呈署所核夺施行"。

对于巡视员巡视纪律，此规则也有详细规定："巡视员绝对不得收受商民及被调查人员之任何馈赠及招待""巡视员对于奉派调查特别事项应探本究源，以明确方法负责具复，不得含糊模棱，其已经巡视之地方或奉派查复事项，有发现不尽不实情弊时，应按其情节轻重，将原巡视员分别予以处分，但巡视员如经人具名按正当手续告发者，应由本署所派员复查核办。巡视员每到达一处，应题名于各机关之巡视簿上，将到达及离开日期暨巡视任务分别填明一面将到达离开日期及转往他处行程填具报告单邮呈署所。""巡视员如查得人员确有违法重大情节，其月薪在百元及百元以下者，恐有畏罪脱逃时，得斟酌情形，予以相当紧急处分，同时呈报署所核示办理。"

另外，巡视员还负有搜集盐务图籍之责："巡视员平时对于盐务图籍（盐政实录、芦盐要览、盐务汇刊、稽核所年报、盐务法令、统计图表等）应悉心研究，关于应行兴革事宜得随时条陈意见，呈候本署所采择施行。"调查人员要把调查结果汇编成文，上报稽核所。稽核所一般对调查委员的意见、建议都会特别重视，有些建议直接就被稽核总所和分所当成规章等下发各该处。对缉私营经费使用过程中出现的问题，调查稽核总

---

① 《长芦盐运使公署、盐务稽核分所巡视员服务规则》，河北省档案馆藏档案，卷宗号680 – 11 – 1375。

所或稽核分所会勒令其限期整改或做出各种针对性处置，一般各种问题都
会得到落实处理。

　　该办法制定之后，稽核分所多次派出巡视员调查长芦盐务各机关各项
事务。长芦缉私营经费开支体制也在这一次次调查与整改之后逐步走上正
规化运行道路。比如 1917 年，总所委员陆兆礽、长芦分所协理郑永昌奉
盐务稽核总所命令调查长芦缉私营账目开支情况。经过调查，缉私营在民
国六年各项用款情况逐一明晰，如表 3 - 1 所示。

表 3 - 1　　　　　　　长芦缉私营 1917 年各项用款一览　　　　　　单位：元

| 缉私全营 | | 马后营 | 共计 |
|---|---|---|---|
| 薪工 | 271848.00 | 52477.89 | 324325.89 |
| 租税 | 3420.08 | 1127.00 | 4547.08 |
| 房屋器具费及修缮费 | 846.10 | 28.80 | 874.90 |
| 船艇费及修缮费 | 2706.20 | 无 | 2706.20 |
| 船艇费 | 3128.04 | 无 | 3128.04 |
| 柴火费 | 8598.00 | 1560.00 | 10158.00 |
| 马干每匹每月 6.5 元 | 32370.00 | 25506.00 | 57876.00 |
| 耕牛喂养费共计 20 只 | 1560.00 | 无 | 1560.00 |
| 杂支 | 1023.00 | 314.00 | 1337.00 |
| 号衣旗帜 | 23698.90 | 3965.35 | 27664.25 |
| 旅费 | 21083.09 | 8903.40 | 29986.49 |
| 测量费及年终加饷 | 8708.24 | 1822.50 | 10530.74 |
| 各项总数 | 378989.65 | 95704.94 | 474694.59 |

　　资料来源：《调查缉私营账目报告书》，河北省档案馆藏档案，卷宗号 680 - 26 - 795。

　　对上述缉私营用款情况，两委员向稽核总所一一作了详细报告说明：
"查上列账内以薪饷一项最为重要。长芦区内缉私全营员兵二千二百六十
九人，马后营四百三十二人，两号轮船两号巡船水手四十六人，共计二千
七百四十七人。各兵薪饷比较他区尚觉微薄，管带一员带领兵目约五百
人，每月薪俸不过一百七十三元，队官五十八元，队长二十六元，排长十
七元五角，头目九元五角，马兵八元五角，步兵八元。目下各员兵薪工自
应照旧支给，若将来如有整顿，再行支配之时，各员兵之薪饷似宜再行核

定，各员兵必须给予相当之薪饷，始足以示鼓励而尽厥职。"

　　对于房租及房屋船只修理费用，两委员根据实际情况进行评述："租费一项，所定之数或属过多，或觉太少。惟租价付款，均有收据可稽。房屋系租赁者，亦经调查数处，觉其价目尚属公道。房屋船只修理费一项，均奉总会办特别核准后，始行支用。而两号巡船平均每月经费二百六十元零六角七分，为数尚属适中。各项支款亦均有签字收据。各兵每月发给伙食之柴火费三角。"另外，二人对马干等费用是否落实表示怀疑。耕荒队业已解散，耕牛二十只业经售卖，此项喂养费可以减省下来。杂费，"包括恤金及夏季所用之药品费等项，至于号衣旗帜费一项，系奉总会办特别核准后始行购置。所有关于此项通告，亦均遵照此项支用。可信其均属正当"。①

　　两调查员在调查中发现了以下几个问题：第一，长芦缉私营账目过于简单；第二，缉私营账目均无"零支"一项；第三，长芦缉私营旅费为此次调查的重点，"长芦缉私营分布各产盐区域，各员分辖之地，往往一人管辖数百里之广。各员自应常往各处稽查兵目是否执行职务。查长芦区内缉私营巡缉一事与他区不同，各兵目当巡缉之时，常须离开驻扎地而住旅馆至数日之久。其出差津贴给予各员兵者，其数目向来与总所核定者相差颇远"。②

　　针对上述问题，两委员提出处置意见：第一，缉私营各营账目要统一格式。第二，对"零支"一项缺失，查清了原因——"缘文具邮电灯油及用水等零支用款均由统领及驻扎各处职员薪俸内支给，故各账中除各船供给费及旅费外，惟有薪俸工资柴火及马干费等项。"③ 第三，缉私营旅费标准进行统一。数额及详尽事宜均被稽核总所作为对缉私营旅费规章下发长芦缉私营，令其遵照执行。

　　通过上述各项措施，北洋政府时期，缉私营经费管理逐步形成了由盐务稽核总所和长芦稽核分所为主导来进行监督、控制的体制，逐步形成了规范化、精确化的管理模式。虽然稽核所的各项规章制度及措施不可能完全杜绝缉私营经费管理上的漏洞和弊端，但比起民国初年缉私营的经费使

---

① 《调查缉私营账目报告书》，河北省档案馆藏档案，卷宗号680－26－795。
② 同上。
③ 同上。

用情况，其改进的程度和效果还是非常显著的。缉私营规范化财务管理制度的确定，也是缉私营管理逐步走向近代化的真实写照。这种规范化经费管理体制的形成，对杜绝缉私营经费开支上的腐败、浪费现象，对于缉私营官兵军心稳定及缉私营后勤管理，还是具有重要意义的。

### 二 "商费缉私营"经费保障

马后营的经费保障与前述步营及马前营不同，经费由芦纲公所全体纲商按配筑盐包捐款项下提供，主要用于该营的编组及常年饷需、公费等开支，不足部分由盐务署筹拨。① 为了叙述方便，笔者将其称为"商费缉私营"。

由于长芦盐区硝私泛滥、地广兵单，1914 年 12 月 3 日，长芦缉私营统领宋明善奉盐务署署长命令，开始招募马营。到 1915 年 1 月，此队马营编组完成，定名为"马后营"。共募得缉私兵 394 名，购买马 300 匹。②

马后营的编组经费由芦纲公所全体纲商摊交。其中开办经费 16000元，全由长芦众商允认摊交。对于常年饷需及各营经费 99945.20 元，则由全体纲商按商盐包摊交银圆一角，每年可得银元 90000 余元。不足部分由盐务署筹拨。③ 马后营的马匹由目兵自购自带。不过，据长芦缉私统领宋明善称，士兵并无力购买马匹，只得由盐务署垫款购买："查长芦缉私步马各营队不敷调拨，曾请再添募马后营一营。按向章凡应募马兵必自购马匹，惟开招之时所招目兵皆贫穷乡民，恐其一时无力购买，故向章署长拟先借给马价银元一万二千元，以备目兵等购马之用，成营后再由目兵饷内陆续扣缴。"④ 以后，马营经费基本都由芦纲商人按筑盐数目摊派付捐。

马后营的经费开支名目繁多，种类齐全，与"官费缉私营"经费开销名目相同，表明马后营官兵待遇与其他缉私营兵相同。所不同的，就是经费来源不同，导致经费保障程度不同。每年近十万元的经费全由纲商担负，实属不赀，对芦纲商人来讲是一大负担。这也是商人们为了多赚取利

---

① 《详为遵饬编制马后营按全纲摊交银元数支配》，河北省档案馆藏档案，卷宗号 680 – 26 – 663。

② 同上。

③ 同上。

④ 《详为长芦添募马营拟请借给目兵购买马价》，河北省档案馆藏档案，卷宗号 680 – 26 – 663。

益，在盐中掺泥和水，使得官盐质次价高的原因之一。

但是，民国前期政局动荡不安，盐斤缺运或因私盐充斥，商人配筑盐斤不足，捐摊就不能正常进行。这导致马后营经费经常被拖欠。所以，马后营建立后不久，就面临经费短绌的窘境。详细情形如表 3－2 所示。

表 3－2　　　　　　1917 年至 1923 年马后营经费开支情况

| 年份 | 1917 | 1918 | 1919 | 1920 | 1921 | 1922 | 1923 | 统计 | 每年平均 |
|---|---|---|---|---|---|---|---|---|---|
| 由盐商供给额数 | 洋 84270 | 洋 95525 | 洋 95322 | 洋 80440 | 洋 95650 | 洋 83210 | 洋 90073 | 洋 624490 | 洋 89212 |
| 每年该营应支经费 | 洋 95706 | 洋 93701 | 洋 90921 | 洋 93978 | 洋 96435 | 洋 96088 | 洋 97120 | 洋 663949 | 洋 94849 |

　　资料来源："长芦盐务稽核分所呈总所，第 5068 号 呈覆缉私马队成绩及各方意见"，河北省档案馆藏档案，卷宗号 680－22－733。

由此看出，除了 1918 年、1919 年两年外，其他年份马后营经费一直处于亏短状态，多时一年短缺 1 万多元。缉私统领、盐运使为马后营经费不足经常向盐务署、稽核总所告急。为此，稽核总所、分所便建议裁撤兵员，盐运使认为长芦盐区广阔，缉私兵力本来就显单薄，如再行裁减，更难以维持局面："马后营成立之初，由芦商每盐一包捐洋一角作为饷款。成立后先驻河南，后调直隶，分扎各处共防地二十余所。历经平毁盐池、缉获私盐，颇著成效，均经呈报有案。直隶产私地方几占全省之半，马队仅有一营，实苦不敷分布。若再稍事裁减，则兵力更觉单薄，诚恐枭匪乘际而起，于销额税收必有莫大影响。"[①] 长芦盐运使对稽核总所和分所不顾时局的变幻、不顾长芦盐区的实际情形，急于甩掉马后营这个包袱，动辄提议裁减马后营的做法也很是不满："自民国十年，商运稍减，饷款不敷。稽核分所屡经提议，不愿垫发。至十三年蒙钧署呈准盐务署，每芦盐一包加捐一分五厘，施行之后与饷款尚足相抵。近一二年，因军事未完，道路梗阻，商运减去大半，故营饷亦因之短绌。然此系一时变局，不能作为定案。若因饷项稍绌，便议裁兵，一俟军事少平，饷款少裕，再行

---

　　① 《和稽核分所提议之每盐一包由捐 [ ] 一角一分五厘加至二角办法》，河北省档案馆藏档案，卷宗号 680－26－1079。

招募，似未免多费手续。"① 盐务稽核总所和长芦稽核分所对长芦运使、长芦盐商坚持保留马后营的呼声不敢无所顾忌，也不敢强硬坚持裁撤做法，但坚持表示反对垫付马后营所缺经费。无奈，至1924年9月，长芦盐运使呈准盐务署，每包盐加捐由一角加到一角一分五厘，盐捐施行之后勉强可以支付饷款。

1924年，第二次直奉战争爆发，这是北洋政府时期规模最大的一次军阀混战。许多省份，比如直隶、察哈尔、山东、陕西、湖北、江西、安徽等都被卷入了战争旋涡。作为主要战场之一的山海关一带，乡民逃避，城镇为墟。京奉铁路沿线，情形悲惨："田禾俱已踏坏无余。登场者亦腐败不可食用。房倒屋塌，栖止无地，流离失所，无衣无食，商贾潜匿，市廛为墟，壮年者多数驱为夫役，老年者即流为乞丐。尸骨枕藉，破车死马，遍地横陈。"② 其他地区惨状也基本类似。战争造成道路阻隔，商运大减，饷款不敷。虽然经盐捐加增至一角一分五厘，但到1926年年底，仍短少洋75000余元之多，短款详细情况如表3-3所示。

表3-3　　　1924年至1926年马后营饷捐收入与支出经费数目比较

| 年份 | 盐斤担数 | 每包（四担）饷捐定率 | 收入饷捐数目 | 核定经费 | 特别开支 | 支出经费总数 | 说明 |
|---|---|---|---|---|---|---|---|
| 1924年 | 3165200担 | 洋1角（在9月之前）洋1角1分5厘（在9月之后） | 84017元8角2分 | 91074元 | 6303元5角 | 97377元5角 | |
| 1925年 | 3336232担 | 1角1分5厘 | 10003元4角6分 | 91074元 | 12038元4角6分 | 103112元4角6分 | |
| 1926年 | 255768担24斤 | 1角1分5厘 | 75654元4角6分 | 91254元 | 8722元1角 | 99976元1角 | |
| 附注 | 查上列数目可见，收入马后营饷捐均不敷应付该营每月经费之用。似应将该饷捐定率每包增加为洋2角，借资弥补。最初本拟将此项饷捐只增为每包洋1角5分，唯按十五年份运盐数目计，以此项增加捐率其收入之数不过洋95910元1分，该较年份该营实支经费数目洋99976元1角仍属不敷，故拟增为每包洋2角合并声明。 | | | | | | |

资料来源：《盐务署训令第七百九十八号》，河北省档案馆藏档案，卷宗号680-26-1079。

---

① 《和稽核分所提议之每盐一包由捐〔　〕一角一分五厘加至二角办法》，河北省档案馆藏档案，卷宗号680-26-1079。

② 《大公报》1924年10月16日。

面对马后营经费不足情形，稽核总所和长芦稽核分所态度非常明确与坚决，反复重申，要么裁撤，要么经费由商人完全自己担负，并且要缴清垫款。盐务稽核总所会办丁仁正告长芦运使："虽在时局平定之时，亦曾切实酌量收该营裁撤；现在财政支绌，凡非于税收上确有利益之经费，均应认真节减。本员拟请饬知，谓不应再由盐款账内垫付该营经费，该商等如欲保留该营，则其经费必须完全由彼等自行担负。关于该经协理所称收入不敷支付一节，该商等仍应缴纳捐款，至足敷归还时，始行停缴。"①请长芦运使及缉私营商议，或裁减兵员或增加商人捐款。

在事悬未决之时，1927 年，稽核总所总会办裴立克（丁仁）一反揽权常态，又打算将马后营这个沉重包袱甩出去："马后营经费支出自应处筹解决。鄙意该营即属商巡，所有饷款出入本无由稽核分所经理之必要。嗣后该营饷捐毋庸由分所随税征收，该营经费亦不必由所签支。至该营弁兵应一律裁撤，抑或酌留兵额若干，以及饷款收支暨驻扎地点各问题，统由运使督同缉私统领与芦商另筹办法，呈明盐署核定施行。如此办理，则饷项既不必再由盐款垫付，而芦商历年坚持保留该营之意议亦可顾全，惟此项办法实行以前，所有由盐款垫付该营经费短少数目，应悉数注销，毋庸责令芦商筹还，以恤商艰而资解决。否则芦商不愿缴纳前项垫款，以致此案宕悬，于公家商人两无裨益。"②盐务署对此建议并不赞同。迟延半年之后，盐务署也痛感有解决之必要："查此案悬宕多年，总所迭次提议停止垫付该营经费节，经本署再四驳复，现在长芦税收短少，该营经费若不亟筹办法，殊无以善其后。"③

长芦稽核分所见事情难以解决，遂向稽核总所建议将商捐由每包盐一角五分加至二角："且当此军事时期，枭匪［ ］滋事，恐裁兵尤非所宜，愚昧之见，拟请按照稽核分所所提办法，援民国十三年成案，由钧署呈准盐务署，芦盐每包饷捐由一角一分五厘增至二角，即可敷饷款之用。"④此方案最后得到稽核总所和长芦运使批准施行。此后，马后营勉强维持存在。从 1915 年开始，马后营的经费报表就与缉私营分列，显示了因经费

　　① 《抄丁仁君说帖》，河北省档案馆藏档案，卷宗号 680 - 26 - 1079。
　　② 《抄总办第一九七三号意见》，河北省档案馆藏档案，卷宗号 680 - 26 - 1079。
　　③ 《盐务署训令第七百九十八号》，河北省档案馆藏档案，卷宗号 680 - 26 - 1079。
　　④ 《和稽核分所提议之每盐一包由捐［ ］一角一分五厘加至二角办法》，河北省档案馆藏档案，卷宗号 680 - 26 - 1079。

来源不同，马后营存在的艰难状况，同时，也显示了盐务稽核分所在对缉私营的监管上有利则争、无利则甩的工作原则。

## 第二节　缉私营的薪饷保障

长芦缉私营的薪饷待遇，与其他军队比较，还是比较优越的，包括俸给、军需、津贴（实物及年终加薪）、旅费、卫生费用、军衣修理费、抚恤犒赏等项，都有专项预算支出。并且，缉私营官兵经费大部分在盐款项下开支，供给充足，保障有力，很少发生拖欠薪俸情况。所以说，缉私营官兵的薪俸待遇在当时各种军队中尚属上乘。

### 一　缉私官兵额定薪饷待遇

经过 1913 年财政部、稽核所对缉私营经费的裁减，到 1914 年 4 月份，长芦缉私营官兵薪饷额定标准如下文所列。

（一）统领部项下

①统领官 1 员（薪水 173 元，公费 144 元），共银元 317 元；②执事官 1 员：薪水银元 72 元；③稽查 2 员：每员薪水 29 元，共银元 58 元；④正文案 1 员：72 元；⑤总收支 1 员：58 元；⑥会记 1 员：43 元；⑦文案司事 1 员：23 元；⑧收支司事 1 员：23 元；⑨医官 1 员：35 元；⑩清书 3 员：每员 17.50 元，共 52.50 元；⑪枪匠 2 名：每名 14 元，共 28 元；⑫辎重车夫 2 名：每名 9 元，共 18 元；⑬伙夫 2 名，每名 6 元，共 12 元；⑭长夫 40 名：每名 4.40 元，共 167 元；以上共银元 987.50 元。

（二）步两营三队五棚项下

①管带 2 员：每员薪水 150 元，公费 58 元，共银元 346 元；②督队官 1 员：薪水 58 元，公费 28 元，共银元 86 元；③文案 2 员：每员 35 元，共 70 元；④收支 2 员：每员 29 元，共 58 元；⑤清书 2 员：每员薪水 17.5 元，共 35 元；⑥队官 13 员：每员 58 元，共 754 元；⑦队长 27 员：每员 26 元，共 702 元；⑧排长 14 员，每员 17.5 元，共 245 元；⑨书识 3 员：每员 52 元，共 156 元；⑩正目 122 名：每名 9.5 元，共 1159 元；⑪巡兵 1234 名：每名 8 元，共 9872 元；⑫备补兵 30 名：每名 4.4 元，共 132 元；⑬伙夫 165 名：每名 6 元，共银元 990 元；以上共银元 14605 元。

　　(三)马一营一棚项下

　　①管带 1 员:薪水 115 元,公费 58 元,共 173 元;②督队官 1 员:薪水 58 元,公费 28 元,共 86 元;③稽查 1 员:薪水 29 元;④文案 1 员:35 元;⑤收支 1 员:29 元;⑥清书 1 员:17.5 元;⑦医生 1 员:15 元;⑧马医生 1 名:15 元;⑨队官 5 员:每员 58 元,共 290 元;⑩队长 10 员:每人 26 元,共 260 元;⑪排长 10 元:每员 17.5 元,共 175 元;⑫书识 5 员:每员 12 元,共 60 元;⑬马巡目 31 名:每名 11 元,共 341 元;⑭马巡兵 279 名:每名 8.5 元,共 2371.5 元;⑮伙夫 48 名:每名 6 元,共 288 元;⑯马夫 48 名:每名 6 元,共 288 元;以上共银元 4473 元。

　　(四)耕荒队项下

　　①正目 1 名,15 元;②副目 1 名,12 元;③步队 18 名,每名 7 元,共 126 元;以上共银元 153 元。

　　(五)海巡轮船项下

　　①管带 1 员,24 元;②司机 1 名,22 元;③司舵 1 名,17 元;④管油 1 名,17 元;⑤升火 1 名,12 元;⑥水手 1 名,12 元;⑦厨夫 1 名,7 元;以上共银元 111 元。

　　(六)天津海河头、二两号炮船项下

　　①队长 1 名,26 元;②头目 2 名,每名 11 元,共 22 元;③驾兵 20 名,每名 8.5 元,共银元 170 元;以上共银元 218 元。

　　(七)大清河炮船项下

　　①巡目 1 名,8.3 元;②驾掌 1 名,7.3 元;③揽头 1 名,7.3 元;④巡兵 1 名,6.3 元;以上共银元 29.2 元。

　　七个兵种每月薪俸总计银元 20576.7 元。

　　关于领款程序,长芦缉私营领款手续在其存续期间一直比较简单,一般情况下,"饷项颁发手续由统领请领,随发各营长。由各营长发各队官,再由各队官按名分发各棚目兵夫"。[①] 正如稽核总所委员陆兆礽、长芦分所协理郑永昌于1918 年调查长芦缉私营账目报告书后称,"该司令部各账目皆甚简略,除支发本处每月各项用款外,不过将由运司领来各款转发各营而已"。驻扎沧县、滦县、开封及顺德等处各缉私营经费,每月 15

---

　　①　《奉饬编具长芦缉私营巡船各项报告书》,河北省档案馆藏档案,卷宗号 680 - 8 - 867。

日前后，由各营管带官亲自或派员带同巡兵赴南开司令部领取。1918 年，在陆、郑二人调查后始提出应由天津银行汇解，以节人力和经费。各营管带领取后，回营分发。显然，当时缉私营经费领发可谓手手相传，薪俸管理仍然依靠的是朴素的人与人之间的信任关系，而没有形成规范的规章制度。这种薪饷发放程序与北洋新军就有所不同。新军的月支饷银及应用制办各件价值，均由户部筹定核发。但袁世凯为了杜绝旧军官长"吃空饷"和克扣士兵粮饷、拖延发饷现象发生，在新军中成立了"粮饷局"，全权负责粮饷发放之权，并规定"新军饷项制造，不许营员经手""每月届发饷之期，由粮饷局员调集各营司粮饷委员，按包称准掣签赍分往各营。俟操后架枪，会同营员，按名点发，操演生疏者，查其是否顶替；缺额者扣发禀究；病假者验看是否属实。该员等由局员节制，随时甄别考察，倘涉舞弊，准各营员弁，指控参追"。[1] 长芦缉私营既没有自己的粮饷局，也没有按照新军发放薪饷的办法去做，而是仍然按照旧式军队发饷方法去做，发放过程又缺乏有效监管，这样，旧军存在的发饷弊端缉私营就无法杜绝与克服。陆、郑二调查员认为有必要厘定一种薪饷收发单式，以便稽核："由司令部每月发给各营经费同（薪俸及公费）各款均有各营管带之收据，惟管带以下各员由管带处领款者，则向来不给收据。若现查悉各营管带由司令部支领之款是否实给所属各员，嗣后当厘订一种收据庶能有所稽查。"[2] 但这种单式后来也未见出台。因为对于稽核总所和分所来说，主要关心的是缉私营的经费不要虚糜，只要人数、钱数相符即告完结，它们并不关心普通兵员是否确实领到薪金。这样，长芦缉私营从其他旧军沿袭而来的习气就不会消失，各营管带克扣、延迟薪金发放、吃空饷等弊病就难以避免。

在北洋政府存续期间，除了统领一职薪俸有所增加外，缉私营官长的薪俸从 1913 年的大裁减后一直未发生变动。但下级头目及普通士兵的薪俸则都出现了大幅度下调。就现有材料可以看到，1918 年后，普通士兵的薪俸都有不同程度下降。对于厨夫、马夫等，每月薪金只有 1 元。稽核所在经费管理上为了节省开支，过分裁减下级军官、普通士兵的薪饷，使

<hr />

① 袁世凯：《新建陆军兵略录存》（卷一），转引自刘仁亮《百年中国军事后勤理论发展研究》，解放军出版社 2005 年版，第 61—62 页。

② 《调查缉私营账目报告书》，河北省档案馆藏档案，卷宗号 680 - 26 - 795。

得这些真正在一线实施查缉行为的官兵收入过低，这无疑会影响缉私营士兵的战斗力和队伍稳定性，各营不断发生的逃逸事件即证明了这一点。而缉私营在日常缉务行动中，经验、技能和熟练程度会直接制约缉私营的缉私效果。不断更替、补充新兵对缉私营的工作是极其不利的。再有，缉私营上级军官的薪俸，除了首任统领宋明善因为兼职而增加外，其他军官的薪俸在整个北洋政府存续期间一直未发生变动。这就不利于奖优罚劣，起到激励官兵工作积极性的作用。

## 二　缉私官兵额外合理收入

### （一）差旅费的发放

长芦盐区广袤千里，盐场遍布，销岸广阔。缉私兵分防驻扎，多属巡缉性质。所以，在巡防缉私时，往往远离其驻扎地而入住旅舍。再者，官佐因公出差或巡查各防兵夫缉私行动情况，一连数日离营在外。这样，旅费就成为缉私营经常费里很重要的一项了，也是缉私营官兵个人开支中很重要的大宗。

1915 年以前，长芦盐务各机关，包括长芦缉私营，旅费管理一直处于随报随销、漫无限制状态。是年 2 月，长芦运使转发了稽核总所制定的《运使暨课员、书记、卫队各旅费章程》。其中对卫队等兵员旅费作出明确规定："卫队等之旅费：所准旅费系在实支脚费之外。管带职位在上尉以上者，每日三元。上尉及其他军官每日二元。马兵连马料在内每日五角。步兵每日二角五分。盐务一切人员因公出行开支公款者，须将费用妥为记账，所支之数须按通常之价格。一切小费及犒赏归个人自给。所有旅费清单须辅以收据，陈明开支旅费之原由、出行之人数及职位、旅行之日期、车票几张等、住栈之日数及单据、车马之数及价目，并出行时预支之款若干，旅费预支之款，可向预算所定之数内开支。如有特别预支之款，须于动身以前详请核准所开旅费，经总会办核准之后，则所有预支之款应即归还，随同出行之科员护勇人数必须系绝对必需者，所定旅费非欲使出行之员司将费用尽数向盐款开支，故所定之额系只指出行较在办事处所增之费用耳。"[①]

1918 年 4—5 月稽核总所派出了总所委员陆兆礽、长芦分所协理郑永

---

①　《长芦盐运使饬第 58 号》，河北省档案馆藏档案，卷宗号 680 - 26 - 659。

昌对长芦缉私营各种账目进行了检查。在这次检查中，重点对长芦缉私营的旅费报销进行了审查。根据调查，两人发现了以下情况："长芦缉私营分布各产盐区域，各员分辖之地往往一人管辖数百里之广。各员自应常往各处稽查兵目是否执行职务。查长芦区内缉私营巡缉一事与他区不同，各兵目当巡缉之时，常须离其驻扎地而住旅馆，至数日之久。其出差津贴给予各员兵者，其数目向来与总所核定者相差颇远，今将其等差开列于后：

| 统领 | 除住旅馆实用之费外每日给洋 7 角 |
|---|---|
| 管带及执事官稽查员等 | 除住旅馆实用之费外每日给洋 4 角 |
| 队官队长排长 | 除住旅馆实用之费外每日给洋 3 角 |
| 头目 | 除住旅馆实用之费外每日给洋 2 角 |
| 步兵 | 除住旅馆实用之费外每日给洋 1.5 角 |
| 马兵 | 除住旅馆实用之费外每日给洋 3 角 |

"查以上所列津贴实不敷用，各员中多数均称凡遇出差无不赔贴。委员等对于赔贴一事确信实情，然此次出差赔贴之款，可以取偿于其他各次。盖账内所登载出差次数未必真有其事也。"[1] 可见，当时缉私营出差旅费管理并不严格。有些缉私营官兵甚至虚列出差次数，来骗取出差旅费报销。

长芦缉私营旅费在 1918 年 8 月以前，其出差之类别有以下几种："一、支领及分给各月经费；二、支给及分给号衣；三、各员出外稽查兵目；四、出外巡缉；五、特别公务。每月十五日前后驻扎各处之各营管带并中级各员，或委派之员，均带同缉私兵二人，或有多带者赴南开司令部领取经常费，各款几成定例，此项旅费每月开支约一千一百元左右。"[2]

为了对缉私营混乱的旅费报销进行规范化管理，调查委员根据缉私营日常工作性质及情形作出了如下规定，并得到了盐务稽核总所的核准。日后，长芦缉私营官兵每日津贴即执行如下标准，见表 3 - 4。

---

① 《调查缉私营账目报告书》，河北省档案馆藏档案，卷宗号 680 - 26 - 795。
② 同上。

表 3 - 4　　　　　　　　　　　　　**长芦缉私营出差每日津贴**

| 等级 | 薪给 | 拟定每日津贴 |
|---|---|---|
| 统领 | 800 元 | 6 元 |
| 执法官 | 200 元 | 1.5 元 |
| 各营管带 | 173 元 | 1.5 元 |
| 执事官 | 72 元 | 1.5 元 |
| 正文案 | 72 元 | 1.5 元 |
| 司令部总收支 | 58 元 | 1.5 元 |
| 督队官 | 86 元 | 1 元 |
| 队官 | 58 元 | 1 元 |
| 会计员 | 43 元 | 1 元 |
| 各营文案 | 35 元 | 1 元 |
| 稽查 | 29 元 | 1 元 |
| 各营稽查 | 29 元 | 1 元 |
| 各营收支 | 29 元 | 1 元 |
| 队长 | 26 元 | 0.7 元 |
| 收支司事 | 23 元 | 0.7 元 |
| 文案司事 | 23 元 | 0.7 元 |
| 排长 | 17 元 | 0.7 元 |
| 清书 | 17.5 元 | 0.7 元 |
| 各营清书 | 17.5 元 | 0.7 元 |
| 各队书识 | 12 元 | 0.7 元 |
| 马兵 | 8.5 元 | 0.5 元（马兵、马匹各 0.25 元） |
| 马弁 | 9.5 元 | 0.3 元 |
| 号房兵 | 9.5 元 | 0.3 元 |
| 各棚头目 | 9.5 元 | 0.3 元 |
| 步兵 | 8 元 | 0.25 元 |

　　稽核总所审核后，对司令部总收支的补贴由 1.5 元降至 1 元，步兵每日 0.25 元降至了 0.20 元。别者一概照准。

　　对步、马兵出差距离，两委员也作出了规定："凡步兵出差离驻扎地每日仅行四十里以及四十里以内者不给津贴；马兵出差离驻扎地每日仅行七十里以及七十里以内者亦不给津贴。若马、步兵出差在以上所定之里数以外（即步兵离驻扎地四十里以外、马兵七十里以外），虽当日可以往返，亦准其给予每日津贴之半。照章缉私营旅费及津贴均由总所核定、该缉私营公费之内开支。以上所拟给予津贴之方法及津贴之等级数目，若行之于长芦区内，似觉适合。"①

此规定于 1918 年 7 月 1 日起实行。旅费收据必须本人签字，每次旅费款额超 50 元者，须先由分所核复后再行报账。至于马后营出差津贴，每月 500 元，不再增加。凡遇有特别事故，分所可以先行支用。旅费在 100 元以内，为特准签支性质。但每月此项费用各次相加总数不超过 300 元。

此外，两委员对于缉私营官兵出行乘坐车船等级也给予了规定：统领、执法官、各营管带等乘坐一等舱；执事官、正文案、司令部总收支、督队官等下级官员乘二等舱；马兵、马弁、号房兵、各棚头目等乘三等舱。

通过这次调查及整理，长芦缉私营的差旅费报销、发放就按上述各项规定办理。基本做到了有章可循，原来的旅费报销乱象得到遏制，管理也比较规范化了。

（二）津贴及假期薪金

长芦缉私营经费主要用项为各营官兵薪饷、津贴。1912 年，长芦缉私营官兵的津贴每月发放一次，每月随薪饷发放。它并不与缉私营官兵的工作表现挂钩，只是一种人头费，是一种缉私营给予各官兵的福利。并且，每个人的津贴每个月数额是一定的，并不发生变化。从辛亥年（1911 年）11 月份起至民国元年年终，由长芦运库拨入缉私营的款项，主要用于缉私营步马各营的薪饷津贴开支。其经费因为要用白银结算，而白银市价又常日见更新，所以，运库就按每月白银市价拨与长芦缉私营，数额与缉私营薪饷津贴数目时有涨跌，不尽符合。这时，缉私营原存有轮船经费库平足宝银，就作为添补或余存，起着调节作用。

稽核所成立后，财政部按例每年年终要向缉私营发放慰劳金一次。慰劳金数额与各官佐兵夫每月薪饷数额相同，即相当于一年给缉私营官兵发 13 个月薪俸。因长芦缉私营官长薪饷从 1913 年至 1928 年基本未予变更，所以，长芦缉私营官长年终慰劳金的数额也是十几年未加变化。只是普通

---

① 《调查缉私营账目报告书》，河北省档案馆藏档案，卷宗号 680－26－795。

士兵的年终慰劳金随着薪金的裁减变得更少了。1924 年，缉私营年终慰劳金数额如下：

①统领：1 员，洋 173 元；②管带官：4 员（每员 115 元），共洋 460 元；③督队官：1 员，洋 58 元；④执事官：1 员，洋 72 元；⑤执法官：1 员，洋 120 元；⑥正文案：1 员，洋 72 元；⑦总收支：1 员，洋 58 元；⑧会计员：1 员，洋 43 元；⑨队官：19 员（每员 58 元），共洋 1102 元；⑩队长：39 员（每员 26 元），共洋 1014 元；⑪排长：14 员（每员 17.5 元），共洋 437.5 元；⑫文案：4 员（每员 35 元），共洋 140 元；⑬收支：4 员（每员 29 元），共洋 116 元；⑭稽核员：3 员（每员 29 元），共洋 87 元；⑮司事：2 员（每员 23 元），共洋 46 元；⑯清书：7 员（每员 17.5 元），共洋 122.5 元；⑰军医官：1 员，洋 35 元；⑱军医生：1 员，洋 15 元；⑲马医生：1 员，洋 15 元；⑳书识：19 员（每员 12 元），共洋 228 元；㉑飞艇管带：1 员，洋 80 元；㉒大夫：1 员，洋 40 元；㉓管轮：1 员，洋 50 元；㉔二车：1 员，洋 30 元；㉕司书：1 员，洋 16 元；㉖正、副舵：2 名（每名 3 元），共洋 6 元；㉗油工：1 名，洋 3 元；㉘一等火工：1 名，洋 3 元；㉙二、三等火工：2 名（每名 2 元），共洋 4 元；㉚水手：4 名（每名 2 元），共洋 8 元；㉛伙夫：1 名，洋 1 元；㉜飞艇管带：1 员，洋 24 元；㉝司机：1 名，洋 3 元；㉞司舵：1 名，洋 3 元；㉟管油：1 名，洋 2 元；㊱升火：1 名，洋 2 元；㊲水手：1 名，洋 2 元；㊳厨夫：1 名，洋 1 元；㊴炮船队长：1 员，洋 26 元；㊵头目：2 名（每名 3 元），共洋 6 元；㊶驾兵：20 名（每名 2 元），共洋 40 元；㊷步马头目：162 名（每名 3 元），共洋 486 元；㊸步马巡兵：1604 名（每名 2 元），共洋 3208 元；㊹枪匠：2 名（每名 3 元），共洋 6 元；㊺伙夫：227 名（每名 1 元），共洋 227 元；㊻马夫：48 名（每名 1 元），共洋 48 元；㊼辎重车夫：2 名（每名 1 元），共洋 2 元；以上共计银元 8741 元整。①

以下是马后营官长兵夫的年终慰劳金数额：

①管带官：1 员，洋 115 元；②督队官：1 员，洋 58 元；③文案：1 员，洋 35 元；④收支：1 员，洋 29 元；⑤稽查：1 员，洋 29 元；⑥清书：1 员，洋 17.5 元；⑦军医生：1 员，洋 15 元；⑧马医生：1 员，洋

---

① 《函知奉令核准缉私等营十三年分慰劳金，运使函第 42 号，附抄件，1925 年 2 月 13 日》，河北省档案馆藏档案，卷宗号 680－22－763。

15 元；⑨队官：5 员（每员 58 元），共洋 290 元；⑩队长：10 员（每员 26 元），共洋 260 元；⑪排长：10 员（每员 17.5 元），共洋 175 元；⑫书识：5 员（每员 12 元），共洋 60 元；⑬马头目：30 名（每名 3 元），共洋 90 元；⑭马巡兵：270 名（每名 2 元），共洋 540 元；⑮伙夫：47 名（每名 1 元），共洋 47 元；⑯马夫：47 名（每名 1 元），共洋 47 元；以上共计银元 1822.5 元。①

对于年终慰劳金，长芦稽核分所往往因为马后营商人饷捐不足，不愿签发。1924 年，长芦稽核分所称，"查现时饷捐收入，开支马后营每月经费尚虞不足，此项慰劳金倘蒙核准签发，拟俟捐饷积有余款，再行支给"。② 由于各方面压力，稽核总所命令长芦分所"查所请缉私营及马后营年终慰劳金共洋一万零五百六十三元五角，应准特别通融，按照附呈清单立即签发，惟所发马后营慰劳金应由所收维持该营经费之商捐项下尽先拨还"③。缉私营的慰劳金在经过分所、总所的多次审批后才得以签支。"官费缉私营"年终慰劳金因为在盐款项下由财政部开支，所以一般较有保障。"商费缉私营"——马后营的慰劳金往往因为商捐不足而无保障。而马后营巡兵驻扎在直隶硝私制贩最为严重的南皮、宁晋、曲周、永年、隆平、任县、平乡、巨鹿、沧县、宁河等各县。缉私兵辗转奔波于各县查缉硝私，而年终却不一定能得到"官费缉私营"官兵所能得到的慰劳金。这种因为经费来源不同造成的待遇不同，也在一定程度上影响着官兵的缉私情绪。

对于请假人员的假期薪俸，1919 年前并无明确规定。一些盐务机关人员往往在请长假期间仍开着原来的薪金。引发稽核总所对这一现象的关注的是云南盐务稽核分所上报的以下两个事件："阿墩子盐务委员赵芹请给假两月，回下关就医，并奔母丧。又喇鸡井场知事李相家因母病请假三月，回云南府省亲。""查运使属员在假期内应给薪俸若干尚未奉有明令规定。敝经协理未敢擅专，但运使之意拟欲照常发给。"④ 云南稽核分所

① 《函请签发马后营十三年年终慰劳金 收文第 3657 号 1925 年 1 月 6 日》，河北省档案馆藏档案，卷宗号 680-22-763。

② 《函知奉令核准缉私等营十三年分慰劳金 1925 年 2 月 13 日》，河北省档案馆藏档案，卷宗号 680-22-763。

③ 同上。

④ 《盐务署训令第八百五十号》，河北省档案馆藏档案，卷宗号 680-7-1506。

经协理上报此事后，总所制定了请假人员的薪俸规定："查运使对于业已慰问信假人员请给予全薪，如数目不超过运署额定俸给费之数，可照数签支。如运使既准人员假并支全薪，复又派员代理其职务，致溢出额定俸给费概算数，应先行呈请本所特别核准，方可将溢出之数签支。""查准假人员应否给予俸薪，该总所核议以是否超过额定俸给费之数为准。系为根据概算划一办法起见，自应查照以资遵循。"①

财政总长兼盐务署督办龚心湛于 1919 年 6 月 18 日转达了稽核总所总会办的规定："（甲）代理运使或运副职务人员及（乙）运使或运副业经准假之所属人员，应领薪额数目一事饬知如下：（一）除由盐务署特派前往代理运司或运副之员得支原定运司运副之薪外，凡暂行代理运使或运副职务之人员，除准支其个人原薪外，可兼支运使最低级俸额（每月七百元）或运副薪额（每月四百元）五分之一。譬如某运使之科长月薪二百元，奉派代理运使职务，则于代理期内每月除准支薪水二百元外，可另支一百四十元（即七百元之五分之一）共计三百四十元。（二）（甲）运使或运副对于其业已准假之人员，若请支给全薪，其数目并不超过该运署或运副署额定俸给费之数者，则可照数签支。（乙）但运使或运副如既准某人员请假，并支领全薪，复又派员代理其职务，致溢出额定俸给费概算之数则应先行呈请总会办特别核准，然后方可将溢出之经费签支"，② 盐务署遂将上述带薪休假规定分饬各运使及运副遵照执行。

在长芦缉私营，能够享受到这种带薪休假制度的，实际上只有长芦缉私营上级官长，普通士兵并不能享受带薪休假制度。并且，士兵只要一因为家中有事等原因请长假即被革退，由新兵来补充。官兵之间的不平等，在中国几千年的军旅生活中，一直存在着。长芦缉私营仍然沿袭着这一陋规。

对于缉私兵在这些额外合理收入之外，还有一些额外非法收入，比如缉私营官吞没饷项，虚报浮支及缉私兵借职务之便，收受贿赂或敲诈勒索情事。因无相关统计资料，故不便叙述。但缉私官兵的种种不法事件，在第五章第一节中有所述及，此处不再赘述。

---

① 《盐务署训令第八百五十号》，河北省档案馆藏档案，卷宗号 680 - 7 - 1506。
② 同上。

### 三　缉私官兵的伤亡抚恤

1917 年以前，长芦缉私营目兵如果在岗时病故，按照盐务稽核总所规定，不论其在缉私营工作年限是否满两年，均要在各营公费项下发给烧埋银圆 15 元。后来，稽核总所又作出规定，在缉私营工作两年以上的目兵伤亡病故后可发给抚恤金，数额为其生前两个月薪饷数额，恤金应在各营公费下开支，不得遽行以特别费名义请示稽核所拨给；不满两年的，即由缉私营自行处理。1917 年以后，长芦稽核分所命令长芦缉私营如有兵员伤亡病故，凡在缉私营工作满两年者，即可令其亲属支领其生前两个月薪金，不得再援照给烧埋银圆 15 元向例。此后，缉私营官兵伤亡病故，即发给其亲属相当于两个月薪金的恤金。

为防止冒领抚恤金事情发生，各营管带要向长芦运使详细呈报伤亡病故官兵的姓名、病故原因、出生年月、到营工作日期、在营工作经历、绩效表现、家庭情况、替补人员简况等事项。长芦运使转交稽核分所，经稽核分所批准后，方准发放恤金。

对于马后营来说，因为其经费来源为商人摊捐，按照稽核所的说法，马后营经费每月支领旅杂费 1000 元，应该包括全营修缮费用、雨衣费、旧皮军衣费、夏日凉棚暑药、抚恤费等。并且，自 1917 年 1 月份起，按照长芦稽核分所的要求，每月旅杂费减为 500 元。后来，在缉私统领的一再请求下，稽核分所答应 1、2 月份旅杂费还按 1000 元报销，以后月份再按减后开支。[①] 对于每月薪俸较高的队官去世，两个月薪金数额为数不小，要在旅杂费项下开支，实属困难，缉私统领只得一再请求稽核分所，准其在"特别费用"项下拨给。1917 年 3 月 22 日，马后营右队队官白兆祥病故。其生前每月薪金为 58 元，按照稽核所规定，死后应领恤金 116 元。对于马后营每月 500 元杂费的总额来讲，此恤金数目为数过大。马后营管带即向统领请求稽核所给予特批。统领上报长芦运使，运使又请示长芦稽核分所，稽核分所把此情上报到了稽核总所，稽核总所又报到盐务署总务处。后经盐务署下令此项恤金应照数发给。此时已经是 5 月 12 日了，历时将近两个月。可见，当时官兵恤金发放，目兵病

① 《为故官白兆祥恤金无款开支呈长芦运使》，河北省档案馆藏档案，卷宗号 680 - 26 - 1105。

故，因为恤金数额甚小，尚不成大问题；队官去世，因恤金数额巨大，发放就存在一定困难。

但是，恤金发放也有特事特办情形。1920年10月29日，担任长芦缉私统领（曾兼两淮缉私统领）17年的宋明善病故。宋明善的4个儿子将此情上报长芦运使总务处后，盐务署批示，鉴于宋明善筹办缉私营多年，成效尚属可言，给予特别优待，准予给予亲属其生前5个月薪俸共4000元，以示抚恤。①

## 第三节　缉私营的军需供应

### 一　军服的配发及购置

对于长芦缉私营的军装发放，民国初年，长芦缉私统领宋明善表示缉私营军服一年应发四套。盐务署总办和会办为此多次商讨。会办丁恩认为此种军服配发过于奢侈，一年只应发冬、夏两季服装两套。而总办认为，"以后定为每年两套，计单者一套，棉者一套，惟此方天气奇寒，滩场近海尤冷，各兵须日夜站岗，其两年一换之皮衣仍应发给，否则于事实上实为困难"。② 最后，总办张弧和会办丁恩会同决定缉私营军服一年只能发放夏季和冬季各一套，共二套，外加皮衣一套，每两年发放一次。

按照规定，长芦缉私兵每年可分到一套棉军服和一套单军服，另外按季节加一些应季衣物，包括皮大氅、棉衣、军帽、军鞋、袜子、耳扇、手套、肩章、领章、单衣、雨衣、雨靴等。长芦缉私营军服发放与薪金发放程序一样，并无独立的军服发放机构，而是由统领和各营管带负责发放。在稽核所成立后，在发放军服时，稽核所会派员监督发放。

对于军衣购置程序，稽核总所规定，每年届季节过渡时期，缉私营军需官要根据每营兵员数额上报长芦盐运使，运使要通过登报招标的方式招商投标承办。在开标之日，稽核分所还要派员会同监视。

以1924年缉私营申请夏季军衣一案为例，3月，缉私统领白恩荣按每营兵员数名把缉私营夏衣需要情形上报长芦运使及稽核分所，根据缉私统领白恩荣所开清单，步马各营及轮炮船、马一棚等目兵应置当年夏季份

---

① 《盐务署训令第1710号》，河北省档案馆藏档案，卷宗号680 - 8 - 575。
② 《财政部训令　令长芦运司第722号》，河北省档案馆藏档案，卷宗号690 - 7 - 1400。

单衣、靴帽及雨衣各数目如下。

①步前营应置：军帽 500 顶，单军衣 500 套，青布靴 500 双；②步后营应置：军帽 500 顶，单军衣 500 套，青布靴 500 双；③步左营应置：军帽 456 顶，单军衣 456 套，青布靴 456 双；④马前营应置：军帽 300 顶，单军衣 300 套，青布靴 300 双；⑤飞舰轮船应置：军帽 11 顶，单军衣 11 套，青布靴 11 双；⑥飞艇轮船应置：军帽 5 顶，单军衣 5 套，青布靴 5 双；⑦巡河炮船应置：军帽 22 顶，单军衣 22 套，青布靴 22 双；⑧马队一棚应置：军帽 10 顶，单军衣 10 套，青布靴 10 双；⑨枪匠二名应置：军帽 2 顶，单军衣 2 套，青布靴 2 双；⑩辎重车夫二名应置：军帽 2 顶，单军衣 2 套，青布靴 2 双。

以上共应置：军帽 1808 顶，单军衣 1808 套，青布靴 1808 双，雨衣帽 787 套。

马后营目兵应置本年夏季份单衣、靴帽及雨衣帽各数目为：单军衣 300 套，军帽 300 顶，青布靴 300 双，雨衣帽 150 套。

以上共应置：军帽 300 顶、单军衣 300 套、青布靴 300 双、雨衣帽 150 套。①

依照稽核总所规定，关于缉私军队购置军衣一事，"均须登报招商投标承办。惟招商之事仍可由运使或其他该管长官办理"。② 以此，长芦运使拟定广告，交《益世报》登报招商承办："本署现拟购置所属缉私营夏季军衣计灰布单衣裤 2108 套，灰斜纹布军帽 2108 顶，并青布靴 2108 双，青油雨衣帽 937 套。愿承办者，自四月十四日起至十八日止，前来本署看明质料暨式样，填备标函。于四月二十二日齐集本署，当场各递标函随时开标，由得标商号即征押款 100 元，并订立会同办理此布。"③

4 月 24 日下午，运署委员、稽核分所监视委员、缉私营及四家商号齐集长芦盐运使官署，开标竞标。四家商号报价分别如表 3－5 所示。

---

① 《缉私统领白恩荣所开缉私营夏季军衣清单》，河北省档案馆藏档案，卷宗号 680－22－746。

② 《函为制发缉私营军衣各节开请派员监视》，河北省档案馆藏档案，卷宗号 680－22－746。

③ 同上。

表 3 - 5　　　　　　　招商承办缉私营 1924 年夏季军衣各商投标价目单

单位：件、顶、双、套、元：

| 类别 \ 价目 \ 商号 | 玉大 | | 华新 | | 华丰 | | 荣兴义 | |
|---|---|---|---|---|---|---|---|---|
| | 每套 | 共计 | 每套 | 共计 | 每套 | 共计 | 每套 | 共计 |
| 军衣裤 2108 件 | 1.6 | 3372.8 | 1.55 | 3267.4 | 1.8 | 3794.4 | 1.78 | 3752.24 |
| 军帽 2108 顶 | 1.75 | 368.9 | 1.75 | 368.9 | 1.9 | 400.52 | 0.2 | 421.6 |
| 军靴 2108 双 | 1.15 | 2424.2 | 1.15 | 2424.2 | 1.1 | 2318.8 | 1.08 | 2276.64 |
| 雨衣帽 937 套 | 2.7 | 2529.9 | 2.8 | 2623.6 | 2.2 | 2061.4 | 2.33 | 2183.21 |
| 总计 | | 8695.8 | | 8684.1 | | 8575.12 | | 8633.69 |
| 说明 | 减 120 元 合 8575.8 元 | | | | 减 168.64 元 合 8406.48 元 | | | |

资料来源：《长芦盐务稽核分所：关于缉私营购置冬季服装费用（1923 年 5 月至 1924 年 11 月）》，河北省档案馆藏档案，卷宗号 680 - 22 - 746。

经过竞标，华丰和玉大两商号将标价降低，而以华丰报价最低。这个结果上报长芦稽核分所后，分所仍然要求长芦运使令承办委员金廷阶及分所委员金承祚召集各军衣庄核减衣价。经过激烈讨价还价，1924 年 5 月 23 日，华丰军衣庄承诺再核减 63.24 元[1]，实无可再减。这样，这批军衣以 8343.24 元由华丰军衣庄承办。

在军衣下发时期，稽核分所还会派员，或令各收税员或监秤员，监视各营军衣下发情形。然后把军衣下发情况再上报稽核分所，以确保军衣的实际利用和避免各官佐克扣兵员军衣情形发生。

对于冬衣发放，因为冬衣的造价比较高，所以并不是每年全额发放，而是根据兵员冬衣实际损耗情况进行添补。比如 1924 年 9 月，长芦稽核分所根据各营上报冬衣情况，认为部分兵员的皮大氅无须更换，也无须换皮面，只换制布面及棉袄裤靴帽等件。冬衣购置程序与夏衣相同。

## 二　武器的配置与购置

长芦缉私营的武器装备，由于各营建立时间先后不一，所以各营武器

---

[1] 《函复夏季军衣核减价目　运使函第 121 号》，河北省档案馆藏档案，卷宗号 680 - 22 - 746。

装备也是形态各异、不尽统一。有的步营还配有马枪。① 1912 年，缉私营配有小口径毛瑟枪、德来司手枪、两膀后膛炮、毛瑟马步枪、铁板开线七出步枪、新式小口径毛瑟枪等武器。

截至 1917 年，长芦缉私营拥有武器装备详情如下：

径口毛瑟枪 1356 杆，新式枪 199 杆，七出步枪 1 杆，小口径毛瑟马枪 12 杆，曼利夏马枪 4 杆，单筒毛瑟枪 5 杆，套筒毛瑟马枪 11 杆，三十上年式枪 1 杆，自来得手枪 40 杆，哈机丝步枪 2 杆，六轮手枪 15 杆，铜炮 8 尊，三十年式枪 2 杆，土枪 2 杆，抬枪 1 杆，来复枪 2 杆，线枪 5 杆，手枪 1 杆，抬炮 4 杆，六轮手枪 1 杆，刺刀 1559 把，刀插 1559 个，官刀 37 把，马刀 10 把，水壶 890 个，千里镜 7 个，背枪带 1397 条，皮带 1541 条，子弹盒 1471 个，铜枪帽 732 个，枪架 1 个，军棍 1 对。

毛瑟枪子弹 149206 粒，德来司手枪子弹 30 粒，两膀后膛炮子弹 156 粒，炮药一箱半，引火 52 个，拉火 1 盒，火药 1 洋油桶，七出毛瑟枪子弹 4788 粒，套筒毛瑟枪子弹 5258 粒，新式小口径枪子弹 48365 粒，曼利夏枪子弹 144134 粒，自来得枪子弹 41633 粒，五出枪子弹 1263 粒，由两淮运来实心、开花炮弹各 15 颗，13 响枪子弹 75 粒。以上实存各色子弹共 394752 粒，炮弹 186 粒，又炮药一箱半（引火 52 个，拉火 1 盒）、火药一洋油桶。②

各营拥有武器情况如下：

1. 步营：小径口毛瑟枪 1356 杆，小口径毛瑟马枪 12 杆，单筒毛瑟枪 5 杆，套筒毛瑟马枪 11 杆，共 1385 杆。新式枪 199 杆，七出步枪 1 支，曼利夏马枪 4 杆，三十年式枪 4 杆，自来得手枪 40 杆，哈机丝枪 2 杆，六轮手枪 16 杆，钢炮 8 尊，土枪 2 杆，抬枪 1 杆，来复枪 2 杆，线枪 5 杆，手枪 1 杆，抬枪 4 杆。

2. 马前营：小口径毛瑟马枪 120 杆，自来得手枪 8 杆，曼利夏马枪 180 杆，七出马枪 89 杆，铁板开丝枪 1 杆。③

---

① 《步前营中队五、六两棚马枪准予换给新枪》，河北省档案馆藏档案，卷宗号 680 - 26 - 816。

② 《长芦缉私营造呈中华民国六年全年存用各项四柱子弹数目册清》，河北省档案馆藏档案，卷宗号 680 - 26 - 797。

③ 《宋统领册报六年分实存枪械之步营和马前营军械》，河北省档案馆藏档案，卷宗号 680 - 26 - 853。

3. 马后营：自来得手枪 12 支，七出马枪 17 支，七出步枪 2 支，径口毛瑟枪 2 支，套筒毛瑟枪 80 支，小径口毛瑟枪 180 支，曼利夏枪 86 支，十三响枪 1 支，以上 8 项枪支共存 380 支。军械还有马刀 300 把，刀带 300 条，皮带 300 条，皮腰带 300 条，背枪带 300 条，九龙带 130 条，马号 6 对。[①]

长芦缉私各营武器弹药类型在北洋政府时期没有多大变化，基本武器类型还是毛瑟枪、曼利夏枪、自来得手枪、七出马枪等。到 20 世纪 20 年代后，缉私营步前营、步后营增加了六生的口径钢炮、德来司枪、十响毛瑟枪、七响毛瑟枪等。

长芦缉私营的武器一般购自外国洋行。1912 年 10 月 27 日，长芦缉私营统领宋明善与天津德国商号瑞记洋行签订了购买史高德厂 1912 年造最新式七密里九口径机关快炮 4 尊，尖头镍钢无烟炮弹 50000 颗，并附属各件等。每尊连附属等件合无折无扣行化银 3000 两整，共计无折无扣行化银 12000 两整；炮弹每千颗计无折无扣行化银 40 两整，共计行化银 2000 两。总计 14000 两。瑞记洋行随赠无药炮弹 2000 颗以备试验。合同签订后二至三个月内在天津其商行交货。还购买了毛瑟新步枪 200 杆，子弹 50000 粒，共计用无折无扣行平化宝银 8950 两；自来得手枪 40 杆，子弹 40000 粒，共用无折无扣平化宝银 2280 两。[②]

这批机关快炮和炮弹购回之后，时任承德都统熊希龄即要求借用。1913 年 3 月 9 日，财政部和长芦运使声称只能借出 2 挺，两支要留作长芦缉私用处。熊都统并不满足，3 月 10 日，承德熊都统直接向大总统袁世凯去电，称热河防线吃紧，须向长芦运使和长芦缉私营借出新购买的全部机关枪 4 挺。袁世凯命令财政部，全数借用长芦缉私营机关枪。3 月 17 日，财政部即命令长芦运使把机关枪全部借给熊希龄。4 挺机关枪尚未在缉私营手中捂热，即被命令强行借给了热河防军。在当时，缉私营的武器装备经常会被各种军队以各种名义和方式借去或抢去。1925 年 12 月，第二次直奉战争期间，郭松龄在滦州发动意在推翻张作霖统治的滦州起义，11 月 23 日率部由滦州回奉，直捣奉天附近的新民。郭松龄出关以后，曾

---

① 《宋统领册报六年分实存枪械之马后营军械》，河北省档案馆藏档案，卷宗号 680 – 26 – 713。

② 《立合同　天津德商瑞记洋行承长芦缉私营统领购买武器》，河北省档案馆藏档案，卷宗号 680 – 26 – 578。

经与其共同反奉的李景林因受张作霖的拉拢，态度突然发生逆转，12 月 3 日，李发表了"力主和平"的通电，并与张宗昌联合向冯玉祥的国民军宣战。12 月下旬，冯玉祥军攻占天津，驻守天津的奉军李景林部遂与冯军开战。为了加强战备，直隶军务督办李景林命令长芦缉私营将各种步马枪支、手枪、机关枪及各种枪支子弹全部汇总送交长芦运署，准备军务之用。长芦运使不敢言不，只好命令长芦缉私营统领刘金标上交所有武器。与此同时，驻扎军粮城的直隶陆军第六师朱师长也用公函派人借去机关枪。刘金标坐难万端，但又不敢不借，只得推说缉私营武器所存不多，且各营分散驻扎，路途遥远，不易收缴。后又奉令说让将小火轮及炮船备妥待命。刘推辞说各船均已损坏，已入坞修理。① 好在不久李景林部即退往山东。缉私营部分武器借给直系军队后，并没有全部借出。当时，此类情形经常发生。缉私营军械武器原本配备不善、五花八门，一些驻地军阀还经常强取豪夺，长芦运使和长芦缉私营又不敢得罪任何一方，长芦缉私营官兵武器装备更得不到有效保障。一支连自身武器装备都随时可能被别人剥夺而又不敢声张的营队，其营队兵士缺乏应有的心理安全即显而易见，其战斗力更可预见。这对缉私营巡查缉私能力是有很大影响的。

### 三 驻房与巡海、巡海轮炮船维修

长芦缉私营驻扎各地所住兵房，基本分为两类：一类为租赁当地百姓房屋或庙宇，一类为自建房屋。缉私营需租赁房屋地区一般为各县份防区，因驻扎地点距离当地百姓房屋较近，为了减少开支，即租赁当地百姓房屋，每月向房东缴纳一定租金。北洋政府时期，缉私营各防租金不等，大致马后营各防每月租金开支为 90 元左右，全营全年房租开支为 1080元，每年房屋修缮两次，每次花费 10 元左右，全营全年花费 120 元左右。② 缉私营其他各营每月房租约开支 330 元，全年 3960 元，房屋也是每年逢夏季和冬季前修缮两次，每次费用约为 75 元，全年约 900 元。③ 另

---

① 根据河北省档案馆藏档案《盐运使司：督办、公署令将所有缉私营武器汇送本署以备应用卷 1925 年 12 月》内各文件内容概述，卷宗号 680 – 8 – 1122。

② 《长芦盐运使所管缉私马后营支出预算册（民国九年分）》，河北省档案馆藏档案，卷宗号 680 – 12 – 894。

③ 《长芦缉私营支出预算表册（民国九年分）》，河北省档案馆藏档案，卷宗号 680 – 12 – 894。

一类为缉私营自建房。这一类房屋一般位于各滩坨或偏远路卡上。长芦各盐滩蔓延几十至几百里，因为是盐碱地，周围寸草不生，一般荒无人烟。在这些地方驻扎，缉私营即需要自建住房，经费由盐务署筹拨。

长芦盐区濒临海洋，所以，除了陆上各盐场、各引岸有步兵、马兵巡缉外，在海口至洋河口、秦皇岛程子口一带、东沽海口至天津海河一带还配有飞舰轮船、飞艇轮船、巡河炮船、巡海炮船等。

飞舰轮船系 1914 年 5 月 5 日改造而成。每年官佐匠夫等及年终慰劳金共需洋 4813 元。每月用燃料九槽块煤 30 吨，速度每点钟行 8 迈。无探险灯。

飞艇轮船系 1914 年 7 月 12 日制造，每月用燃料九槽块煤 25 吨，速度每点钟行 8 迈。无探险灯。①

第一、二号巡海炮船：此项船只系风篷木船，机器、蒸汽、燃料、探险灯均无。民国五年 9 月，由步前营左队在山东无棣县大河口高坨子缉获枭犯船二只，经改造而得。改造花费 130.8 洋元。每月两只船员兵夫薪饷共 129.5 洋元。

第三、四号巡海炮船：这两船也是风篷木船。也是 1916 年 11 月由步前营在山东境界桃儿卡偶缉获枭船两只，经改造而成。添增改造需费洋 320 元。每月两只船员兵夫薪饷共洋元 129.5 元。②

1926 年以前，缉私营每年在冬季到来船只停航靠岸后进行检修，桅帐篷棚按水师章程规定 8 个月更换一次。需修理部分一般是由缉私营自己呈报，费用也由缉私营自己估算。1913 年，缉私营仅仅更换一次炮船桅帐篷棚、旗帜、炮套即向运署呈报需库白银 152.417 两，③ 运署照额报销，并不向缉私营索取收据、揽单、合同等。所以，缉私营每年修理轮炮船的费用数额巨大，仅头、二号炮船每年例修就需银 110.921 两。其中浮报多支自然可知。1915 年，缉私营又报头、二号炮船年修需洋 183.9 元，各船更换旗帜桅棚等需洋 226 元，④ 长芦稽核分所以造价过昂、难以照准加以拒绝，并要求缉私营呈报修理工匠揽单及各种工料收据，稽核所才能

---

　　① 《缉私营各巡海、巡河轮炮船清折》，河北省档案馆藏档案，卷宗号 680 - 8 - 867。

　　② 同上。

　　③ 《长芦盐运司使指令第 283 号》，河北省档案馆藏档案，卷宗号 680 - 7 - 865。

　　④ 《长芦稽核分所函　第六十三号　民国四年三月八日》，河北省档案馆藏档案，卷宗号 680 - 7 - 865。

照准。为了控制缉私营修理轮炮船的巨额经费，稽核分所令缉私营详细呈报各船每年船员薪金、船只日常开销、修理费用详细情况。并且，为了改变各船修理乱象和落实各船需修情况，1916 年 11 月份，盐务署委任英国人柏尔森为验船员："查缉私轮船，闽粤两省为数最多，其扬州、泰州十二圩及上海并山东之羊角沟、长芦之塘沽等处，亦尚有多数小轮。勘验修理事所恒有，非有专员查验报告，不足以资整理而专责成。查有英人柏尔森于机器之学至为熟悉，业经本署派充为验船员，并由稽核总所加委为助理员。"① 按照当时盐务署规定，该验船员职责为："一、该洋员专司查验各缉私轮船之是否坚实、应否修理改造，以及司机、水手人等之是否合宜，随时拟具报告两份，一呈本署，一呈总所。二、闽粤淮浙芦所属缉私各轮船有监造、监修各工程时，应责任该洋员办理。三、该洋员就职以后，其办事处现时设在福州，即将福建盐务机关所有各船，在海关验船员监视时未经修理者切实查验，并将各船大概情形修费约需若干司机人等是否合格及各轮是否坚实合用，拟具报告两份，分别呈送盐务署及稽核总所查核。一俟福建事竣，应将广东各船依法查验，分别呈报。四、查验各缉私轮船，关系款项，在稽核总所范围之内，应另由总所加委该洋员为助理员，所有该洋员报告各事务，仍应缮具两份分呈会核。"② 此后，缉私营所辖各船，非经该工程师认可不得动支巨款，其应修理和应添置器物，须经该员勘验不得举行。这些措施，有效遏制了缉私营修船经费上的腐败现象产生。

---

① 《长芦盐运使训令第 500 号》，河北省档案馆藏档案，卷宗号 680 - 16 - 316。
② 《盐务署训令 第五百四十二号》，河北省档案馆藏档案，卷宗号 680 - 16 - 316。

# 第四章 长芦缉私营的缉务活动

长芦缉私营是北洋政府时期专职负责查缉长芦盐区私盐、保护长芦引盐存储、销售安全、维护芦盐盐税、盐课收入的武装组织。所以，其成立后的主要职责和活动就是巡查长芦各场坨、行盐孔道及销盐引岸安全和缉查私盐。

## 第一节 缉私营兵力部署

长芦盐区环绕渤海湾，北起直隶临榆县（现秦皇岛市山海关区）归化场，南到山东海丰县（现无棣县）海丰场。芦盐盐场辽远、港汊众多、漫无边际、运道复杂、地多斥卤等自然条件，再加上引岸专商制弊窦丛生等人为因素，使得芦盐区私盐盛行。依照前文所述，芦盐区私盐分为"体制内私盐"和"体制外私盐"。其中，"体制内私盐"包括场私、滩私、商私、兵私、坨私、邻私等众多种类；"体制外私盐"主要指芦盐私盐中最具地域色彩的"硝私"，其产制、销售涉及人数多、范围广、影响深远、难于治理。长芦缉私营成立后，面对芦盐区形形色色的私盐，根据私盐产生原因、种类及流通情况，确定了巡缉区域及驻防地点，进行了相应兵力部署："若谓巡守，则首重坨滩；若谓堵缉，则严防硝土之区，兼查海私奉私之任。"① 并在不同区域，采取了不同方式的查缉行动。

### 一 缉私职责的明确

盐巡营成立初期，并没有相关规章制度明确规定其职责范围。因其归

---

① 《为呈复职营防务缉私情形缕析陈明仰祈鉴核》，河北省档案馆藏档案，卷宗号 680 - 26 - 1073。

各缉私分局节制调遣，所以，各缉私局、盐店等要求缉私队驻扎局、店，主要职责为保护各局、店利益与安全。"嗣经各局长禀请准其节制调遣，始纷纷要队驻扎局店。而该局店皆为保护自己，不令远离。"① 当时盐巡营的巡缉区域主要为芦盐区各盐务局、盐店范围之内。盐巡营实际上成了各盐务机构和盐店的私人保镖，正如盐务专家景本白所说："说者谓缉私营之设，虽不足以禁巨枭大贩，然对于小民之偷漏，不无畏惧。且引界制度未破，则盐商全恃缉私营为护符，既可禁止小贩绕越，又可援越界为私之名，以保护引岸。不知国家设立缉私营之本意，原为保护盐税，并非保护引商。"② 这使得长芦各盐场与引岸缉私废弛。1911 年，时任"长芦盐务督转运使司"的张镇芳令裁撤各缉私分局，把 16 个缉私分局统一整编于长芦缉私营宋明善麾下。主要职责为保守滩坨、缉办枭匪、查缉淋卤硝盐私贩等项。

盐务稽核总所和分所成立后，为了保证盐税征收、保障债权国的利益，在会办丁恩主持下，着力整顿乱象丛生、弊窦百端的中国盐政，其措施有建立"先课后盐"制度、取消"卤耗"陋规、严格秤放、整理场产、使用司马秤统一权重、统一税率、建立稽查制度、改革引岸专商制，实行"就场征税"，等等。其中，整理场产为非常重要的一项，正如盐务署所称："税出于盐，盐出于场，故欲整顿盐务，增进税收，必以场产为本。使场产果皆清理，则滩池井穴有数可稽，盐产之盈虚不难预测，使场私果能杜绝，则斤两颗粒胥为公有，盐税之发达自属可期。"③ 为了整顿盐场、堵住私盐源头——场私，丁恩与北洋政府反复交涉，要求整理场产，主要措施为废裁低产、偏僻盐滩和建立盐坨：裁废掉运输不便和盐产不旺的盐滩，在交通枢纽地区建立用于存储盐斤的盐坨，各滩产盐要悉数归坨，然后才能配筑。为了加大查缉私盐力度、打出查缉私盐组合拳，丁恩在整理场产的同时，也加大了整理缉私营的力度。浸润在资本主义国家法制理念下和有着资本主义盐政管理经验的英国人丁恩，试图使中国盐政走上依法行政、依法治盐的轨道。在其努力下，1914 年至 1915 年，盐务署颁发了一系列法律条文，比如《盐务稽核总、分所（改组）章程》《制盐特许条

① 《呈文 元字第 989 号》，河北省档案馆藏档案，卷宗号 680－7－862。
② 景本白：《缉私营存废问题》，载景学钤编《盐政丛刊》，盐政杂志社 1932 年。
③ 《盐务署饬 第六百八十九号》，河北省档案馆藏档案，卷宗号 680－7－1456。

例》《盐税条例》《私盐治罪法》《缉私条例》等。这些法令条文的颁布，由于当时没有完善的政治制度相配套，不可能完全落到实处，但是，这毕竟促使中国盐政向近代化方向迈出了第一步。对于盐务缉私来讲，《私盐治罪法》明确了私盐的概念和范畴，《缉私条例》则规定了制贩私盐的处罚标准及缉私营缉务中的职责、缉私方式等，都使缉私营的缉务活动更具目的性和规范性。《缉私条例》规定："凡未经盐务署之特许，而制造贩运售卖，或意图贩运而收藏者，由缉私营队查缉之。地方官应负查缉之责。其经盐务署特许，而制造贩运售卖不如法者，由盐场或掣验榷运官吏查禁，但遇有重要情形，必须营队协助者，经该官吏之商调，或盐运使之调遣，缉私营队应协助之。"① 这就是说，缉私营队有查缉制私、贩私、运私和藏私之责，并在盐运使领导下，有协助盐场、掣验关卡和榷运局等处所处置重大案情之责。

## 二　巡缉区域的确定

制私的场所无非两种：各大盐场及各村硝池，贩私地点为水陆道路及各村镇，藏私窝点则较为分散。缉私营的职责决定了其活动的场所，即其巡缉区域，为此，长芦缉私营的巡防区域即为：一、产盐场所：各滩坨及产硝村落；二、运盐路途：各水陆运输线；三、销盐引岸：直豫各州县营销岸。详细缉私区域如下：

（一）产盐滩坨

长芦盐区环绕渤海湾，北起直隶临榆县（现秦皇岛市山海关区）归化场，南到山东海丰县（现无棣县）海丰场。按照当时海程，共绵延1400余里。陆路上，长芦盐场距离当时长芦盐运使公署所在地天津远的达700余里，近的也有70里。1912—1913年，长芦盐区有盐场8场，分别为丰财场、芦台场、越支场、济民场、石碑场、归化场（习惯上称为"北六场"），海丰场、严镇场（称为"南二场"）。这些盐场中，规模大的广延600余里，小些的也有120里。1914年，在稽核总所介入干预下，裁海丰场、严镇场，并入丰财场；裁越支场并入芦台场；裁济民场、归化场并入石碑场。这次裁并以后，仅剩下石碑场、芦台场及丰财场三场。石

---

① 曾仰丰：《中国盐政史》，上海书店出版社（根据商务印书馆1937年版复印）1984年版，第199页。

碑场包括坨后、老滩、老米沟、姜石沟等盐滩；芦台场包括南沟、中沟、北沟、尖坨各滩及越支场各滩；丰财场包括塘沽、邓沽、新河、东沽各滩。1919 年 8 月至 1925 年，又裁石碑场及越支场各滩坨，于是全区仅存丰财、芦台两场。① 这些裁并的盐滩，有的归并入别的盐场，有的则成为废滩。在存留的盐场，都驻有缉私营队，称为场警。

丁恩任职盐务稽核总所会办以后命令各地不仅要整理场产，还要把生盐归坨，集中存放，便于管理。从 1913 年开始修建扩建了许多场坨。1913 年 11 月，盐务稽核所下令扩建邓沽坨和汉沽坨；1914 年重建新河坨；1915 年扩建塘沽坨。为了杜绝偷漏，各场坨驻有卫兵。

（二）运盐孔道

当时芦盐运盐孔道主要为水路。"长芦引盐配行直隶省者，向由水运者居多。其水道经流凡五，一曰北运河（即白河），一曰西河（即淀河。由淀河上行为府河、白沟河、府南河），一曰下西河（即子牙河。由子牙河上行为滏阳河），一曰南运河（即御河。由御河上行为卫河），一曰东河（即蓟运河）。沿河各属就近落厂，分运集镇。其非沿河之处，再由车运至各岸。其配行河南省者，则向由南运河至河南道口镇及汲县（今新乡市卫辉市）、新乡县等处。多由火车载运，以取径捷。"② 各重要河口、路口、关卡缉私营都派有巡兵。

（三）销盐引岸

芦盐主要行销直隶、河南两省。直岸销往顺天府、永平府、河间府、天津府、正定府、顺德府、广平府、大名府、遵化州、冀州、赵州、深州、定州、易州并所属涞水县。宣化府属延庆州（卫堡其延庆州州堡及宣化等九州县并口北张家口等三厅向食蒙盐，故不载）15 州府属 125 县。豫岸有开封府、彰德府、卫辉府、怀庆府、陈州府、郑州、许州并所属临颍、郾城、长葛县、南阳府属舞阳县③ 8 州府共 54 县。这些县份一般设销盐总店一处，在交通发达、人口较多的地方设有分店若干处。在长芦盐区，共有销盐总店 134 处，支店 979 处。④ 在一些重要销盐引岸，驻有缉

---

① 　长芦盐志编修委员会编：《长芦盐志》，百花文艺出版社 1992 年版，第 18 页。

② 　长芦盐运使署编：《长芦盐务公报（第 2 期）1913 年 4 月 16 日》，长芦运署出版，河北省档案馆藏档案，卷宗号 680 - 12 - 818。

③ 　同上。

④ 　《谨将直岸总支盐店数目开呈钧鉴》，河北省档案馆藏档案，卷宗号 680 - 8 - 55 号。

私营巡兵。步、马队以及耕荒队、警察分驻143处。连兼查共计181州县营。缉私营执行巡缉任务者，多分布在各道路关卡、销盐引岸；执行驻守任务者，多分布在各盐滩、场坨。

从缉私营驻防地点看，具有以下特点：

1. 长芦缉私营兵队广泛分布于直、豫两岸。长芦缉私营步营、马营、耕荒队、巡海河轮炮船各营队分布于直隶、河南引岸各县村寨。各县基本都有兵队驻扎。并且，驻扎地点基本是私盐产生地或流通要道。缉私网点可谓密集。"缉私要旨，端在巡防周密，现在所有缉私，非不布置详到，无如地面广阔，此巡彼窜，防不胜防。"① 然在引岸专商制下，各种私盐盛行，百密终有一疏，这样蛛网式缉私营驻扎点并不能杜绝私盐生产、散卖。

2. 长芦缉私营兵力分布不均衡。直隶、河南引岸及各滩坨共有181州县营，当时长芦缉私兵连带统领部办事人员共有3000多人，缉私兵分布于直隶、河南及各滩坨共143处。兵力分散，各处平均驻防兵力少，并且兵力分布极不平衡。天津县非硝私和各种私盐盛产地，只因驻有长芦缉私统领部和丰财场务所等，兵力驻扎极为丰厚，南开、挂甲寺坨、新车站坨和邓沽各滩共驻有官佐15名，带领目兵33棚。宁河县境内因有丰财、芦台场务所，驻有官佐12人、目兵32棚零1人。而许多硝私盛产地及邻私浸灌地兵力与此相比，就显得薄弱得多。比如，沧州为硝私盛产之地及奉私浸灌之地，只驻有队官3人，目兵6.5棚。盐山县为东私浸灌之地，只驻有队官2人，目兵4棚。平乡县为硝私盛产之地，只有队官1人，目兵3棚。河南内黄盛产硝私，在缉私营平池过程中曾酿成盐民反抗风潮，惊动了当时北京政府，但只驻有步左营左队排长1员，带目兵1棚；耕荒队20名；马营队官1人，目兵1棚。这样，内黄县当时共驻有队官2人、目兵2棚及不带武器、工人性质的耕荒队20人，共42人。兵力分布显得极不均衡。

3. 长芦缉私兵驻防网点兵力不足。在引岸，一个县里只有几棚的缉私兵，兵力所限，其只能把守一些大道路口和河口。而许多小路缉私兵并不能兼顾。比如海丰、严镇一带，界连鲁省，夙为东私浸灌渊薮，煎制土盐及山东私盐由盐山、庆云两县运入直隶境界。"缉私营择要驻扎，防堵

---

① 《丰财场务所为场产整理事呈长芦运使》，河北省档案馆藏档案，卷宗号680 – 16 – 27。

非不严密，奈犬牙相错，间道孔多，此缉彼窜，防不胜防，而且大宗枭匪，动辄千百成群，携带枪械，昂然直入，要非少数缉私兵队所可抵御。"[①] 如1915年（民国四年）5月5日有贩卖东私的大批盐贩用200余头驴驮载私盐，经过赵沽庄，持枪携械，往西而去。缉私营仅有一棚步兵，寡不敌众，未敢追捕。

在长芦各盐场或盐坨，每个盐场方圆几百里，往往只有几名目兵或数棚场警防守，顾此失彼，难于完全禁绝盐斤偷盗或偷漏私运。比如在丰财场，"查各滩濒临海滨，区域散漫，稽查最难。……丰财所属产盐之区有四，曰塘沽、曰邓沽、曰东沽、曰新河，塘沽一区计熟滩四十三副，分为三小区，曰南湾、中湾、北湾；邓沽一区计熟滩三十一副，分为二小区，曰东区、西区；东沽滩副无多，仅有熟滩五副，暂由邓沽滩员兼管；新河滩荒已久，未设专员经理，现甫经修复此二三副，暂由塘沽滩员兼管"。[②] 邓沽南滩25处驻步前营前队队长、中队队长各1员，带目兵5棚；邓沽滩窑间驻目兵1棚；邓沽刘庄子驻目兵1棚；东大沽驻步前营中队队长1员，带目兵2棚；铁帽桥驻目兵1棚。塘沽滩驻步左营前队排长1员、带目兵1棚、场警3棚，共4棚；双门驻目兵1棚；新河驻步前营中队排长1员、带目兵半棚；四道桥驻目兵半棚。与别区域比较起来，丰财场兵力尚算不少，然而，滩坨港汊纷繁，完全杜绝私盐，仍属万难。所以，当时有人建议在盐场滩坨各处建立瞭台，"设瞭望台以期周密也，缉私要旨，端在巡防周密。现在所有缉私，非不布置详到，无如地面广阔，此巡彼窜，防不胜防。拟请仿照地方警察消防队瞭火台办法，择各滩适中之地置设瞭望台一座，轮派巡兵一人矗立其上，每台置备警钟一具（钟声可达十里，约按十里置设一台），订明某方有警，掣钟若干声。并于台之巅悬红黄蓝白四色旗，夜则系以四色灯以示方向。台下巡兵，一闻钟声，审明何方，即往追捕……"然而，由于经费有限，盐场瞭望台并未遍建，缉私仍难周全。

4. 长芦缉私营驻扎地址未尽合理。缉私营的驻防地点大部分在扼要路口或私盐常走路口。然而，为了逃避检验与稽查，贩私者也常变换路

---

① 《严镇海丰滩坨委员为会同详复事》，河北省档案馆藏档案，卷宗号680－19－125。

② 《谨将本所所属滩坨改革事项分条缮请鉴核》，河北省档案馆藏档案，卷宗号680－16－27。

线，寻找隐蔽或偏僻路线通过。缉私营的调防一般经由缉私统领宋明善坐镇天津南开远为调度和遥控指挥；或长芦运使应商人所发请求或处置临时发生紧急情况，命令宋明善开赴所需区域。所以，缉私营驻扎地点并未全部经过实地勘验，有时也不尽合理。比如，就东私入直省道路而言，苏集为小山赵沽庄的门户；而高湾、崔家口又为山东界新集、小王庄入直的要道。大凡东私盐船荟萃之区，多以大河口为起点，由大河口至程子口石桥二处，舍舟登陆，改用驴驮，先经小王庄，次至新集。新集紧连直隶盐山县界，由大河口北而入者，是为县境之高湾；由大河口南而入者，是为县境之崔家口。自高湾以次灌输于苏集镇等处，自崔家口以次蔓延于庆云县境严家务、杨和尚寺等处。当时与苏集一山之隔的赵沽庄驻有步队，望海寺驻扎马队三棚。而苏集、高湾等地并无驻兵。而且，小王庄最为通私之咽喉，该庄系山东海丰县辖境，此处也并无缉私营驻扎。严镇海丰滩坨委员顾国屏等建议拨分望海寺马队一棚驻扎苏集，一棚驻扎高湾。三棚兵士呼应协调，当有相助益彰之效。还应在小王庄驻兵，"则控制得其要隘，邻私自无隙可乘，较之内地劳师远驻，事半功倍，惟事关东省主政，应请转详咨请山东盐运使核办"。① 但此事由于事关山东盐务，协调非轻而易举，所以搁置了下来，东私仍源源而来。类似这样不得要领的驻扎地点还有很多，由于统领要遥控指挥 180 个左右州县营的驻扎地点及缉私事务，各营长和队长均没有根据私盐运销情况随便改设驻扎地点的权力，所以对有效缉私地点并不能一一落实。私运的道路不能阻隔，就为私盐留下了活动空间。僵化的"人治"管理体制带来的必然是低效的工作状态，根源俱在，私盐难除。

对于缉私营驻扎地点，长芦稽核分所也是时常加以问询和干涉。依照其规定，缉私营队不得在一处长时间驻扎，以防与当地宵小之徒里应外合，勾结作案。所以，缉私营队要经常在各驻防地点间轮调。在一些重要盐区，缉私营各营队的驻扎地点每月都有变换轮调，各营还要把本营、本队各月轮调情况上报长芦运署。轮调制度的好处就是缉私兵不能与当地私盐贩子或盗窃者形成利益链条，共同作案。然而，这样做的弊端也是显而易见的。正如委员宗翰年所言："至现驻之缉私营官兵若干，殊难得其实在。缘该营所驻之兵并无准定，今日派来，明日调往。或派来一百，调回

---

① 《严镇海丰滩坨委员为会同详复事》，河北省档案馆藏档案，卷宗号 680 - 19 - 125。

五十。均听统领官长命令行之。以目下之调查，塘沽有队官一员，队长一员，兵士八棚。稍逾时日，则又不符其数。邓沽南开系统领部驻扎地点，统领回部，兵士甚多，如一出部则又随往，所留者并无例定额数。其中真相殊难的确。"① 广袤 2000 余里的芦盐产销区域，私盐盛行，情况千变万化，全由缉私统领遥控指挥、调度，难免顾此失彼、难于制宜，影响缉私效果。

再者，兵员流动太过频繁也造成诸多不便。1915 年 10 月，盐务署曾派委员王敦敏赴芦、东、淮、浙等地调查缉私办理情形。据调查员称："查长芦缉私全部计步队三营、马队一棚、耕荒队二十名，分布直豫两岸，计程二千余里，分驻二百余处，除豫省相距较远，往返需时，未及往查不计外，仅直隶一省已查至百余处之多。其每处所驻人数零星杂乱，多系凑合而成，及考其某处所驻某队共有若干名，虽无论如何辗转访查，亦虽得其确数，盖长芦缉私积习，非但某官专带某队不能固定，即排长棚头亦可互相代理，有一处一棚者，有一处半棚者，有一处名为一棚而其实人数不足者，有名为三棚或两棚而其数尚多于额定者。推其原因，长芦缉私营队并非一气招成，均系陆续添募，相沿已久，未经划一，其步队左营、马队后营，两营至今数目尚未编齐，此其明证。况系密查之件，固虽得其确数，即明传点验，亦恐难以列队成营。惟经详细访查，其驻扎直豫之全部人数，大致当无甚缺额，饷项马干亦当无克扣等弊。惟有耕荒队二十名，经与各司事多方访询目兵等，多不知其名或驻在豫省，亦未可知。距隔辽远，无从悬揣。"② 缉私营如此情况及不断调防，各防兵员数名难于掌握，为缉私营经费发放上的腐败也提供了便利；兵员对周围环境及泛私环节难于熟悉，不利于其熟练掌控缉私环节；更易造成军心不稳、得过且过等心理。

## 第二节　缉私营的缉务活动

长芦缉私营的职责为维护长芦盐区产存盐滩坨、销盐引岸的产销安全及查缉私盐。缉私营步兵驻扎地点多为各滩坨，即芦盐产储之区，还有即

①　《宗翰年调查呈文》，河北省档案馆藏档案，卷宗号 680 - 7 - 1461。
②　《王敦敏调查书》，河北省档案馆藏档案，卷宗号 680 - 26 - 679。

邻私出没或硝私盛行之地，马队驻扎地点多为硝私最盛产区。海巡轮船和河巡炮船负责巡查海上行盐安全和查缉海私、邻私。

## 一　日常缉私活动

### (一)　缉私方式及特点

长芦缉私兵的职责为对官盐产销区进行防护、查缉私盐及在各硝盐产区查缉硝盐。在官盐产销区的各滩坨及一些重要路口，长芦缉私营驻兵一般以巡缉方式进行防护。比如1920年驻防丰财场塘沽、新河、邓沽、东沽各滩场的缉私兵，分驻于各场兵力及巡缉情况如下：塘沽滩坨驻前队队官夏吉堂1名，带领目兵夫24名，除保护本坨外，日夜轮流站岗并梭巡来往要路并查察各滩有无走漏情事；小九道沟滩驻后队队官程以珍1员，带兵3名，日夜轮流守护本坨，并梭巡来往要路查看各巡兵有无松懈；南大沟驻左队队长宋占朝1员，带兵4名日夜轮流守护本滩，并梭巡来往要路，查察各巡兵有无松懈；小夹道滩驻兵2名日夜轮流巡缉守护本滩；大九道沟滩驻兵2名日夜轮流巡缉守护本滩；马海滩驻头目于万和带兵2名，日夜轮流巡缉守护本滩并查察邻滩兵士有无松懈；小岑子滩驻兵2名轮流巡缉守护本滩；双门滩驻头目袁凤云带兵1名，日夜轮流守护本滩；大漏滩驻头目杨荣吉带兵2名，日夜轮流守护本滩，并查察邻滩兵士有无松懈；菜畦滩驻兵3名，日夜轮流守护本滩；虎头椿滩驻兵2名，日夜轮流守护本滩；家后滩驻头目王振堂带兵2名，日夜轮流守护本滩并查察邻滩兵士有无松懈；高堡滩驻兵2名日夜轮流守护本滩；东沽滩坨驻后队队官李庆云带领目兵夫12名，除守护本坨外，日夜梭巡来往要路并查察各滩兵士有无松懈；何家中滩驻头目贾得山带领兵夫11名，守护本滩及三帮池、大漏、刮金板、腰上共五滩下道范围东至炮台、南至灯楼、北至曹头沽、西至道沟路。凡未驻官兵各滩系因该滩处于中心点外滩为之保护，无驻兵必要。[①]

由此也可以看出，在丰财场有15个缉私兵驻防地。凡重要滩场或易于私盐走私之区，均驻有缉私兵，驻防网点较为密集。但是，对于动辄成百上千亩之大的盐滩来说，每个滩坨驻有几名或多一些的缉私兵，对于防缉来说，显然是杯水车薪。缉私兵驻防仅仅能起一些震慑作用或查缉一些

---

① 《长芦丰财场公署训令　第117号》，河北省档案馆藏档案，卷宗号680 - 19 - 296。

小规模涉私者。对于盐斤偷漏和一些枭私，几个或十几个缉私兵并不能真正起到杜绝场私作用。再加上一些缉私兵巡缉松懈，场私泛滥就在所难免。据丰财场知事张佑贤转述长芦稽核分所函称："塘、汉两沽滩面盐斤因巡缉松懈，偷盐者络绎不绝，以致丰润及蓟、宝、宁四县盐商皆受私盐充斥之害。尚复成何事体？各滩务员近在咫尺，亦何以漫无察觉？"[1] 实际上滩私为长芦私盐中大宗的状况一直没得到逆转，正如 1916 年 5 月长芦稽核分所诉称："滩坨为走私之根本。嗣后守护各滩坨之缉私兵丁，应由各营管带与各场知事及各稽核支所助理员遇事会同办理，以免隔阂。如滩坨不致走私，则本省之漏卮既塞，仅剩硝私及邻私较易抵御。"[2]

在各州县，各防步兵一般分早、晚两班巡逻。以驻守滦县双坨防的步后营后队 1922 年 11 月至 1925 年 3 月巡缉为例，1922 年 11 月 27 日周一到 12 月 3 日周日一周内，周一早 9 点排长带兵 3 名巡逻至三灶庄、老王庄，下午 2 点回防；晚上 11 点兵 3 名至常灶庄，凌晨 4 点回防。周二早上 10 点兵 3 名巡缉至小敖上，下午 3 点回防；晚上 8 点兵 4 名至梁厂庄，凌晨 2 点回防。周三中午 12 点兵 3 名至芦井上，下午 4 点回防；凌晨 2 点兵 3 名至柳树庄，早 7 点回防。周四早 9 点兵 4 名巡查至安子上，下午 3 点回防，凌晨 4 点兵 3 名至艾庄子，第二天上午 10 点回防。周五早 11 点排长带兵 4 名巡查至李家灶，与李八廒会哨，下午 6 点回防；凌晨 1 点兵 3 名至杭各庄，早 6 点回防。周六早 10 点兵 4 名巡查至新庄子，下午 3 点回防；凌晨 3 点兵 3 名至城子庄，早 8 点回防。周日早 8 点兵 3 名至郝各庄，下午 3 点回防；凌晨 2 点兵 4 名至守盐庄，第二天早上 9 点回防。以后的四年内，每天均是如此巡查。其他各防步兵巡缉活动也是如此进行。[3] 但令人不解的是，在这四年中，步后营后队双坨防的缉私兵没有查处一起私盐案。

在马队驻扎防地，马队巡缉情形与步兵相似。以马后营中队三棚驻丰润县李八廒防 1924 年 3 月 31 日至 4 月 6 日一周巡查情况为例：周一正目带马兵 3 名早 8 点赴东坨地至下午 4 点钟回防；副目带兵 3 名下午 7 点赴

---

① 《长芦丰财场公署训令　第 117 号》，河北省档案馆藏档案，卷宗号 680 – 19 – 296。

② 《长芦盐运使饬第五百二十九号　长芦分所条拟整顿长芦缉私营办法》，河北省档案馆藏档案，卷宗号 680 – 16 – 316。

③ 根据河北省档案馆藏档案《双坨巡缉表（1924 年）》中各步队巡缉表总结所得，卷宗号 680 – 26 – 626。

田水坨至凌晨 2 点钟回防。周二队长带马兵 3 名早 7 点赴孙家灶，下午 3 点钟回防；正目带兵 3 名下午 6 点钟赴头灶至凌晨 1 点回防。周三队长带马兵 3 名早 9 点钟赴李家庄与双坨会哨，至下午 5 点钟回防；副目带步兵 3 名下午 8 点钟赴占子井，至凌晨 3 点回防。周四正目带马兵 3 名早 8 点赴八里河，至下午 4 点钟回防；副目带步兵 3 名下午 7 点钟赴八道沟至凌晨 2 点钟回防。周五队长带马兵 3 名早 9 点钟赴三灶与老王庄会哨，至下午 5 点回防；副目带步兵 3 名下午 6 点钟赴李家坨至凌晨 1 点回防。周六正目带马兵 3 名早 7 点钟赴杜林至下午 3 点回防；队长带步兵 3 名下午 7 点钟赴四道沟至凌晨 2 点钟回防。周日正目带马兵 3 名早 5 点钟赴二灶至下午 1 点钟回防；副目带步兵 3 名下午 6 点钟赴黄米廒至凌晨 1 点钟回防。[①] 别营马队巡缉行动均与此相似。

从缉私营兵队在各驻防地巡查活动可以看出，其巡缉活动有以下特点：（1）缉私方式上，长芦缉私营在各驻防地点，日常缉私活动一般以巡缉方式进行，即缉私兵每日在工作日内，下道巡逻，如果遇有可疑人员，即上前查问。如发现是涉私者，则拿获问罪、缉获私盐。（2）出巡安排上，每日步兵基本分早、晚两班进行巡缉。每班由官长头目带领或目兵自行巡逻，人数 3 名至 5 名不等。（3）巡缉时间上，虽分早、晚两班出发巡查，但出发时间不定，早班从早晨 5 点到中午 12 点不定；晚班出发时间也不固定。这样安排，使私盐贩等不易掌握缉私队活动规律，有利于缉私的执行。（4）巡缉范围在防地周围村庄、滩坨，距离不会太远，巡兵一般当日返回。（5）在一些县份，有步队和马兵共同驻防者，二者便协同出巡，便于二者发挥各自的优势。

在巡逻过程中，缉私兵如发现有形迹可疑人员，即进行盘问、调查。1922 年 6 月 10 日，步前营左队分驻巨鹿县大韩寨防二棚头目冯化齐带兵 10 名于早 5 点钟赴进虎寨一带巡逻，至该村东口遥见有 4 人挑口袋而行。4 人见有兵追来，即向村里逃跑。缉私兵当即追获 2 人，其余 2 人逃入村中人家。缉私兵即入村搜查，遭到村民李遂月、李景武等抵抗。双方发生口角乃至打斗。据缉私营方面称，当时村民涌来，发生群殴，缉私兵服装枪械被村民夺去，有 11 名村民参与了打斗。可后来据巨鹿县知事称，李

---

① 根据河北省档案馆藏档案《双坨巡缉表（1924 年）》中各马队巡缉表总结所得，卷宗号 680 - 26 - 626。

遂月、李景武等人伤势过重未便羁押，其余9人中，3人村中并无缉私营所报姓名，1人系重名（李洛瑞即李云祥）、3人在出事前外出未归，1人系久病未愈、出外就医者。实际上，与缉私营打斗的仅仅是李遂月、李景云2人，并且2人均被殴成重伤，不便羁押。缉私营存在虚报殴打情形的可能。然而，就在这种情形下，巨鹿县知事仍然不敢怠慢缉私营，答应严惩李遂月、李景武等。① 就此案而言，李氏二人本非涉私者，仅仅因为与缉私营兵言语不和、发生争吵，遂被缉私营兵殴打致伤，应该严惩的是缉私营兵而非两名村民。然而，当时缉私营名义上担当盐务缉私重责，地方官根本不敢与较。地方官不公正的办案态度更助长了缉私兵渎职妄为的气焰。而缉私营查缉行动中的随意行为日复一日、年复一年地重复上演着。在日常缉私行动中，由于缺乏相关制度规章明确规定长芦缉私营的查缉目标、涉私者特征、查缉方式及对误查行为的惩罚追究，所以，长芦缉私兵日常查缉行动带有很大的随意性，缉私兵往往凭借自我感觉、表面判断进行缉私，而判断并无一定标准。这就经常造成缉私营与防地民众发生冲突，伤人性命事情也频频出现。

（二）涉私案件处置

对于百姓肩挑背扛盐斤案件，当时盐务署定性为"轻微案件"。为规范对此类案件的查缉办理，盐务署颁布了《私盐轻微案件处罚章程》②。按照这个章程，"轻微案件以老弱妇孺误犯盐法，肩挑负私或随身夹带私盐，其数在司马称一百斤以内并无拒捕情势者为限"。"各盐务缉私水陆船队及场警等缉获私盐人犯时，如查系轻微案件，除私盐及其应充公之物照私盐治罪法没收外，所获私盐按照本章程处罚。"轻微案件处罚分为两种："（甲）五十元以下二十元以上之罚金或五十日以下二十日以上之拘役。（乙）二十元以下三元以上罚金或二十日以下三日以上之拘役。本条所处罚金限五日内完纳。仍逾限无力完纳者每一元折罚拘役一日。送就近司法机关或公务局所执行之。"处罚应以罚款和拘役为要。当局缉私重点并不放在这些老弱妇孺身上。然而，在实际查案中，缉私营平时多查处的是这类轻微案件。原因固然是多方面的，但缉私营兵的弱肉强食、欺大压

---

① 《缉私营呈报巨鹿县进虎寨硝犯拒捕请饬该县依法讯办 1922 年 6 月》，河北省档案馆藏档案，卷宗号 680 – 8 – 779。

② 《私盐轻微案件处罚章程》，河北省档案馆藏档案，卷宗号 680 – 11 – 1333。

小、惧强凌弱恶习是主要因素。

缉私营兵在巡缉行动中，对肩挑背扛的小额涉私者凶狠异常，而对洋人贩私、大队贩私或枭私往往束手无策，不敢追缉。1920 年 10 月 2 日，步后营前队分防秦王岛三棚正目党秀宾带兵巡查海沿，见有人力车两辆，上载草袋 7 袋，后面跟有一东洋人押车。见有目兵，东洋人颇显慌张。目兵党某即怀疑车上载有私盐，但党某见有洋人押车，不敢轻易上前检查，只跟随其后。到达目的地后，洋人即令车夫将草袋卸下，和车夫随后离开。目兵遂上前检查，发现袋内确是私盐。"惟车夫洋人远遁，无从根究，比将盐包抬回防过秤，计重三百五十斤……查秦王岛系华洋往来之处，海船停泊之所。此次目兵跟踪追缉该洋人将车载盐包遗弃案街中，乘间而逸。况洋人夹带私盐贩运出境，缉私条例无此专章。"① 缉获此私盐后，盐商不愿领购，运使只得致函长芦稽核分所，商求让缉私营自行变价缴款。此案不了了之。缉私营缉私行动中的种种不法表现，后文详有述及，此处不再赘述。

在缉私营各兵种中，缺乏类似现代警察队伍中的"侦查员"职能的兵种，除了一些后勤人员和官长外，不论步兵、马兵，均为巡兵，步兵、马兵的区别仅仅其行动方式不同而已，其职责范围均为巡缉私盐，并无调查私盐产销情况之责。再者，缉私营的缉私方式为巡缉查私。这种缉私方式缺乏目的性、针对性，缺乏对制私、贩私、食私者的有效深入调查。对涉私者活动情况不加掌握，仅仅靠路上遭遇，凭其感觉判断行人是否涉私，其会造成缉私效率低下；并且容易出现扰民、害民行为；也容易使缉私营在巡缉过程中滋生腐败、渎职行为。正如后人评价缉私营所言："查长芦缉务，未归稽核所管辖以前，实为藏垢纳污之地，贾缺放私，吃空蚀饷。对于私贩枭匪，则因缘牟利，无殊猫鼠同眠；对于盐商食户，则敲诈苛求，直是豺狼当道；甚至栽赃索贿，择肥而噬，如遇温饱之家，则所科罚金，较诸法令所定，辄超越十倍二十倍以上，倾家破产者，指不胜屈，而于防止私硝，则丝毫无补也。至于纪律败坏，训练毫无，服装不齐，枪械窳朽，均其余事，以致名誉日毁，路人侧目，一言及缉私队莫不痛心疾首，引为虐政之尤。"② 实际上，在稽核所成立以后，缉私营的腐败行为

---

① 《呈 营字第 181 号》，河北省档案馆藏档案，卷宗号 680 - 8 - 572。

② 《长芦缉务情形纪略》，河北省档案馆藏档案，卷宗号 680 - 22 - 1244。

并没有多少改变。这是因为当时的缉私方式不算规范，不规范的行动当然出不了规范的效果。

（三）突发、严重事务处置

长芦缉私营除了日常下道巡逻、盘问可疑人员、查缉私盐外，还经常处置一些突发或重大、严重事务。比如各盐店每到春季和秋季硝私畅旺之时，官引遭到冲击，盐店悬秤，盐商往往会请求运使调拨缉私营帮同查缉；还有因为政局动荡、匪患频出，盐店或盐商遭遇土匪抢劫，急请运使派兵援救。1913年6月，河南新乡引岸盐商晋和源号向运使呈报"讵自军兴以来，人情浮嚣，境内刮土私煎私淋者相率效尤，宵小勾结依为利薮，地方官既不敢绳之以法而商之设巡缉私已形同虚设，迩来遍地私盐，官引月仅销盐数十包"[①]。并且，新乡私盐渐呈蔓延之势，"新乡境内所产私盐不仅充斥一县，且附近之延津、武陟、原武等县私硝渐已扩充至大河南北各引岸，交受其害。及今不图影响全局，更难收拾"。[②] 运使接报，即命令缉私营统领派兵前往查缉。而这样的救急、救困请求常纷至沓来，各盐商呼危喊困、请求出兵救援之声不绝于耳。运使调缉私营火速赶查的命令也常使缉私营疲于应付、忙于奔走。有时，缉私营统领也会推诿、缓办。1916年，河南引岸因为硝私和邻私充斥，引盐销售疲敝，长芦运使命令缉私营统领宋明善前往河南界沟集一带驻防巡查，同时还命令纲总邹廷廉派盐巡协同缉私营办理。宋明善接到运使命令后，并没有按照运使要求前往缉私，而是找种种借口进行推诿。运使见其推诿，再次下令其速往河南巡缉。宋明善这次透露了不愿前往查缉的真实原因是这里为三省交界地方，匪祸频发，缉私营前往唯恐损兵折将："谨悉一切沈丘县、界沟集防甄应遵照，惟驻队四十人实属无处筹拨。而该处系三省交界，土匪出没无常，苟驻兵过少，军马器械又恐启人窥伺，反复筹思，势难兼顾。"[③] 对于宋明善的推诿、畏战，长芦运使颇感恼怒，再次训令统领宋明善："如未拨调，仰仍遵照前令拨往，毋稍违误。仍将拨队日期呈报备考。"[④] 在这种情况下，宋明善只得派兵前往。统领尚且消极避战，查缉效果自然

---

① 《呈为私销遍地官引几停仰恳鉴察　元字第1001号》，河北省档案馆藏档案，卷宗号680-7-879。

② 同上。

③ 《敬再禀者昨由南开司令部寄到训令》，河北省档案馆藏档案，卷宗号680-8-109。

④ 《长芦盐运使训令第十号》，河北省档案馆藏档案，卷宗号680-8-109。

可以预见。

可见，因为专商引岸制度的弊端及盐税在国用来源中的显重地位，使得盐价居高不下，造成私盐盛行。社会制度性弊端引发的私盐大部压于缉私营肩上，缉私营几乎有不可承受之重。某地私盐一旦泛滥，上级各部门就怪罪长芦缉私营："查长芦私盐充斥尤以沧县青县静海为最著，皆由各营之缉私废弛以致私贩肆行。"① 这种做法明显有失公平。除了日常的巡缉外，过于繁重的临时出警任务，使缉私营疲于应付。缉私营统领对临时出警推诿不办固属不合，但私盐充斥地区盐商要求缉私营加以保护的请求也过于频繁，使缉私营应接不暇。由于缉私兵常因应急事务处置而被频繁调动，使其防区查缉秩序被打乱，而远途奔忙又使其疲于奔命，造成缉私兵缉私心理疲惫，也影响了缉私效果的发挥。

## 二　硝私产区查缉行动

长芦盐区多盐碱地，气候类型属温带大陆性气候，正好适合硝土盐的产制。如前文所述，芦盐引岸所在地直隶、河南等地硝私泛滥严重。据1915年长芦盐务署调查所知，直、豫两省出产硝盐者共有111个州县。长芦缉私营马队、耕荒队及大部分步营的主要任务均是查缉硝私，是硝私区主要的缉私力量。"查马后营系于民国四年一月，由盐务机关代盐商编制（盐商原请自行招募，经驳覆不准），备协助马前营实行巡缉（马前营系在前清编制），费系由盐商供给。编集该营适在内黄县盐犯大帮啸集、产制私盐之时，其势甚烈。查是时马前营分驻直隶者计有三队，其大部军队则全驻于河南。马后营之大部军队系驻于直隶，其分驻于河南者亦有三队。后运使以一营兵力分配两省不甚妥便，故于四年十二月将马前营全部调驻河南，以马后营调驻直隶，自此之后直豫两省遂各有全营马队，协助步兵查禁硝盐。"② 在重要硝盐产区，步营、马营协同查缉，方式有巡查各地、平毁各村镇盐池及查获人犯和私盐等。

长芦缉私营在硝区日常缉私活动，除了在滩坨和各道路、关卡履行缉查职责时的巡逻查缉外，重点放在防治上。防治的主要形式即为平毁各县

---

① 《为呈复职营防务缉私情形缕析陈明仰祈鉴核》，河北省档案馆藏档案，卷宗号680－26－1073。

② 《长芦盐务稽核分所呈总所　呈覆缉私马队成绩及各方意见第5068号》，河北省档案馆藏档案，卷宗号680－22－733。

各村淋盐硝池，缉捕刮土盐犯，试图把硝私扼杀在产出阶段。以驻守直隶硝盐产区的马后营缉私行动为例，在驻防地点上，马后营自 1915 年 12 月奉令调驻直隶后，即布防在硝盐产制最盛之区："即担任巡缉直隶一省缉私防务，扼要布设 25 防，均在直隶出产硝盐最盛之区。及邻私、硝私、海私入直孔道，并辅助步队各营兵力不及，游缉、驻守滩坨附近……"① 在查缉方式上，马后营目兵每日在官长带领下，在各该巡防区域内巡查，并兼查周围职属县份："查职营分驻直隶各防，除驻扎滦县、丰润老王庄等数防固系辅助步队兵力不及、归步后营节制、游缉情形、缉获各案由该营直接具报外，所有驻扎昆连山东、海丰、无棣，如沧县、望海寺、辛店等防，除巡缉沧盐一带硝私外，并堵缉山东入直海私、硝私以杜绝浸灌。此外各防均系驻扎直隶出产硝盐最盛各县，经驻在各该防官长带领目兵，逐日在巡缉区域以内及兼查之县份梭巡严缉。查有明设盐池立即平毁（近年因巡缉周密，直隶野外已无明池设立）。"② 在对盐犯处置上，一般会在村正、地保的协助下，缉拿盐犯，然后送县署查办，掣取收据，编具临时报告表，呈报盐运使及稽核分所，年终汇总缉私成绩："遇有刮土盐犯，即便拿获根究彻查，送县惩办，掣取该县印收呈报营部；如查某村有私淋形迹，或村中某住户门外堆有盐泥，立即会同该村村正、地保沿村或入院查缉，如查有私设淋晒硝盐各池，立予当场平毁，所获盐犯、硝盐分别送请该管县署惩办，掣取该县印收，呈报硝盐，会同盐店坑弃，取该店凭条，附呈职营据报。除将附呈印收凭条存查外，立即据情分别填具临时报告表，备文呈报，并按年汇报有案。"在处置所获私盐及附属物品上，就近交给各引商盐店变价，充公、分赏五五分成："查职营各队防，除驻扎昆连山东各防，间或私贩海盐及大帮私贩硝盐附带物，因望海寺、辛店、曲周、平乡等防均距场坨辽远，仍照向章所获海盐交由所在引商盐店变价，附带物均由该防就地拍卖变价，以五成充公报缴，以五成提奖分赏在事出力官兵，具报有案。至驻在出产硝盐区域各队防，每案所获硝盐均照向章会同所在引商盐店派员眼同坑弃、掣取该店眼同坑弃硝盐若干凭条，呈送营部存查。"③ 在私盐变价上，分为两个阶段：稽核所整顿缉私

---

① 《谨将职部马后营奉令饬呈防缉情形及处置所获私盐办法详细逐项开革恭请宪鉴》，河北省档案馆藏档案，卷宗号 680 - 26 - 943。

② 同上。

③ 同上。

营事务前，缉私营自行处置私盐，变价按章充公、充赏五五分成；之后，缉获私盐交由县署变价，缉私营不再有私盐变价权利，其查缉权和处置权进行了分离。其他步、马各营查缉硝私情形也大致如此。

　　缉私营硝私查处过程中，常会遭遇到巨大阻力和反抗，使得硝私查缉显得很是艰难。几次大案颇能显示缉私营查缉私盐的巨大难度。直隶隆平县为芦盐区硝私最为严重的县份之一。从清光绪三十一年起，因知县平池行动各村硝民屡酿风潮。1917 年，隆平县境内发生水灾，庄稼颗粒无收，贫民谋生无望，为了糊口，纷纷筑池淋盐。1918 年，缉私营巡查至白木、枣林、甄家庄、佃户营等村时，查见硝池林立。缉私营队官即带人准备入村详查，遭到村民 1000 余人阻拦。无奈，缉私营只得会同县知事，命令村正、村副等令村民平毁硝池，但不奏效。长芦运使遂向直隶省长请命，省长命缉私营多带人马前往隆平、唐山等县平毁硝池。7 月 3 日，马后营管带李连仲共带兵 4 棚，会同该两县知事及警役到白木、枣林等村，命令村民限期平池。听到此信，村民鸣锣放枪，汇集 1000 余人，准备抵抗。县知事等见事态难控，就命令缓冲处置，张贴告示，晓谕村民平池。缉私兵入村平毁了几座硝池，村民就准备了土枪土炮准备反击，并动员了唐山县硝民共同反抗。正僵持间，有一名名叫武殿魁的甘肃营弁带头帮助缉私营平池。村民遂迁怒于其，对其殴打至重伤，并拆毁其家房屋、抛掷粮食物品。县知事和营长见此情形，恐酿事端，只得暂停平池。随后知事和营长简从轻骑走村入户，陈明利害，婉言劝说，最后村民听从了劝告，隆平 7 村共平毁硝池 1373 座，知事取具该村民不再淋盐切结，武殿魁案另案处理。唐山县部分硝池也得到平毁。事情终得和平处理。但事后缉私营感觉不处置一些盐民，不足以警戒。所以请县知事逮捕了地保张守正等人，村民联名请求宽恕，知事判处其刑期三年一个月。缉私营认为判罪太轻，坚决反对。遂多次呈文、致函长芦运使、直隶督军请求重判，事端扩大。最后只得重判了事。[①]

　　河南内黄县为硝私生产最为严重的县份之一。1912 年 10 月，长芦缉私统领带人到内黄县查看，发现有硝池 2500 余座，可见硝私之严重。1915 年 2 月，缉私营又一次到内黄平池，遭到村民反抗。缉私营驻扎新

---

　　① 　根据河北省档案馆藏档案《盐运使署：部令地方官缉私疏销规则五条（1913—1927年）》内有关隆平平池文件整理，卷宗号 680 - 7 - 932。

张铺防队官张连芳将柴庄村民柴麻得带到天津讯办，未知会内黄县知事。柴母因不明其子罪因，即请求村民到缉私营防问询逮人缘由。被缉私营兵开炮轰击，致一死一伤。村民被激怒，聚众 2000 余人携带抬枪到新张铺缉私营问责。此事上报到盐务署。盐务署批示相机谨慎办理。河南巡按使田文烈电饬长芦缉私营会同内黄县知事将硝池一律平毁。村民开炮轰击缉私营新张铺防。县知事及当地陆军闻讯一同前往镇压，村民退去。第二天又聚集攻打营防。冲突中缉私营又击毙一名村民。河南巡按使及县知事命令缉私营要和平了结。村民越积越多，形势危急。虽经交涉，但村民愤怒难平。8 月，盐务署派杨嘉辰、贺良栏二人前往调查。大总统袁世凯此时正在准备称帝事宜，不愿扩大事态，遂下令："内黄平池兵民冲突一案，既据查明，缉私营统领宋明善、队官张连芳确有违法虐民、焚杀无辜情事，实属罪无可逭。张连芳着即解交军政执法处讯明究办，宋明善交陆军部议处，以示炯戒。至该前代理内黄县知事杨济封于该统领等违法情形并不据实详报、曲为容隐，咎有难辞，已交付文官高等惩戒会以肃官常，并交内务、财政两部查照。"① 后以宋明善遭降级使用，其他人员均被判处刑罚告终。由此可见，硝盐查处过程中，困难重重。这是因为直隶、河南两省地多斥卤，民多贫困。而官府按亩征课，催粮逼租。百姓谋生乏术，筑池晒盐，习以为业。如若平池，无异于断其生路。所以缉私营的缉私行动，常会遭遇巨大阻力。

除了利用缉私营查缉硝盐外，当时北洋政府还建立了政警联动机制，命令地方官协助缉私。1913 年 4 月，财政部制定了《地方官缉私疏销暂行规则》，规定了地方官协助缉私的职责和奖惩办法，以期禁绝硝私。在该法令颁布以后，即启动了政警联动机制，地方官协助缉私营查缉私盐责无旁贷。以盐山县知事处置私盐案看，该机制还是起了一定作用的。1914 年 8 月至 1915 年 10 月，盐山县知事孙毓琇共审理判决了 8 起私盐案件，判处了 24 名盐犯不同刑期，② 起到了一定的震慑作用。但这种作用不可高估，由于天灾人祸等各种原因，硝私很难根绝，有些地方官也是敷衍行事。正如后来有人评价的："尤其在芦区各县地方官，因习见从前缉私队

---

① 《长芦盐运使饬　第七百二十二号》，河北省档案馆藏档案，卷宗号 680 - 26 - 668。

② 《盐山县知事（孙毓琇）谨将年来办过私贩盐案各犯理合开折详送》，河北省档案馆藏档案，卷宗号 680 - 7 - 932。

种种腐化不法行为，遂怀成见，以为贩私者情有可原，缉私者皆行同敲诈。如前定县某县长竟扬言，贫民因贩私无甚关系。缉队获送盐犯将朝收而夕释云云。亦可见地方官对于缉务之心理矣。"① 实际上，缉私重责还主要由缉私营来承担。

## 第三节　缉私营涉私物品处置

长芦缉私营在对涉私物品处置上，经历了两个时期：在长芦稽核分所成立前，由于缺乏有效监督，其处置情形处于混乱状态；在分所成立后，分所对涉私物品处置办法进行了大力整顿，缉私营处置乱象得到有效扭转。据此，笔者把缉私营涉私物品处置分为两个时期来阐述。对长芦稽核分所成立前的涉私处置，称为"前期处置"；其成立后的处置，称为"后期处置"。

### 一　前期涉私物品处置乱象

1913 年，长芦稽核造报分所（后改名为长芦盐务稽核分所）成立以前，长芦缉私营在处置私盐及附属物品上，按照当时有关条文规定，是由获盐营队直接把所获私盐运至各岸盐店或官运各分局变价。除去运费外，余款分充公赏。如若缉获装载货物、夹带私盐的车船骡马，则按夹带私盐的多少酌量罚款，而不没收其物品。对缉捕之盐贩和盐犯，则交由各属县署收押审理。然而缉私营在实际执行中，却与规定不尽相符。

实际上，在长芦盐务稽核分所成立前，长芦运使对缉私营队的缉私活动并无明确规定与约束。在所获私盐及附属物品处置上，也没有明确办法。稽核总所和长芦稽核分所成立后，在对长芦盐务整理改革前，稽核所命令长芦盐运使呈报缉私营工作情况时，缉私营的一些缉务活动情形才得以付诸文字性文件中。可以说，在稽核所成立前，作为缉私营行政领导的长芦运使对缉私营的工作尤其是缉获私盐及附属物品处置上，并不十分了解，更谈不上管理。1914 年 9 月，稽核总所询问长芦运使现行私盐处理办法、私盐每担售价及每年缉获私盐数目。运使对这些缉私营缉务最基本问题，显得如同山隔，不明就里。在稽核所不断追问下，长芦运使硬着头

---

① 《长芦缉务情形纪略》，河北省档案馆藏档案，卷宗号 680 - 22 - 1244。

皮报称，当时长芦境内私盐发商售价，每担约合津钱六吊四百文，长芦境内每年获盐数目为七八百担左右。① 10月，长芦稽核分所经理严璩、协理郑永昌指出，长芦运使称缉私营缉获私盐数目平均每年不过七八百担之谱，而据长芦稽核分所协理查调，"石碑场缉私队所获盐数远超此数"。令运使详为解释。运使无奈宣称："查缉获私盐数量及扣留车舟骡马数目，系由该统领按月册报。设遇重大案件，即随时专案报告。至充公银数，向由该统领将私盐变价后，除一半充赏外，汇案备文解交司署兑收。""前函每年缉获私盐均平盐数，不过七八百担之谱，据本所调查石碑场缉私队所获盐数远超此数等因，查前函所云缉获私盐均平数，本系约略合复。因该营历年报告各册，均经前此函送贵分所查核，无从详查实数故也。"② 从上述运使答复中可见，对于缉私营查缉私盐及其附属物品，长芦盐运使司并无查核单据，全凭缉私统领单方报解。至于缉私统领所报是否属实，长芦运使并无查证，也无记载，当然也无从知晓。所以才会出现运使对统领说每年缉获私盐不过七八百担之谱的说法，不能分辨，草草敷衍。在长芦稽核分所不断质疑下，只能把责任推诿到缉私营身上，称其报告册均送交稽核分所了，因而无从查考。也就是说，缉私报告只有缉私营有存留，长芦盐运使署并无备份和存根。由此可见，缉私营缉获盐斤及附属物品变价，是由缉私营自说自话，无人监管，根本就是一笔糊涂账。稽核所成立前长芦缉私营缉私工作乱象由此可见一斑。

　　至于长芦缉私营宣统元年至民国三年8月间缉获私盐等变价情况，在长芦稽核分所的一再追问下，长芦运使才做了一个颇为粗略和简约的回答："宣统元年收库白银三百六十一两二钱五分三厘，宣统二年收库白银二百十七两八钱三分七厘，宣统三年收库白银八十四两一钱一分六厘，民国元年无收，民国二年收银元二百四十一元六角八分，民国三年八月止，收银元五百九十八元三角九分八厘。"③ 由此可见，在1914年以前，长芦缉私营每年所获私盐变价上缴国库部分只有几百两之多。这与缉私营年耗巨额经费相比（宣统年间长芦缉私营的经费数额为银111429两；到民国

---

　　① 《函稽核分所：函复查明缉获私盐各办法〔　〕》，河北省档案馆藏档案，卷宗号680 - 7 - 709。

　　② 以上3段引文均引自《长芦运使回复长芦稽核分所第1508号函》，河北省档案馆藏档案，卷宗号680 - 7 - 709。

　　③ 《长芦盐运使司函第二百二十二号》，河北省档案馆藏档案，卷宗号680 - 7 - 709。

二年，缉私营经费经常门列 417202 元①），显然得不偿失、不成比例。此结果出现原因，一是因为缉私营缉私效率低下；二则是缉私营缉务缺乏监管，私盐变价大部分被缉私官兵收入私囊。即使如此，在当时社会条件下，缉私营虽然弊窦丛生，因有所倚恃，终未被撤废。

　　缉私营私盐缉获之乱象及弊端，根本原因还在于缉私制度的缺失与不足。缉私营在日常查缉过程中，兼缉捕权、司法权和处置权于一身，权力过于强大且集中，自然容易滋生腐败。再加上缉私营初办时，领导主体和所属统系不明确，也是导致监管缺失、乱象丛生的原因："（缉私营）向归各局办理，因无成效，于前清宣统三年闰六月间裁撤改编，归营专办。原因事权归一，以便控制。嗣经各局长禀请准其节制调遣，始纷纷要队驻扎局店。而该局店皆为保护自己，不令远离。"② 1915 年，盐务署才下令，"查现在缉私军队之统系，多不一致。有受统领节制者，有受运司局长指挥者，各处固不尽同。即一省之中，亦或间有歧异，事权庞杂，最易推诿。今宜一律规定凡缉私军队之在各区域者，无论有无统带官长，均应受该区域内之盐务长官运司或榷运局节制调遣。其各场盐警应即以运司或运副兼任统带，仍就其所驻之各场区域内受场知事之节制调遣，俾专责成而资控驭"。③ 另外，正如盐政改革家景本白所言："自民国盐政集权于中央，都督不兼政盐，而统领之任命，不由盐务署而由大总统。则统领一席，俨与督军师长并驾齐驱。盐务署尚不能自由进退，更何论盐运使、榷运局哉？饷虽出自盐税，而权不能操于盐官，于此而欲其尽力于缉私，能乎否乎？况缉私之事，宜用警察，不宜用军队；宜重产地，不宜重销地，记者已屡言之。当民国二年，会有废缉私营改设场警之议，卒以袁氏利用缉私营，以制南方拥兵之民党，盐政当局，虽纳吾党之议而不敢上，缉私营之弊制，遂得沿袭至今。"④ 缉私营既失有效领导与监督，弊窦丛生也当属不怪。

　　通过以上稽核总所和长芦稽核分所的调查可知，在 1914 年以前，长芦缉私营的缉务活动及缉私物品处理是相当混乱的。作为缉私营直接行政

---

　　① 以上两个数字均摘自《（信函）司长阁下敬肃者八月二十五号接奉公函内开》，河北省档案馆藏档案，卷宗号 680 - 7 - 845。

　　② 《长芦缉私营呈文　元字第 989 号》，河北省档案馆藏档案，卷宗号 680 - 7 - 862。

　　③ 《盐务署饬第七七三号》（附件），河北省档案馆藏档案，卷宗号 680 - 7 - 1555。

　　④ 景本白：《缉私营存废问题》，载景学钤编《盐政丛刊（二集）》，1932 年。

领导的长芦盐运使司，对缉私营的活动并没有进行有效的监管和领导，更无制度性的法规章程来规范缉私营的各项行动。而对于缉私营来说，集缉捕权、司法权、处置权于一身，权力过于集中，缉私效率和缉私物品处置实际上是缉私营在自作主张、自行其是，缺乏约束、监管的强大且集中的权力犹如脱缰的野马，滋生各种腐败就在所难免。最后，在稽核所的介入和干涉下，长芦缉私营处置私盐及附属物品的情形才得以曝光，长芦运使和缉私营的扭曲关系才得以示人。长芦盐政的窳陋敝败由此可见一斑。对于盐务稽核总所和长芦稽核分所而言，其一丝不苟、不遗余力地整顿长芦缉私营固然为了保证其债权国利益和保证中国的偿债能力，然而，其整顿、改革却在客观上使缉私营缉私活动趋于制度化和规范化，促使长芦缉务管理向近代化方向上迈出了重要的一步，客观效果值得中国人好好玩味切磋。只恨当时盐权操于外人之手，实令国人愤慨，然而深入中国盐政内部一瞥，遂知道自家真谓败絮其中、不堪一提，更令人扼腕。稽核总所和长芦稽核分所勤勉踏实、恪尽职守、公正认真的工作作风和职业道德规范是颇值得称道的。

## 二　后期涉私物品处置整顿

### （一）长芦稽核分所对涉私物品处置的调查

颇具讽刺意味的是，缉私营成立 10 年之久，长芦运使对其处置私盐及物品办法仍不甚了解，更没有规则性文件。反而是经盐务稽核总所和长芦稽核分所做了大量调查后，给后人留下了长芦缉私营处置私盐的详细情形。长芦运使含混约略的回答，不能令总所、分所满意，更无法据其制定相应整顿政策。所以，所方只能对缉私营进行实地调查。长芦稽核分所曾派出数批调查人员赴长芦盐区各地调查。在做了大量深入、细致的调查工作后，1914 年 10 月 26 日，长芦稽核分所反客为主，经理严璩、协理郑永昌致函长芦运使："所有处理充公私盐现行办法并长芦各属私盐贩卖价值，兹据调查所及，开缮草略，送请贵司查阅。是否与事实相符，即希示覆，以便转报总所。"① 请其印证。长芦运使和缉私统领只是在稽核所的调查报告做出后，被动地加以回应、印证而已。

---

① 《长芦稽核分所致长芦运使函　第一五四号（1914 年 10 月 26 日）》，河北省档案馆藏档案，卷宗号 680 - 7 - 709。

稽核所成立以前，据稽核所调查所得，长芦缉私营处置私盐等物办法如下。

1. 关于缉获私盐处置办法。稽核分所称，缉私营各防将所获私盐，直接就近送交盐店（指盐商设于各引岸之盐店）或官运局，按照该局店所售官盐变价，并将其装运车船骡马一并充公变卖。然而按照规定，其车船骡马若非专以私运为主者，则不以私盐而论，仅照夹带私盐之多寡罚款。① 运使答复："遵查缉私营呈解私盐变价之款，未据声叙系按照何县官价。其载私与夹带之车船骡马分别变价充公及罚款各情形，与成案尚属相符。"② 缉私营回复："本营各防所获私盐与某官运局地方相近，即送交某局，如蓟六、永七地界，向系将私盐就近分送各局。蓟六每盐百斤，由该局即给原办案目兵充赏铜元八十枚；永七每盐百斤，由该局给原办案目兵充赏铜元百七十；充公之款由该局解司，本营不问每斤何价。惟天津、沧县等县所获私盐变价充公之款，系本营转缴。每斤皆按津钱六十四文。至载私与夹带之车船骡马现行办法，与所问各情节相符。"③ 由此可见，稽核分所的调查基本属实，私盐是由长芦缉私营缉获后直接交由盐店等处变价。照此，民国三年以前长芦缉私营在处置私盐上几乎是自查、自缉、自销，变价无人查问，上缴无人监管，只靠的缉私营自觉、自愿。此关系盐款收支的重要环节既松散至此，缉私营乱象丛生就不难理解了。

遇有缉私营各防将所获私盐送交官运局，则由该官运局将应充入官款项的一份，解缴盐运司查收。若交由盐店变价者，则将由该盐店应充入官之一份，送交缉私营转解盐运司查收。对稽核分所这个调查结果，长芦运使称，官运总局按各分局的册报私盐变价，除一半充赏外，其余一半由分局列收支用册，并不呈解现款。长芦缉私营则称："本营各防将所获私盐送交官运局，变价应充公之款，向由该局自解。至何时解缴、应缴若干数，不得而知；若由盐店变价者，俟将盐卖完，系某防所办之案，变价之款送交某防，由防除去运脚充赏，应充公之一分呈缴统部，再由统部转解

---

① 《处理充公私盐现行办法》，河北省档案馆藏档案，卷宗号 680 - 7 - 709。
② 同上。
③ 《今将缉私营缉获私盐及案内所获车船骡马现行办法逐一查明声叙于后》，河北省档案馆藏档案，卷宗号 680 - 7 - 709。

司库饬收。"① 三方说法不一，这就是说，长芦缉私营缉获私盐自成立十多年来，长芦盐务各管理机关根本就不知道私盐变价之详情，更遑论监管。所以，民国元年至三年缉私营每年报交运署私盐变价充公之款仅仅几百元，就是这种松散体制下的必然结果，使本来应该收归财政的盐款大量流失。

对于缉私营应得之赏款，稽核分所调查，各防如将所获私盐送交官运局变价，则先由该官运局将应行拨交缉私营充赏之一份预行垫给。其交与盐店变价者，则由该盐店将应充入官之一份以及应交缉私营充赏之一份先行垫款，一并交与缉私营各防查收。长芦运使称缉私营没有呈报这项事务，不解详情。缉私营称："本营各防所获私盐送交官运局变价，原办案目兵应得充赏若干，皆由该局先行垫给；至交盐店变价者必须将盐卖完，该价若干，始将款交给该防，并不先行垫款。"② 而变价兑付与否，直接关系缉私营官兵的工作积极性和主动性。对此关键事节，当时出现了三方说法上的很大分歧。

2. 关于缉私物品充公充赏分成办法。稽核分所称，按照官盐变价之款项，私盐、物品向例分作三份，一份留为官运局或盐店，由拿获私盐之处至应行变价局店之运脚分享；一份充公；一份充赏。长芦运使追溯了物品分充公赏的历史，在前清光绪三十一二年间，长芦盐运使司陆嘉穀任内私盐变价款系分作三成，分别运脚、充公、充赏；宣统二年间，张镇芳任内批为五成解司充公、五成充赏。后来缉私营呈解变价款，除一半充赏外，其余一半解司充公。至运脚是否先由所变价内支出，其余分充公赏，缉私营没有呈报，所以运使也不能明了。长芦缉私营则说："所获私盐凡由盐店变价者，变价若干，皆系分作三分，除一分运脚，再充公一分，下余一分作为充赏。送交官运局之盐，该局将充赏之款即发给原办案目兵，按蓟六给充赏之数尚不足三分之一。"③ 由此可见，长芦运使与缉私营对此事宜的说法并不一致。制度的缺失带来的是监管的空位，缉私营乱象也就在所难免，无怪乎时人惊呼："现有缉私营，名曰缉私，而实放私与护私，此尚最安分者；尤其甚者，不仅放私护私，而直接自己贩私。""自

---

① 《今将缉私营缉获私盐及案内所获车船骡马现行办法逐一查明声叙于后》，河北省档案馆藏档案，卷宗号 680－7－709。

② 同上。

③ 同上。

有缉私营，枭私得以出没于其间，故枭与兵一而二二而一也。"①

3. 关于充公款项货币类别问题。无论官运局或盐店，所解盐运司充公款项俱以银元缴纳。对此三方均无异议。

4. 关于附属物品处置。长芦稽核分所称，所有私运车船骡马，均由缉私营各防随时自行变价，一半充公一半充赏。"惟该缉私营兵弁功绩显著者，则将变价全部充作赏功。凡行赏自有优劣之分，譬如一棚缉兵内，以独力拿获盐犯或私盐者，其所领赏银自与不干预拿犯之兵较多也。其余无干拿犯他棚兵弁，不得均领其赏。"② 长芦运使表示，运输车船骡马由缉私营呈明运使，方能变价分充公赏，也有将船充公作渡船用之时。缉私营则说："所有私运车船骡马应扣留变价者，均由各防随时自行变价。除运费喂养外，再分充公赏。凡行赏之时系本防之兵夫、未曾帮同办案，亦利益均沾。惟有功之兵，领赏较多耳。他防之兵，不得分此赏。纵一棚之兵分在他防，亦不得均沾其赏。"③

5. 所获硝私，不得变价充公充赏，即由缉私营会同官运局或盐店委员，将其全行投入水中毁灭。

6. 缉获私盐报告书，由宋统领按月填报送呈盐运司查阅，若系事关紧要随时呈报。

7. 所获人犯均由缉私营兵押交就近县知事惩办。④

至于当时长芦缉私营缉获私盐及附属物品变卖价格，经长芦稽核分所调查，也未尽如长芦运使所言，而实际情形是，"长芦各属私盐价值之涨落，视地方需用之多寡为率。譬如私贩者，预知该地探侦疏略时，或以高价卖之；若遇有被缉私兵查拿之危，必须赶紧卖放时，则以廉价卖之。是以贩卖私盐原无价值可定也。惟至由长芦官运局或盐店将私盐变价之均平价值，据盐运司函称，每百斤约二元四角二分之谱云"。长芦运使答复，按缉私营呈报，每百斤津钱六千四百文并未折合银元。"以上各条除与案相符外，其余各条并该营应办之手续，可否饬行缉私营逐条查覆，俾昭核

---

① 以上两段均引自景本白：《缉私营存废问题》，载景学钤编《盐政丛刊（二集）》，1932 年。

② 《处理充公私盐现行办法》，河北省档案馆藏档案，卷宗号 680-7-709。

③ 《今将缉私营缉获私盐及案内所获车船骡马现行办法逐一查明声叙于后》，河北省档案馆藏档案，卷宗号 680-7-709。

④ 《处理充公私盐现行办法》，河北省档案馆藏档案，卷宗号 680-7-709。

实之处，伏请酌核施行。"① 到稽核所调查之时，长芦运使才想起令缉私营补办手续。手续固然可以补办，然而前期监管缺失、职权滥行的弊窦则无法弥补了。

长芦稽核分所一面派人四出调查长芦缉私营缉私实况，一面命令缉私营呈报当时状况。以求二者相符，接近事实，以利有针对性地整顿、改革缉私营。1914 年 10 月，稽核分所一再追问缉私营有关处置私盐和附属物品变价各节。11 月 7 日，宋明善做出了回复，其详细情况如表 4 - 1 所示。

表 4 - 1　　　　长芦缉私营 1912—1914 年 8 月拿获私盐数目一览

| 时间<br>项目 | 1912 年 | 1913 年 | 1914 年 1 月至 8 月 | 附记 |
|---|---|---|---|---|
| 获盐数目 | 127112 斤 | 105894 斤 | 223251 斤<br>1 月 6729 斤，2 月 1144 斤，3 月 3361 斤，4 月 13955 斤，5 月 97844 斤，6 月 57510 斤，7 月 4633 斤，8 月 38275 斤 | 此表系依据运署及缉私营历次来函去繁就简汇集而成，1912 年、1913 年两年某月获盐若干，该营各防队大都更换，案奉不全，未能详述。1914 年 9 月至 12 月获盐之数，函询运司当未得覆 |
| 已未变盐数 | 由各防队获交沧蓟永各官盐局变卖盐 120260 斤；由天津防队获送南开司令部盐 6896 斤内除卤耗 2636 斤，实交津武口岸商人承卖盐 4260 斤 | 由各防队获交沧蓟永各官盐局变卖盐 93151 斤；由天津防队获送南开司令部盐 12743 斤内除卤耗 1950 斤，实交津武口岸承卖盐 10793 斤 | 由各防队获交沧县官盐局已变盐 83591 斤，存留未变盐 34080 斤，永七官盐局存留未变盐 66965 斤，蓟六各防存盐 32820 斤，司令部存盐 5795 斤，共未变盐 139660 斤 | 各官盐局及津武商人，承变盐斤均按各地食盐市价售卖，其充赏之款蓟六每担铜元 80 枚，永七每担 170 枚，沧六与天津则按售价三份匀分，一运力，一充公，一充赏，但各年获盐，蓟、永官盐局变卖详数未据开送，无从核见充公充赏各数 |

_____

① 《长芦各属私有贩卖价值》，河北省档案馆藏档案，卷宗号 680 - 7 - 709。

续表

| 时间 项目 | 1912 年 | 1913 年 | 1914 年 1 月至 8 月 | 附记 |
|---|---|---|---|---|
| 充公之款 解司日期 | 津武商人承变盐 4260 斤，每斤津 钱 64 文（合掣 32 文），合洋 101.165 元，于 1913 年 4 月 10 日 由司令部解司充 公洋 50.5825 元 | 津武商人承变盐 10793 斤，价洋 255.923 元， 于 1913 年 4 月 10 日 解司充公洋 24.8515 元，1914 年 2 月 5 日 由司令部解司充公洋 103.11 元 | 1914 年 10 月 28 日 及 11 月 21 日由司令 部两次解司充公洋 639.8473 元 | 沧、蓟、永各官运 局及榷运局历年承 变私盐充公之款， 据运司函称沧、蓟: 系解交官运总局备 用，永七系由榷运 总局解交，财政部 兑取均未交存司库， 故未知其数目，而 官运榷运各局现均 裁撤亦无从调查 |

资料来源：根据河北省档案馆藏档案《长芦盐务：长芦缉私营拿获私盐数目表（1912—1914 年）》绘制，卷宗号 680 - 26 - 1169。

由表 4 - 1 所示，缉私统领称，民国元年缉获私盐 127112 斤，解部充公洋 50 多元；民国二年获盐 105894 斤，解交款项 103 元多；民国三年 1 月至 8 月获盐 223251 斤，解部洋 639 元多。三年共解交长芦运署私盐变价款项 790 多元。这样款额与缉私营年耗经费 31 万多元相比悬殊，且获盐斤数与变价额数比例也相去甚远。由此可见，在盐务稽核所成立前，长芦缉私营在私盐变价管理上真称得上是一本彻头彻尾的糊涂账。

这些内容上报之后，长芦稽核分所又进行了更为深入、细致的调查，为制定各项法律律令奠定了坚实的实证基础。

（二）长芦稽核分所对涉私物品处置的整顿

1913 年 1 月盐务稽核造报所成立后，会办丁恩随即对长芦、两淮等中国各大盐场展开实地调查，之后即展开了对中国盐务的整理改革。是年 4 月，长芦稽核分所成立，首任经、协理为严璩和郑永昌。二人在总所的指挥和领导下，即对长芦缉私各事务进行调查整顿。对缉获私盐和附属物品处置是其关注和整顿的重要内容之一。为了使缉私营的缉务活动更加规范，更便于控制与监督，长芦稽核分所和稽核总所试图通过法律法规的颁布来达到目标。为了制定相应缉私规范，长芦稽核分所进行了大量的实地调查工作。在经过了大量的调查和考证后，1914 年以后，在盐务稽核总所的主持下，由盐务署颁布了一系列的法律法令，要求长芦缉私营依法行使职权，把资本主义社会依法执政的理念引入中国盐务缉私工作，为中国千百年来"人治"盐政吹进了一股新风。

1. 有关私盐处置法律法规的颁布实施

盐务稽核总所和长芦稽核分所成立后，在对长芦缉私营进行整顿过程中，就随时颁发了许多办法、措施。如 1915 年元月向长芦稽核分所转发了总所颁给四川分所的《四川私盐变价及罚款办法》和《关于私盐充公提赏办法四条》①，6 月颁发了《关于处置私盐拿获办法三条》② 和《关于处置私盐以及硝盐办法》③，8 月颁发了《覆改长芦处置私盐变价简章十一条》④，等等。这些条例为将来颁布的《新订私盐充公充赏条例》奠定了基础。

1914 年至 1915 年，盐务署颁布出台了三部有关盐务缉私的重要法律，分别是《私盐治罪法》《盐务缉私条例》《新订私盐充公充赏条例》。

1914 年 12 月 20 日，盐务署颁布了《私盐治罪法》⑤，主要内容如下：

"第一条　凡未经盐务署之特许而制造贩运、售卖或意图贩运而收藏者为私盐。第二条　犯私盐罪依左列处断：一、不及三百斤者处五等有期徒刑。二、三百斤以上者处三等或四等有期徒刑。三、三千斤以上者处二等或三等有期徒刑。持有枪械意图拒捕者加本刑一等。第三条　犯私盐罪，结伙十人以上、拒捕杀人、伤害人致死及笃病或废疾者处死刑；伤害人未致死及笃疾者处无期徒刑或一等有期徒刑。结伙不及十人，伤害人致死或笃病、或废病者，处死刑或无期徒刑；伤害人未致死及笃病者，处无期徒刑或二等以上有期徒刑。第四条　犯前条之罪应处死刑得用枪毙。第五条　第三条之未遂犯，罚之。第六条　知系私盐而搬运、受寄、故买或为牙保者，减第二条之刑一等或二等。第七条　盐务官员、缉私场警、兵役自犯私盐罪，或与犯人同谋者，加第二条之刑一等；其知有人犯第一条情事而不予以相当之处分者，与犯人同罪；同犯前二项之罪而获利者，并科所得价额二倍以

① 《盐务署饬第八十二号》，河北省档案馆藏档案，卷宗号 680 - 7 - 709。
② 《盐务署饬第五百十七号》，河北省档案馆藏档案，卷宗号 680 - 7 - 709。
③ 《长芦稽核分所致长芦运使函　第一百八十四号》，河北省档案馆藏档案，卷宗号 680 - 7 - 709。
④ 《盐务署批　盈字第三二二三号》，河北省档案馆藏档案，卷宗号 680 - 7 - 709。
⑤ 《私盐治罪法　三年十二月二十二日公布（法）律第二十五号》，河北省档案馆藏档案，卷宗号 680 - 19 - 589。

下、价额以上之罚金；若二倍之数不及一百元，科一百元以下、价额以上之罚金。第八条 犯第三条之罪者褫夺公权其余得褫夺之。第九条 犯私盐罪者，所有之盐及供犯罪所用之物，没收之。第十条 本法自公布日施行。制盐特许条例第十一条之规定于本法施行日废止。"

该条例正式明确了北洋政府时期的"私盐"概念，并规定了犯私盐罪及涉私者的不同处罚标准，使私盐犯罪处置有法可依。

1914 年 12 月 29 日，盐务署颁发了《盐务缉私条例》。该条例规定：

"第一条，凡未经盐务署之特许，而制造贩运售卖，或意图贩运而收藏者，由缉私营队查缉之。地方官应负查缉之责。其经盐务署特许，而制造贩运售卖不如法者，由盐场或掣验榷运官吏查禁。但遇有重要情形，必须营队协助者，经该官吏之商调，或盐运使之调遣，缉私营队应协助之。第二条，缉私营队缉捕前条第一项人犯，须人盐同获。获盐不获人者，仅就现获之盐没收之。第三条，缉私营队于执行职务时，遇有结伙执持枪械拒捕者，得格杀之。第四条，缉私营队缉获人犯，应移送该管司法官署或兼理司法事务之县知事审理。第五条，缉私营队缉获私盐，应解交就近盐务官署，或解由司法官署及县知事，转解盐务官署，没收变价，除提成充赏外，归入盐务项下报解充公。其充赏成数，由盐务署定之。第六条，本条例第二条第三条第四条，于盐场巡警或商雇巡役，经官署许可者适用之。第七条，本条例自公布日施行。"①

《盐务缉私条例》首先明确了私盐犯罪的处置主体，主要为缉私营，地方官员辅助之，盐场、掣验、榷运等官吏也负有监督、追查之责。同时，还明确了缉私行动准则，应人盐同获。并且，明确了私盐缉获后盐犯及私盐的处置。

该条例的出台，是针对以前缉私营关于私盐获人不获盐，获盐不获人，均不查究以及缉私营在缉捕过程中出现的种种弊端而重新规定的。依

---

① 曾仰丰：《中国盐政史》，上海书店出版社（根据商务印书馆 1937 年版复印）1984 年版，第 199 页。

照这个条例，长芦缉私营在缉查私盐过程中，只拥有缉捕权，而再无司法权和处置权。所以，在查缉过程中捕获盐贩、盐犯之后，按照规定，营兵必须将盐贩等人与物件送交该管司法官署，或兼理司法事务之县知事审理。这本是基于审批刑事案件要以赃证为重的新司法理念，为了避免缉私营因权力过重而出现乱作为弊端而设置。的确有利于长芦缉私营工作的改进和预防腐败现象的出现。然而，在实际工作中，该条例的实用性、可操作性存在一些问题。比如，依照《盐务缉私条例》及 1916 年 8 月 18 日长芦运署出台的对该条例的司法解释，缉私营获私盐和盐贩、盐犯时应将案件移送有司法权的部门进行审理。"审判刑事案件首以赃证为重，故从前定例关于私盐获人不获盐，获盐不获人，均不究查。《盐务缉私条例》第二条内开缉私营队缉捕前条第一项人犯须人盐同获，获盐不获人者，仅就现获之盐没收之；又第四条内开缉私营队缉获人犯，应移送该管司法官署，或兼理司法事务之县知事审理。是该缉私营缉获私盐人犯时，应立将人犯及盐一并移送该管司法官署，或兼理司法事务之县知事审理。俟案审完后再将所获之盐发商变价，提成充赏，不得将盐留营，仅送人犯，致司法官更审判困难，而犯人反得以狡赖。至缉获私盐犯时，应即送究。如非情实可悯，更不准擅徇商民保恳，辄予纵释。该管官长有敢违令者，定即从严惩处不贷。"① 然而，在缉私营实际工作中，由于缉私营主要驻扎于各水陆道路及偏野乡村，往往距离司法官署及县官署遥远，具体操作就出现了一系列问题。步前营管带刘金镛于 1916 年 9 月 8 日向长芦缉私营统领宋明善报称："惟是获犯地点距城远近不一，获盐斤数计重多寡悬殊。倘缉获犯盐距城较近，盐斤较少，将犯盐一并解送，尚属容易。惟查获犯、获盐之地，其道路之距县署有远在数十里或百余里者，缉获私盐有多至数千斤或万斤者。如均须将盐随犯解县，其运费实属过巨。即使获盐数千斤，距县数十里，而获犯一人，其载运私盐则必雇车数辆始能解至县署。惟时盐斤尚未变价，运费则须立付用款，过多无从开支。若获盐五百斤尚不敷脚价之费，此确难实施者一。查大河口一带屡经缉获犯盐船只，其私盐动数万余斤，其他地点距无棣盐山等县道途遥远，约计均百余里，该县城又皆地处陆路，不通舟楫。倘须随犯解盐势必雇车数十辆，而后能达。不惟运费过重，恐一时之车亦难如数招集。况香房防获盐，先随犯送

---

① 《长芦盐运使训令第四十五号》，河北省档案馆藏档案，卷宗号 680 - 7 - 709。

无棣县，使案判决再运回变价，往返更不易办，此确难实施者二。又巡缉
硝私往往获刮硝土犯，其大堆硝土动至数处，平时缉获每多将犯解送，而
硝土随时挥扬。如解犯以民以赃为重，此数处不能变价之大堆硝土，是否
亦雇多数车辆载至县署。此确难实施者三。"① 鉴于此，刘金铺建议："有
此三难，窃谓犯盐并获之案，如其获盐较少，尚可随犯解送；如有大宗私
盐，当时将犯盐并获，仍宜将盐暂行存防，解犯送县后，若虑供词狡赖，
不妨由县署派员赴各该防检察，眼同秤掣，报明获盐斤数，以为证据。不
难使该犯无可藉词。查盐务缉私载有定章，如此办法似于缉私条例亦不大
相背，戾管带为实行奉公起见。惟于缉获大宗私盐，随犯移送，此中困难
情形顾虑再三，不免有滞确难行之处，请酌予变通核转。"② 长芦缉私营
统领也深表认同："查该管带所陈各节，尚属实在情形。且查各防缉获硝
盐亦有多至数千斤或数万斤不等，若必须一一随犯送案，即运费该防官长
亦无力垫付，如大宗私盐硝盐与犯并获，将盐就近存防，请县署派员查验
以为证据，庶免运送为难。"③ 宋明善遂向长芦运使陶家瑶请示准行。这
些实际情况经运使转达稽核所后，稽核所非常重视，认为其对改进各盐区
缉私工作意义重大，随即在以后的法令规则中力图解决此项问题。由此也
反映了稽核所脚踏实地、求真务实的工作作风。

　　1915 年 12 月 28 日，盐务署又颁布了《新订私盐充公充赏及处置办
法》。④ 该办法第七条规定"各分所之缉私登记簿内各案情，每月应抄录
一份，随同月账详送总所。如能办到，所有收据亦应一并附入，为报告之
佐证"。1916 年 4 月 11 日，经稽核总所与盐务署协商，把"每月"抄送
缉私报告改为每遇缉获私盐后应"立即造送"稽核总所和稽核分所。⑤ 6
月 22 日，稽核总所又命令除了及时造送缉私报告外，还要"所有每月份
缉获私盐及附属品之报告仍应查照前送表式按月送所"⑥。

　　此条例针对缉私营原来自行变卖私盐及附属物品、长芦运使缺乏监督

---

　　① 《为牒陈事据所部步前营管带刘金铺详称》，河北省档案馆藏档案，卷宗号 680 - 7 -
709。

　　② 同上。

　　③ 同上。

　　④ 《盐务署饬第一千五百十一号》，河北省档案馆藏档案，卷宗号 680 - 7 - 1552。详细内
容见"附录 2"。

　　⑤ 《盐务署饬第四百十八号》，河北省档案馆藏档案，卷宗号 680 - 7 - 709。

　　⑥ 《详 元字第二百二十号》，河北省档案馆藏档案，卷宗号 680 - 7 - 709。

等弊窦而制定。与缉私营原来私盐处置办法相比，有以下明显特征。

（1）缉私营无处置权。私盐一经充公，即由长芦运使和稽核分所共同监督处置。并且，私盐交与盐商处置时，增加了盐税。私盐附属品也不再由缉私营自行变价，而是进行拍卖。这些有利于盐款收入的增加。

（2）落实监督制度。从私盐和附属物品的处置、拍卖到充公充赏款的收缴及发放，都由长芦稽核分所全程跟踪、参与、监督，避免了变价所得分配不透明的弊端。对于偏远地区所缴私盐变价，也建立了相应的缉私长官先行垫付、而后汇总上报制度，使此条例更具实用性和良效性。

（3）建立了缉私案件汇报制度。稽核总所颁布了缉私案件汇报统一报表格式，要求各分所和各局按格式逐一汇报，内容涉及案件判决、变价及充公充赏各情形。报表要分呈运使与稽核分所。稽核分所定期上报总所，使缉私营所查办的案子均在稽核总所和长芦稽核分所的掌控之中，增加了透明度，最大限度避免了腐败的发生。

但是，私盐变价后所得之款还要纳税，缉获私盐兵士所得之赏款较此前减少，并且缉获私盐等物变价有长芦运使和稽核分所的监督参与，缉私士兵不能直接变价，其灰色收入也受影响，这势必影响其缉私积极性。有私不缉，有私少缉，这也是长芦私盐在稽核分所介入管理后，仍然不能禁绝的原因之一。

2. 缉私汇报、缉私监管制度的出台

稽核总所和稽核分所在颁布法律规章的同时，也相应制定了与之相配套的缉私汇报、监管制度。

1915 年 12 月 10 日，稽核总所通令各盐区缉私营应每月编辑"缉获私盐报告"和"罚款和充公私物账目"，定期送交稽核分所和稽核总所。编辑"缉获私盐报告"目的是"现在亟应使总会办得以将盐巡所办之事随时审查，俾可知现时所支甚大宗之经费是否与所得之成绩相称"①。造送"罚款和充公私物账目"的目的是使各级稽核所对缉私营的财经收入状况明晰掌握，以便于增加盐款和监控缉私营缉务活动。

这种按月上报制度经历了一个逐步完善的过程。1915 年 12 月盐务署制定的《新订私盐充公充赏及处置办法》出台以后，在长芦盐区，由于

---

① 《长芦盐务稽核分所函送缉私报告表及总所第一四二号通告各一件由 1917 年 8 月 2 日》，河北省档案馆藏档案，卷宗号 680 - 8 - 253。

缉私营原来从未对上司呈报过如此细致、规范的报表，所以一时显得漏误百出。长芦稽核分所不得不一次次地规范和教授缉私营如何制表、如何填写等事情。直到1917年8月，长芦稽核分所还在不厌其烦地规范缉私营各项报表格式："……（四）所有报到缉获私盐各案，无论所获之犯人曾释放或所获私盐之案，业经查明，毫无实据，均应列入缉私报告内，惟在罚款及充公私物账目之内，则只应开列将盐斤或他项私物缉获充公者、或已科罚金之各案而已。（五）凡已核准另定发给赏款办法之属，对于报告格式，如查有须行更改之处，则可照改。宜节省纸张并应按所能办到之处，将标目缩少，且每页之两白亦可并用。（六）应将罚款及充公私物账单第三栏之栏目'缉获私盐之详细情形'改为'缉获并充公私盐及他项私物之详细情形'，罚款及充公私物账单内所列案件之号数，仍应采用该案于初次列入缉私月报内时所编订之号数。"①

《缉私报告》报表内容为：①号数；②缉获私盐之日期；③报到缉获私盐案之日期；④缉获盐斤之数目及他项私物之细目；⑤缉获之人犯详列职业（包括籍贯、年龄、住址、职业等）；⑥该案判决之日期、判决之情形及判决该案之员，如将该案送交法庭审讯，则应将实情叙明并应将最后之结果一并列入此栏内；⑦实行充公之盐数及他项私物之细目（参阅第六栏）；⑧变价总数（变卖盐斤、变卖私物、罚款）；⑨充赏之数、领取赏款之人；⑩分发赏款之日期；⑪列入罚款及充公私物账内之日期；⑫说明。②

可见，盐务稽核总所为了维护债权国的利益，极其重视盐务工作中一切涉及钱款的项目。因此，其对长芦缉私营涉及变价的私盐缉查管理不厌其烦地一再细砸猛打，制定出内容翔实、明确、细致的办法规则，力图使私盐变价减少流失，以增加盐税收入。但在客观上，盐务稽核所的这些工作对一直以来私盐变价缺乏管理、监督的状况起到了扭转局面的作用，也使长芦缉私营的各项工作更趋于正规，对减少缉私营在私盐缉获与变价上的腐败现象还是起到了重要作用的。

1918年2月16日，稽核总所又颁布了"缉获私盐案件编号办法"③。

---

① 《长芦盐务稽核分所函送缉私报告表及总所第一四二号通告各一件由1917年8月2日》，河北省档案馆藏档案，卷宗号680-8-253。

② 同上。

③ 《稽核总所函》，河北省档案馆藏档案，卷宗号680-7-709。

这使缉私营缉获私盐情况及变价情况更严格、明确地置于稽核总所和分所的监督之下。

稽核总所对缉私营上报的缉私报告并不是不加分辨地全盘接受，而是会一笔笔查核。遇到有问题的账目，就会加以究查，发回长芦运署要求缉私营重新造报或解释。比如1918年在一次缉私营呈报石碑场送变卖缉存私盐及牲畜器具款内，由场经支牲畜喂养及船只运费等收据案件后，长芦稽核分所对每一个案件都进行了详细核实，并发回令缉私营详为解释：

"一、缉私步后营后队承领上年十一月缉获私盐船一只、运船费洋三元之收据内虽有戳记，而无官名、人名，且船为载运物件之具，非盐斤等项可比，何以尚须运费？此项运船费究指何项开款而言？据声明。

二、步后营后队承领船只变价充赏洋二十九元五角之收据内，亦无官名、人名，且此船系何月日所获？及其种类，并长广丈尺均未据声明。

三、步后营后队上年十一月缉获私盐船一只、运船费及运盐至大清河车费共洋六元之收据内，亦无官名、人名，且此六元中，究竟运船费若干、运盐车费若干，且何谓运船费项，均未据详细声明。

四、队长姚廷臣承领骡马自上年十一月二十一日至十二月二日喂养洋六元八分之收据内，虽有官名、人名，而无何营、何队字样，亦无戳记，且未声叙此项骡马系于何年月日于何处所获，均未具声明；又查该营马干每匹每月仅洋六元五角，何以此项骡马每日喂养需洋二角七分之多，应令场署说明理由。

五、左营右队队长承领小骡一头、喂养小洋九角之收据，虽据场署清单内载明合洋七角五分，而收据内仅有戳记，并无官名、人名，且未叙明此骡系何月日于何处拿获，计共喂养几日、每日费洋若干，均未据声明。……"①

从稽核所对上述案件处理可以看出，对长芦缉私营上报的缉私案件，

---

① 《石碑场所送变卖缉存私盐及牲畜器具款内由场经支牲畜喂养暨船只运费等收据多有未合之处，兹特分条开列请饬场说明理由以凭核办》，河北省档案馆藏档案，卷宗号680-8-107。

稽核所均会一一细细审核，绝不是不分青红皂白地全盘接受。这种审核，会细致到一个细节、一个签名、一个戳记、几毛几分钱、事情来龙去脉等，并且坚持经常。显示了稽核所一丝不苟、严肃认真的工作方式方法，这不仅有利于稽核所监督、管理工作的顺利开展进行，更有利于缉私营私盐变价方法的改进。同时，稽核所如此细致、严谨的工作作风，对包括缉私营在内的盐务各机关都形成了一定的敲山震虎的作用，对消除盐务机关疲沓、粗糙的工作方式有可圈可点的作用，同时也使缉私营的工作逐步走向专业化、规范化。

经过盐务稽核总所和长芦稽核分所的不懈努力，长芦缉私营逐渐形成了缉私营经费及缉务由稽核所进行监管、控制的体制。这样，有利于对长芦缉私营虚糜经费的控制。这也是长芦缉私营逐步向近代化迈进的表现之一。但是，由于长芦缉私营的根本军事制度没有改变，再加上长芦缉私营兵分布广阔、分散的实际情况，长芦缉私营经费管理乱象丛生的弊端也不可能得到根本扭转。

# 第五章　长芦缉私营的军风纪

一个武装组织的军风纪情况，不仅关系着其精神面貌、团队风气，最重要的是决定着其战斗力及社会地位。古代《吴子兵法》有云："所谓治者，居则有礼，动则有威，进不可挡，退不可追，前却有节，左右应麾，虽绝成陈，虽散成行。与之安，与之危，其众可合而不可离，可用而不可疲，投之所往，天下莫当，名曰父子之兵。"汉代曾有"十七禁律五十四斩"整军之说。自古良将领兵，无不重视军风纪律，南宋岳飞麾下"岳家军"有"冻死不拆屋、饿死不掳掠"之制，明代戚继光"戚家军"也以纪律严明著称。纪律严明的军队战斗力及团队协作精神等均堪称道。长芦缉私营，仿照清末新军军制编组而成，实际上从事着缉私警察的职责，应该说，它是中国缉私警察的雏形，是中国社会近代化过程中的一个缩影。由于其处于警察建立初始状态，建制及管理定位不准确，所以给长芦缉私营管理带来很多漏洞。这就使得长芦缉私营在军风纪上出现了很多问题，在很大程度上影响着其战斗力。

## 第一节　缉私营的军风纪概况

长芦缉私营自成立以来，对于它的存在价值和营队风纪，不同的人有着不同的评价。对于绝大部分盐商来说，长芦缉私营是他们利益的保护神，所以，盐商们努力维护缉私营的声誉与利益，甚至在一些关键时刻充当了缉私营助威者和拥护者的角色。而对于硝私制贩者和私盐产制者，按逻辑应该是缉私营的对立面，二者之间应该有着不可调和的矛盾。然而，在当时复杂的社会背景和长芦盐区实际情况下，二者之间呈现出一种微妙而复杂的关系。这个群体要分类别、分情况对待，对于私盐微量涉及者，缉私营是对立者、制约者，并且往往是穷凶极恶的；而对于枭私或与缉私营有灰色关系的涉私者，缉私营又是他们的合作者和保护者，只不过这类人是集体失语的。而对于与缉私营无利益相关者而言，缉私营的军风纪情况就直接关系着他们对缉私营的好恶，比如当时长芦盐区各岸民众。这个群体对缉私营的感触、评价也更接近客观实际。

就缉私营的存在和作用而言，客观来看，缉私营在查缉私盐、震慑犯罪、保障盐税方面是有一定效果的。比如就缉私成绩来看，民国元年、二年、三年8月以前，由于缉私营缺乏监管与强有力领导，按照长芦盐运使的话来说，"每年缉获私盐多寡无定，约在七八百担之谱"。[①] 但是，按照长芦缉私营统领宋明善的统计为："查民国元年分共获私盐十二万七千一百一十二斤……查民国二年分共获私盐十万零五千八百九十四斤……查民国三年分共获私盐二十二万三千二百五十一斤……查民国二年分本营司令部收到各防所获运载私盐大车四辆、船一只、牛七头、驴四十一头、马四匹……查民国三年一月至八月分据各防报告共获运载私盐车十四辆、大船六只、小船十二只、牛十一头、马四匹、骡二头、驴五十七头……"[②] 缉私成绩不太显著。后来，在长芦稽核分所和稽核总所的监督与控制下，缉私营的缉私成效还是有所提高的：单就平毁硝池和缉获私盐而言，以民国七年至十一年武装缉私成绩为例，长芦缉私营于民国七年计平毁硝池2041座；八年计平毁硝池4335座[③]；九年平毁硝池5209座（计步前营1484座，马前营3484座，马后营241座），查获硝盐案共119起，缴获硝盐共重353担71斤（计步前营64起，马前营53起，马后营2起），土盐2起，共重12担52斤（步前营）；民国十年，平毁硝池4891座（计马前营4164座，马后营727座），查获硝盐案194起，缴获硝盐共重295担78斤（计步前营45起，马前营97起，马后营52起）；民国十一年，平毁硝池6422座（计马前营4377座，马后营2045座），硝盐案811起，共重1373担36斤（计步前营111起，马前营115起，马后营585起）。[④] 由此可见，缉私营的缉私活动还是有一定成效的。起码对硝民制贩私盐和其

---

① 《长芦盐运使函复查明缉获私盐各办法请函复　函字第一百九十七号》，河北省档案馆藏档案，卷宗号680－7－709。

② 《长芦缉私营统领宋明善回复长芦稽核分所询问》，河北省档案馆藏档案，卷宗号680－7－709。

③ 《呈报各管带督队及统部办事人员成绩请从优给奖　民国九年二月四日》，河北省档案馆藏档案，卷宗号680－26－866。

④ 《奉饬编具长芦缉私营巡船各项报告书》，河北省档案馆藏档案，卷宗号680－8－867。

他一些私盐犯罪还是起了一定震慑作用的。

　　缉私兵的工作很是辛苦，下层士兵薪饷低廉，许多防地住房为漏雨跑风的破屋或庙宇，整日里顶风冒雨、风吹日晒、日夜梭巡。然而，缉私营在当时饱受时人诟病也是实情："国家岁耗数百万之金钱，人民虚纳数百万之膏血，养此数十万之游民，岂专为鱼肉乡愚，代引商作走狗哉？信如是也。"① "查长芦缉务，未归稽核所管辖以前，实为藏垢纳污之地，贾缺放私，吃空蚀饷。对于私贩枭匪，则因缘牟利，无殊猫鼠同眠；对于盐商食户，则敲诈苛求，直是豺狼当道，甚至栽赃索贿，择肥而噬，如遇温饱之家，则所科罚金，较诸法令所定，辄超越十倍二十倍以上，倾家破产者，指不胜屈，而于防止私硝，则丝毫无补也。至于纪律败坏，训练毫无，服装不齐，枪械窳朽，均其余事，以致名誉日毁，路人侧目，一言及缉私队莫不痛心疾首，引为虐政之尤。"② 那么，是当时人们不了解缉私营的实际情况，还是缉私营真的存在各种问题，翻开尘封的珍贵历史档案，其中的记载为我们打开了了解缉私营真实状况的门扉。

## 一　营队管理上的军风纪状况

### （一）官长吞没饷项、坐吃空饷

　　据曾任长芦盐务局局长的李鹏图和长芦盐务缉私统领的刘序东等回忆，在盐巡营初建时期，因只有500人，人数尚少，又系初创，所以吞没饷项、吃空额现象还不明显，缉私营人员数额与饷项基本相符。后来，随着步左营、盐场场警、马后营、盐坨卫兵、耕荒队等的增设，缉私营队伍由原来的500人增加到高峰时刻的3000余人。所以，吃空额、吞没饷项等现象即加重了，以在直鲁联军张宗昌、褚玉璞控制直隶时期最为严重。1926年，张运良出任长芦缉私统领，统领部竟然公开向各大队每队要50名空额。而各大队、中队本身都有吃空额现象，以致每队实有人数不够五成。③ 这对缉私营的缉私效果肯定是大有影响的。

　　民国初年，时局动荡，国家财政困窘。为增加税收，维持捉襟见肘的国家财政，袁世凯命令整顿盐务："整顿盐务，首重缉私。当此官销疲

---

　　① 景本白：《缉私营存废问题》，载景学钤编《盐政丛刊》，1932年。

　　② 《长芦缉务情形纪略》，河北省档案馆藏档案，卷宗号680-22-1244。

　　③ 近代中国工商经济丛书编委会编：《近代长芦盐务》，中国文史出版社2001年版，第57页。

敝，全赖在事人员于缉私一事认真整顿，方有起色。"① 鉴于此情，1915
年10月，财政总长兼盐务署督办周学熙命令委员王敦铭赴芦东淮浙四盐
区调查缉私营情形。经过调查，王委员发现了缉私营多支款项情况，并且
发现缉私统领宋明善私开军衣庄、虚报缉私款项情弊："至其开支额项一
节，经调查其全部营制饷章细则，逐款核算，每年共支款三十八万八千零
八十元，与钧部前发之营制饷章清单，每年支款四十八万五百三十九元七
角八分四厘，两相比较，约多支十万有零。除该营所管军衣，在宋统领所
开之军衣庄内设法调查，每年约需洋二万四千余元，核计仍多支七万五千
余元，不知其是何用项。嗣经秘密访查，该统领部本年二月分报销共活支
款项，有办公购置文具、消耗杂支、杂费等项，又有所设营造修缮、慰劳
恤赏、房租地租、旅费及特别旅费等种种名目，是否即系此多支之数，未
曾目观，难以臆断。"② 缉私营在一年内即从财政部多支十多万元，其中
除军衣开支一项2万余元外，其余7万余元均属巧立名目、以各种日常开
销名目多支。可见，缉私营在宋明善时期，未经稽核总所整顿前，缉私营
的经费管理是相当混乱的，官长大肆鲸吞缉私经费的现象真实存在。

　　1918年8月，稽核总所向盐务署转发长芦稽核分所信函，称长芦稽
核分所接到康洪烈、张炳华等7名弁兵举报，说长芦缉私统领季光恩自
1918年2月到差以来，"即将司令部原有长夫（即苦力）四十名一律裁
去，而吞没其饷项，并令步队三营每营每月呈缴步兵饷十名，伙夫饷二名
（名为呈缴，实即短发），马队二营每营每月呈缴马兵饷五名，伙夫饷二
名，均入统领私囊。至于步前营私吃中队空饷五名及司令部马队之马干八
份，又步后营张家码头五月间逃走目兵十余名之截旷，亦为统领中
饱。……按该营饷章，步兵每名月饷八元，马兵每名月饷八元五角，马干
每匹六元五角，伙夫每名月饷六元，长夫每名月饷四元四角。就所禀名数
核计，每月约洋七百余元。自二月至今为数甚巨"。③ 盐务署派人到长芦
缉私营查核。最后这件事以查无此举报人，且举报事实不实为由草草了
之。然而是否真有此等情事，惜已成为历史悬案。但就当时长芦稽核分所
协理郑永昌所闻："查缉私营之长夫向来有名无实，及统部之马匹向不足

---

　　① 《长芦盐运使饬第九百号》，河北省档案馆藏档案，卷宗号680 - 26 - 679。

　　② 同上。

　　③ 《盐务署训令第一千二百五号》，河北省档案馆藏档案，卷宗号680 - 8 - 364。

数，以及其他疑窦，协理虽久有所闻，但未有人正式告发，无从据以为断。是以前请将各营饷项每月由银行汇寄，实拟釜底抽薪，藉杜统部之弊，不仅为节省领饷经费而设……"①缉私营吃空额之事早有传闻，此次举报事情应该并非无中生有。至于当时康洪烈等人以几名普通士兵身份控告作为段祺瑞亲信的缉私统领（季光恩原为段祺瑞公馆卫兵），胜算可能性几是微乎其微，最后此事不了了之也在情理之中。

坐吃空饷现象在从古代到清代乃至民国时期军队中普遍存在。北洋政府时期，在长芦缉私营中，各级机关并没有采取专门措施治理这一陋弊，所以这一现象仍然继续存在。虽然有盐务稽核总所和长芦稽核分所采用银行汇款、派员监督发饷等办法试图改变长缉私营吃空额现象，但是，由于长芦缉私营发饷方式仍是官长领饷后层层下发、没作改变，再加上长芦缉私营驻地绵延千里，私盐种类众多，情形复杂，"他区缉务，仅注重滩场，私盐即可敛迹。长芦不然，滩私之外，复有硝私蔓延七十余县，广袤千数百里，星罗棋布，节制维艰，比较城市警察之集于一隅，便于节制者，不可同日而语"。②长芦缉私兵终日里到处梭巡、频繁调动，有一营分驻几处者，也有几营共守一处者，有营兵驻防一地几月者，也有来即调往他处者，正如盐务署调查员王敦敏在调查长芦缉私营后所说："查长芦缉私全部计步队三营、马队一棚、耕荒队二十名，分布直豫两岸，计程二千余里，分驻二百余处。……其每处所驻人数零星杂乱，多系凑合而成。及考其某处所驻某队共有若干名，虽无论如何辗转访查，亦难得其确数。盖长芦缉私积习，非但某官专带某队不能固定，即排长棚头亦可互相代理，有一处一棚者，有一处半棚者，有一处名为一棚而其实人数不足者，有名为三棚或两棚而其数尚多于额定者。推其原因，长芦缉私营队并非一气招成，均系陆续添募，沿袭已久，未经划一。"③并且士兵替补又极其频繁，以致造成兵不识将、将不识兵，要想完全监督到位、实事求是、落实到人，殊非易事，这就为长芦缉私营官长坐吃空饷提供了便利。这一现象在当时军事管理体制下，不可能根绝。

长芦缉私营官长坐吃空饷弊端难遭严惩、难于禁绝带来的恶果显而易

① 《盐务署训令第一千二百五十五号》，河北省档案馆藏档案，卷宗号680－8－364。
② 《长芦缉务情形纪略》，河北省档案馆藏档案，卷宗号680－22－1244。
③ 《长芦盐运使饬第900号》，河北省档案馆藏档案，卷宗号680－26－679。

见：缉私营官长吃占空额、私吞经费不仅使缉私营上行下效、腐败滋生，败坏了缉私营军纪，"其身正，不令而行；其身不正，虽令不从"；更重要的是使缉私营各营队兵力不足，定制 2700 人左右的缉私营防守广延千里的芦盐产销区本属兵少任重、兵不敷调。如果各营队再出现大量空额、缺人现象，本已薄弱的芦盐产销区缉务防守更是雪上加霜、难上加难，严重影响了缉私效果。

长芦缉私营兵在驻防地并不注重与民团结、理顺关系，而往往凭借权势，骚扰百姓，肆行无忌。1915 年 8 月 20 日，长芦盐运使陶家瑶严令缉私营统领宋明善整顿缉私营军纪，起因是长芦缉私营官兵不断在外滋事横行。陶家瑶饬令称："治兵以纪律为先，裕课以缉私为重。欲求职务之克尽，当联地方之感情。兵无不法之行为，人自相安于无事。各该官长对于目兵，宜如何勤加训练，严申约束。巡缉私枭应毋稍疏懈，待遇民庶当共矢和平。枪械，所以卫身制敌，非至枭匪持械拒捕，无力制止，万不得已之时，不能擅行射击。乃驻直豫各营缉私成绩则寥寥罕闻，放纵恣睢、横暴无纪之声几于众口一词。……私且未缉，民先不安。"[1] 然而，从后来缉私营兵军纪、行动上看，长芦缉私营军纪荡然已成根深蒂固之势，固非长芦运使一道愤怒之饬令即可清除尽净。

（二）官长任人唯亲、欺压良善

一些缉私营官长把其亲属安插在缉私营各官长岗位上。这些人背靠大树，倚仗权势，胡作非为。1916 年 3 月，河南新乡县绅民田锡三、卫绪齐、游明甫、赵维翰等赴长芦盐运使署控告宋明善之舅在新乡县胡作非为情事，指陈其有六大劣迹："缘敝县自民国三年一月驻有长芦缉私马前营右队，该队官庞永春素无军官资格，恃为宋军长之舅，滥膺此差。自到新乡以来，仍唯利是视，擅作威福，不识莅政为何事。实以愚民为可欺，是以劣迹昭著，指不胜屈。谨将阖邑人所共知、确切有据者数端为运宪大人缕析陈之：烟土，严厉异常。盐务中人尤不宜染指。民国三年八月有滑县白道口同与合钱铺铺掌吴秀卿在新乡卖烟一千二百两。该队官受贿四百元，带兵二人亲身送至白道口交纳该号。其劣迹一。民国三年十月，有陆军兵自南阳来，带烟土五百余两，经队兵报告该队官，该队官视有利息，旋即收买，亲身赴滑县贩卖。其劣迹二。奸淫良妇，在民人且惧重罪，况

---

① 《长芦盐运使饬第七百二十二号》，河北省档案馆藏档案，卷宗号 680 - 26 - 676。

属官长？新邑有姚姓之妇，颇有姿首，该队官出重价租赁伊家住房，竟将该妇奸污。该妇之翁及夫因势力不敌，遂敢怒而不敢言。秽声远播。凡属居邻无不尽知。其劣迹三。长芦兵队驻防外县，所住房屋无论庙宇民宅，皆系租赁，该右队住药王庙，房租洋每月四元，系由地保支收，该队官驻新二年有余，所领房租即行吞蚀，竟不发给。其劣迹四。民国四年八月，有洛阳木商张凤池与防邻，张姓因奸致酿争端。该队官出而干涉，借词敲诈，将张凤池罚洋一百元，以充私囊。其劣迹五。民国四年十一月，段村人王姓因贩私盐为队兵查觉，该队官竟私罚钱五十串，又将该贩释放。查缉私章程并无私罚条例。其任意弄权，实与定章不合。其劣迹六。以上数条绅民等所确知其他包揽词讼、吞公肥己各事，不一而足。夫缉私队之设，原为整顿盐政起见，于地方公私各项均不应干涉。该队官贪污卑劣，实为地方之蠹，且非地方上官竟如此肆行蹂躏。绅民等岂能甘忍？恨之虽已入髓，麾之实不能去。”[①] 长芦运使陶家瑶令新乡县知事查核此事。新乡县商会会长李凤仪、会董金汝益等得知此事后，立即上书长芦运使，称“其控告各节亦均捏造，绝无实际。绅董等向未闻该队官及其队兵有骚扰情事……”[②] 至此遂告结案。对于如此作恶多端、民愤极大的恶官，长芦缉私统领因有亲属关系，并不严加惩戒、追究法办。而与缉私营有着千丝万缕关系的地方官吏和商会更是巴结奉迎，为虎作伥，致使缉私营军纪更为恶化、难于节制。还有宋明善之弟，在营中带兵抢劫、形同劫匪，众人侧目，有人告发其恶行称：“各处巡驻之兵抢劫之事时有所闻，即如前年张朝选被抢一案，系宋管带明善之弟带兵抢劫后，在营务处控发。问官为汪守开，祉经宋管带多方运动，又送与该问官健骡数匹，遂蒙混了案，此其彰彰在人耳目者。”[③] 统领宋明善不但不加以严惩，反曲为其开脱罪责。官长不能正己，不能正亲，则难于服众。长芦缉私营官长任人唯亲、军纪松散、肆行妄为由此可见一斑。

（三）官长袒护下属、文过饰非

一个武装组织，赏罚严明为决定其战斗力的重要因素之一。自古治军严谨的将领无不非常重视此项军规。《孙子兵法》开篇《计篇》有云：

① 《具禀　宙字第51号》，河北省档案馆藏档案，卷宗号680－8－118。

② 《新乡县商会致长芦运使信函》，河北省档案馆藏档案，卷宗号680－8－118。

③ 《谨将长芦弊之最大者为我司长约略陈之》，河北省档案馆藏档案，卷宗号680－7－63。

"主孰有道？将孰有能？天地孰得？法令孰行？兵众孰强？士卒孰练？赏罚孰明？吾以此知胜负矣。"《吴子兵法》也说："进有重赏，退有重刑。""若法令不明，赏罚不信，金之不止，鼓之不进，虽有百万，何益于用？"一个赏罚不明的武装组织，其战斗力与团体精神必然受到重大影响。

长芦缉私营存续期间，在营队作风纪律、赏罚事项上，各级部门并未颁布相关管理条例或办法，也并未真正实施监督管理。1912年长芦缉私营自己制定的《直豫缉私各营愿结团体共图进益简明章程》，虽提出了官长士兵的行为准则，但缺乏相关制度规章加以保障实施，遂成为一纸空文。1916年盐务署颁布的《缉私各营队官长考核成绩章程》，也只注重对缉私营缉私成绩的考核，而并未提及整顿缉私营军纪事务。1926年张运良出任缉私营统领时颁布的《长芦缉私各防办事简章》中提出："本军饷章较他省缉私兵饷加优。所以厚其养廉，使之洁己奉公、保守名誉起见。倘有不知自爱，如从前巡役等受贿卖放情弊，各防官长应即查明，加重惩治。若有循隐情弊，经特派之调查员、稽查员侦知报告者，将该官长一并撤办。"① 但因张运良刚刚上任即被调往他处领兵，人走政息，并未落到实处。所以，缺乏监管的长芦缉私营营队作风和纪律呈现出松懈散漫、姿意妄为现象，而缉私营各级官长对下属的胡作非为往往置若罔闻、横加袒护，更令时人侧目、让后人扼腕。

长芦缉私营官长对下属的胡作非为现象，事态不甚严重的，一般均以小事化了、袒护庇佑态度处理。1913年，河南四引芦纲稽查孙连元向长芦运使申禀马前营中队队官傅得胜劣迹八端。运使令长芦缉私统领调查，宋明善呈复运使："纯属子虚，亦无孙连元其人。傅队官人地不宜，业经调赴两淮遗缺，遴员接充。"② 统领对此事没加细解，只把当事人开调了事。同年，内黄县临时县议会绅董称缉私前营马队郭队长等包宿娼妓、吸食鸦片、聚赌招匪、强奸妇女等，宋明善答复"派令该队队官马天骥明查暗访，毫无实迹"，并反说这是当地绅董"或因挟嫌冒名捏造，冀图泄愤，抑或有之"③。如说上述事情是非难明，1915年长芦 吏陶家瑶的说辞当不掺假："适查本年迄今不过七月，而缉私官兵滋事之案，如蠡县则

---

① 《长芦盐运使任 指令第二二〇号》，河北省档案馆藏档案，卷宗号680-8-1265。
② 《长芦盐运使司指令 第二千六百九十五号》，河北省档案馆藏档案，卷宗号680-7-884。
③ 《长芦缉私营统领宋明善为呈复事》，河北省档案馆藏档案，卷宗号680-7-885。

队官宋世珍虐待官硝户，平乡则目兵因娟殴伤游击队，滦县竟以观剧细故打伤铁工小工。甚者，如在沧县轰毙周长太，大名击死王之栋，种种无状殊堪发指。夫养兵以缉私也，而其反适以虐民无律。若此咎将谁属？该管官长平日既毫无教戒，临时又曲为徇饰，驯至养成骄暴之习，尚复成何军纪？无怪乎所至人皆侧目。"① 1916 年 6 月，静海县城东南刘岗庄人李苇、李樵兄弟正在麦地里收割麦子，遇到缉私营驻同居严镇场守滩巡勇 7 人以检查私盐为名，踏坏麦子，双方发生口角。后来事态升级，巡勇与李氏兄弟及其他村民发生群殴，各有伤势。面对此事，宋明善、代理丰财场知事张佑贤等称李氏兄弟等因为仇视巡兵、所以借机发泄。最后静海县知事陈树楷将李氏拘捕，后经绅民出面调处，静海县释放李氏。事件到此草草告一段落。② 统领等官长并没有就巡兵的粗暴行为作任何处置。1920 年 2 月，长芦寨上灶盐公所在一次诉状中说："近年来驻坨兵队整日散行，自以身有护符，胆敢强掠良家妇女。向队官张拔控告，置若罔闻，又辱打中学学生。该队官只虚文了事，并不理问情由。从此兵队益无忌惮。在市横行欺侮商民、强买强卖种种不法，皆可实指其人其事，以供查访。细察张拔一概偏护缘由，皆因该队官平习刻扣兵饷，暗吃黑分，惧兵伙发其隐私。"③ 类似事例，在北洋政府时期的长芦缉私营中，可谓俯拾即有、比比皆是。长芦缉私营兵违反军纪、胡作非为行为受不到惩罚，缉私营兵行为即失去约束，军纪为之散漫无羁。

对于缉私营兵招惹是非事态严重一些的，缉私营官长也是以大事化小、文过饰非、轻描淡写的态度加以处置。1922 年，昌黎县赤洋口国民学校校长兼教员邵子源向长芦运使禀告缉私营队长杨慕韩、排长郝凤祥等租赁该校校舍作为营房，约定房租每月 6 元。但该队长等从未按约支付房租。邵子源多次讨要未果。后来，该村村民王凌云因扫土淋碱被杨、郝二人讹诈大洋，邵子源因心感不平便说了几句公道话，这使得杨、郝二人怀恨在心，挟嫌报复，以邵家藏有私盐为名加以搜查："忽于阴历九月十一日，突有队长杨慕韩率同郝凤祥等六七人各执枪械直入民家，各屋任意搜

---

① 《长芦盐运使饬第七百二十二号》，河北省档案馆藏档案，卷宗号 680 – 26 – 676。

② 根据《民人李苇禀游行盐勇践踏麦禾不服理阻并殴伤农民请依法惩办卷》（1916 年 6 月）中多份文件内容概述，河北省档案馆藏档案，卷宗号 680 – 8 – 6。

③ 《寨上灶盐公所禀长芦运使 元字第一百四十六号》，河北省档案馆藏档案，卷宗号 680 – 7 – 888。

翻，口称有人告民藏匿私盐。此时村长佐董事等俱到，搜翻虽遍，毫无所得而去，有村长佐董事等眼见知情可证。"① 然 12 日队长杨慕韩等又到邵家搜查，并绑走其子邵恩明，在营部进行严刑拷打。此事引起昌黎县各乡人民的激愤和严重抗议。缉私营统领白恩荣不得不派人和昌黎县知事会同处理。为平息事态，白恩荣将队长杨慕韩调任别营防地，郝凤祥等被分别斥革，而对邵恩明酌予羁押。此事到此结案。

长芦缉私营官长违法乱纪，腐败蔓延，对下属缺乏管教、监督，缉私营官兵上行下效，到处招惹是非、胡作非为。对缉私营官兵所犯罪行，历届长芦缉私统领及各队队官从来都是因为怕出丑陋而极力袒护，对缉私营官兵骚扰百姓、生活腐化、渎职玩忽等情节，都以是非颠倒、文过饰非、粉饰太平、大事化小等手段加以处置。在百姓群情激愤、激成事端情况下，也只会对肇事官兵换差或斥革了事，从未就某些具有代表性事件昭告全营，进而就事端及处置结果对全营或某营官兵进行教育劝导，这就使这些处置难以起到杀鸡儆猴的效果，缉私营管理松散导致军风纪散乱即无法改变。

（四）官长生活腐败

1913 年，为整顿长芦盐政，长芦运使命令各盐场委员呈递长芦盐场各种弊端。委员王朝海称缉私营小火轮实际据为管带座驾、耗洋巨大，曾向运使反映情况称："为盐巡营管带所用之小火轮每年需费洋三千余元。夫河海各有巡船，而小火轮不过为管带游宴之用，似此虚糜亟宜裁汰。"②

长芦缉私营管带在任几年之后，通过各种敛财方法，即可具有不菲家资，正如委员王朝海称："邓沽驻坨等处该兵等任意偷卖盐斤，给洋两元可以多寡随便。若有愚民偷窃者，无论多寡辄行枪毙。管带知之赏于该民家大米数包即可无事。该处驻坨委员莫敢反对，其兵不足额、马不足数，尤为冒滥。故管带多年家资巨万，近又将缉私局归并该营，权力更大。"③

长芦缉私官长有的利用手中职权，强霸民妻，招妾纳小，腐化放浪。1913 年 4 月，原籍天津县商人张筱泉向长芦运使杨寿柟禀称，其妻段氏被缉私营步左营左队队官李连仲硬行霸占为妾。长芦运使遂令长芦缉私营

---

① 《昌黎县赤洋口庄民呈长芦运使文》，河北省档案馆藏档案，卷宗号 680 - 8 - 772。
② 《谨将长芦弊之最大者为我司长约略陈之》，河北省档案馆藏档案，卷宗号 680 - 7 - 63。
③ 同上。

统领宋明善调查此事。宋明善委派马前营分驻冀县后队队官杨国栋查询。杨国栋调查后轻描淡写地说，段氏是被张筱泉休回娘家，李连仲因无子纳妾，娶段氏为妾。但终难于掩盖事情真相及严重性，只得在掩饰之余指摘一二："查李连仲无子纳妾，情有可原。而擅买有夫之妇，当时既不查明来历，以后致起衅端，未免荒诞。"① 由此可见，长芦缉私营并无完善惩戒机制，在事端发生之后，运使委任统领查办，统领又往往派令缉私营内一些队官查询，有"父子相询、兄弟相问"之嫌、官官相护之弊。事情真相难以查实，惩戒更难落实，军纪则难有保证。

### 二　日常缉务上的军风纪情形

#### （一）官兵利用巡缉之机借端勒索

长芦缉私营官兵的工作方式多为巡逻查缉，盘查可疑人员，取缔私盐，平毁硝盐盐池。在盘查所谓"可疑人员"时，缉私营从始至终并没有详细、严明的规则与界限。何谓"可疑人员"？"可疑人员"有何特征？应该采用何种方式方法对其进行询问？即如何执法，当时各级盐务机构并没有明白规范和约束，也没加对缉私兵以教育教导，全靠缉私兵自己判断。这样，就使缉私兵在缉私过程中存在很大随意性、伸缩性。

缉私营部分官兵在巡缉过程中，因为没有相关规章制度的约束和严明的军纪制约，经常出现有私不缉、无私乱缉、大私小缉和小私大缉情形。发生在1913年春夏之交的一件事例颇有代表性。事情经过大致是：按照盐务章程，凡晒盐者均给予一定额食盐，给盐量按照卤沟多少而定，每道卤沟给盐400斤。1913年4月，乐亭县大清河坨后永兴隆滩户李吉昌，到本滩领取食盐。其共有卤沟6道，暂领2道卤沟之盐，即800斤。此滩户在4月15日就申领了盐票，到永兴滩领盐。当时称盐并不用秤，而用官斗。每斗50斤，计16斗。李吉昌的领盐经大清河坨后坨务员陆寿彤照票如数监发，派盐勇刘印廷装讫，又经坨务员查准，送出滩外二里之遥。至张庄子时，遭遇缉私营队官张鸿祥和队长侯炳文。二人不问青红皂白，即将李的一车二骡及车夫一并赶到缉私营驻防地。李吉昌自认按章领盐，没有弊端，当即向盐运使呈文控告，称这是"缉私营藉端讹索，希图渔利"，"滩户伏思多拉盐者，有钱即施；不多拉盐者，无钱即劫。如此扰

①　《长芦缉私营统领致长芦盐运使呈文》，河北省档案馆藏档案，卷宗号680-7-888。

乱，滩户以晒盐为生，并以供给国家，将何以堪?"① 并说张庄子防的缉私兵经常干这种事情："不意缉私队队官张鸿祥、其什长侯炳文住张庄子，惯于劫盐议罚，从中渔利。"②

运使即委令石碑场场务所所长王国铎调查此事。王国铎询问了大清河坨后坨务员陆寿彤等，证实了李吉昌确系按章领盐，且并无浮报。并且，王国铎认为："维缉私、发盐，各有专责。滩户请领食盐，向有定章，并有食盐票据可稽。果其盐多于票，缉私营固应查缉。惟当缉获之时，似应知会滩务局两相较对，或就近召集该处村正副将车载盐斤眼同过秤，则被获者自无所藉口。令该营侯什长竟将所获盐斤车骡迳自押回驻防营，次并将车夫拘留，其中不无疑窦……"③ 而缉私营称当时收获李吉昌盐斤共1201 斤，称李是多装盐斤。运使后又派出多人调查。长芦滩场整理处登记部副主任璩珩、乐亭二等官运分局局长何景崧等经过调查后均认为："查灶户食盐，每沟四百斤载在章程，由来已久。此项食盐之监发名为库秤，实则概用斗量，以盐在滩中本为不甚可贵之物。此次刘印廷在滩监发，据秤按每斗五十斤计算，共发十六斗匀装六口袋。到滩后经陆委员抽秤放行等词，是此项盐斤之偶有参差在所不免。缉私队既在该滩左近查获此项票领浮多之盐，应即押回原滩，眼同滩员、灶户三面过秤，果有逾额自有滩务员负其责任，于灶户骡夫车辆似无拘留之必要。即或不然，亦应另寻见证人眼同过秤，立刻送交官运局。灶户何致退有后言? 计不出此，仅与车夫过秤，径行回防，迨经灶户告发，始将车夫、骡匹、盐斤分别交出，实系该队缉案草率，送案延迟之处，李吉昌控其藉端讹索未必不由于此。"④ 鉴于此事缉私营藉端敲诈太过明显，长芦运使于 1913 年 6 月下令："查该灶户、车辆、骡口及在押车夫，业由本司先后令饬该县局分别开释在案……将李吉昌应领食盐八百斤，克日转饬该灶户如数领回。其余浮多之盐四百零一斤，应即悉数充公。"⑤ 这次，缉私营是赔了夫人又折兵。但从案发到结案，共花去两个月时间。本来纯属误办的事情，令滩户

---

① 《滩户李吉昌呈长芦盐运使》，河北省档案馆藏档案，卷宗号 680 - 7 - 883。

② 同上。

③ 《石碑场场务所所长为查核李吉昌事呈报长芦运使》，河北省档案馆藏档案，卷宗号 680 - 7 - 883。

④ 《长芦滩场整理处登记部副主任璩珩呈长芦盐运使》，河北省档案馆藏档案，卷宗号 680 - 7 - 883。

⑤ 《长芦盐运司使训令 第五百五十九号》，河北省档案馆藏档案，卷宗号 680 - 7 - 883。

李吉昌多次、多方奔走呼号，辗转控告。由此可见，缉私营乱作为的社会代价之大、影响之恶劣。

而此事的关键在于，缉私兵对于如此明显、不难确认的有票运盐竟当作私盐处置，没收盐、车，羁押车夫，当属渎职、乱作为行为。而在长芦运使最后的处置中，竟只字未提对乱作为缉私兵的教育与处置，也未就此事的发生而制定出相应细致、详细的缉私规则，这就会导致养虎为患。缉私营兵乱作为既然无甚代价，就难保以后不再得寸进尺、继续胡乱作为。正如李吉昌所说，"多拉盐者，有钱即施；不多拉盐者，无钱即劫"。缉私营的军风纪乃至缉私营的缉务废弛也就在所难免。

如果说上一个案例尚能算作缉私营在缉私行动中出现偏差，那么以下的事情则是缉私营兵借缉私之名，明目张胆行敲诈勒索之实。1917 年 11 月 29 日，盐山县民人张恩绶、许渭桥、王士桢、刘钟淇等向长芦运使控告该县盐巡形似匪徒，以搜索盐土为名，肆意侵入民宅或索要财物，其呈文称："近数年来，该盐巡等视盐邑人民愚懦易欺，肆行滋扰，为害之巨，甚于盐匪。以搜索盐土为名，随意侵入人民家宅或索金钱或取财物，种种不法行为，又滋而生故。近年盗贼抢夺人民财物亦多冒称盐巡。盐民何辜受此荼毒？今岁五月间突有盐巡十余名，流连大丁村、小丁村、董家庄、辛庄、郭庄诸村等处，比门搜索，按户要钱。各村勒索银圆数十圆或数百圆不等，饱其囊橐始去而之他。此为最近事实，不难调查而知。"① 长芦盐运使接到此诉状后，也一如既往地饬令缉私统领调查此事，缉私统领复文称："本军各防官长目兵行为知之最悉，无不勤勉从公、束身自爱，绝无无赖分子掺杂其中。此次在各村骚扰勒索钱财，确系外人冒充。"② 对于此事，现在很难说清其真相，如若说缉私营兵真的未行此事，也会因为以往缉私营官长对每一件案子均以袒护庇短态度出现而使人加以怀疑，可信度降低。退一步讲，即使真的是外人冒充，为何没冒用其他军种名义而单借用缉私营名义？如果缉私营兵一向奉公守节、秉公执法，百姓也就不会相信外人的说辞，也不会冒被追究之险到盐运使署伸冤告状了。缉私营官长一再庇佑袒护往往欲盖弥彰，经不起推敲。

---

① 《盐山县民人呈长芦运使文》，河北省档案馆藏档案，卷宗号 680 - 8 - 270。

② 《长芦缉私统领呈长芦盐运使文　营字第五号》，河北省档案馆藏档案，卷宗号 680 - 8 - 270。

（二）在滩场监守自盗、护私放私

场私、滩私实际上是当时长芦私盐中的大宗，与驻防长芦盐滩和盐坨的长芦缉私兵监守自盗、受贿放私、放任走私情事有直接关联。正如1916年5月长芦稽核分所诉称："滩坨为走私之根本。嗣后守护各滩坨之缉私兵丁，应由各营管带与各场知事及各稽核支所助理员遇事会同办理，以免隔阂。如滩坨不致走私，则本省之漏卮既塞，仅剩硝私及邻私较易抵御。"①

对于上述情弊，长芦各稽核支所也早有耳闻。1918年7月，据塘沽支所施助理员称，塘沽支所也经常听说有滩地走私情事，但一直苦于未获确证。为了调查滩地走私真相，7月21日晚，施助理员及其仆从在事先调查清楚的运私路线——塘沽滩私运往塘沽村的路上隐蔽守候，经侦查发现："一、偷窃滩盐之匪徒共有三十人之多。二、每人入滩偷盐每夜计共三次。三、滩地站岗之缉私兵若贿以铜元四五十枚，便可任意偷窃。四、若由较远之滩偷盐者，并可任意负载，可无贿赂缉私兵之必要。五、如遇销数畅旺之时，此项私盐每斤可售铜元三枚。"施助理员是夜共购私盐90斤，用洋1元。② 施助理员将此情向长芦盐运使段永彬作了汇报。段永彬即令长芦缉私营查核此事。统领令步后营中队队官夏吉堂查询放私之兵。夏吉堂、步后营管带宋振升当然不愿此事为真，宋于29日向缉私统领季光恩表示，此事纯属造谣生事："兹据该队官夏吉堂复称，窃查卑队分驻塘新各滩东西约三四十余里。兵力单薄，鞭长莫及，无论如何巡缉，百密不免一疏。然队官逐细调查助理员在法国坟地购买私盐九十斤，系得自私犯之手，实非巡兵贿放。至其问答之辞，更查无其事。或者各私犯有意诬陷，散布流言，希图嫁祸，亦未可知。"③

这种说辞显得很是苍白。首先，塘沽支所助理员没有必要陷害长芦缉私兵。其次，滩坨私盐确实被窃，并且以三十多人的庞大规模，3次入滩盗窃，滩地驻有缉私兵，如说完全不知，则是渎职；如若明知故纵，则为勾结。总之，缉私兵对于滩私难脱干系。再次，助理员在当夜即购得私

---

① 《长芦盐运使饬第五百二十九号　长芦分所条拟整顿长芦缉私营办法》，河北省档案馆藏档案，卷宗号680－16－316。

② 《长芦缉私营训令　令步后营中队队官夏吉堂　第一百十六号》，河北省档案馆藏档案，卷宗号680－26－740。

③ 《步后营官带宋振升呈统领季光恩文》，河北省档案馆藏档案，卷宗号680－26－740。

盐，有实物为证。最后，缉私兵收贿放私，为当夜盗窃者亲口对施助理员
仆从所说，仆从与缉私兵并无瓜葛，当不致编具谎言。所以，缉私兵监守
自盗情弊的确存在，并且这种现象在北洋政府时期一直存在，否则滩私不
致成为长芦私盐之大宗。

　　长芦缉私兵在各自防地护私放私几乎相沿成风，在一些私盐严重的地
方，往往大白天私盐贩子明目张胆贩卖私盐，食户也踊跃购买。这主要是
有缉私营兵持枪护送私盐。正如 1918 年 5 月芦纲公运所称，丰润县"刻
下私盐充斥，较前尤盛，每日由张家码头等处滩内装运，日夜不断，约有
一千五百余挑，其大车运载尚不在内。且闻每担价洋五毛，现已涨至七
毛。其斤重惟视挑夫力量。至于车载亦均按筐核算，所以丰境大小村庄无
不贪贱购买。亦有饬人持钱去买者，亦有在家候送者，成群聚伙，络绎不
绝。其乡民何以如此憨不畏法？皆因每一盐帮必有身着军服带有快枪之人
护送。俨同奉有命令，与纳税官盐无异"。①

　　无独有偶。在玉田县，"玉田代商同极生号函称，近日玉田一带，私
盐遍地，到处充斥。其私盐有两种：其一曰硝私，为数较少，确系石臼
窝、丰台临河一带所产；其一曰滩私，船载肩担，到处皆是。最多者为窝
洛沽、丰台、石臼窝三镇。该镇皆临河岸，有满船全载私盐者，有挟带
者。多有缉私营队押载，明目张胆，沿途出售者，比比皆是。敝分号现派
巡役分头巡缉，对于营队包揽贩私，无不竭力多方劝阻，至今仍属如故，
势如潮涌。而玉岸步巡亦断难阻遏制止"。② 长芦盐运使段永彬对此颇为
懊恼，直接训令缉私统领季光恩："查近来滩坨走私，明目张胆，沿河各
岸均受影响。前据丰润引岸发现滩私，当经转呈在案，此次玉田所报情形
与丰润相同其间，缉私营队难保无包揽情事。"③ 正如 20 世纪 30 年代时
有人评说："从前缉务之弊，由上而下，以放私、敲诈所得钱财，为献媚
长官贿迁干禄之资本，相习成风，肆行无忌。"④

<hr />

①　《长芦盐运使训令　第三零九号　令缉私营统领季光恩》，河北省档案馆藏档案，卷宗号
680 - 26 - 737。
②　《长芦盐运使训令　令缉私营统领季光恩　第三三五号》，河北省档案馆藏档案，卷宗号
680 - 26 - 737。
③　同上。
④　《长芦缉务情形纪略》，河北省档案馆藏档案，卷宗号 680 - 22 - 1244。

（三）玩忽职守、失职渎职

长芦缉私营缉务废弛也表现在其玩忽职守上。1918 年 7 月 14 日半夜时分，大清河坨后滩有人窃盐。据当时附近滩户义顺昌称："本月十四号夜间三鼓至四鼓时，忽有二十余人到敝号义顺昌滩上明张盗盐，嘈杂之声不绝于耳。惊吓看守滩工不敢出视，恐遭不测之灾。"[①] 到天明发现丢失三十多官筐盐斤。而负责巡防该段的缉私营步左营右队竟然毫无察觉。并且，这个盐滩离缉私营驻地并不太远。而盗徒胆敢夜间聚众呼啸而来，实际上也并没把缉私营当成过大障碍。长芦盐运使段永彬对此有些恼羞成怒，令责缉私统领："查石碑场滩盐前次被窃，该处所驻之兵毫未察觉，事后又未破案，已属溺职。此次该盐匪等竟敢啸聚窃盐，尤属目无法纪。而该队之缉捕废弛已可概见。此次若不严为缉办，将来滩盐更难防范。试问该管营官长弁兵岂非徒糜饷需、毫无所用？"[②]

长芦缉私营兵玩忽职守的原因很多。第一，长芦缉私营考核机制不当。如前文所述，1916 年盐务署曾颁发了《缉私各营队官长考核成绩章程》，但以各地引盐销售数额为考核依据。在当时社会条件下，天灾人祸不断，引起引盐滞销的原因并不全因为缉私营缉私不力。所以这个标准在当时实际条件下并不可行，也就是说，这个章程成了一纸空文，没有真正起到激励作用。这样，缉私营缉私活动便成为缉私营兵自发自愿的事情，随意性极大。有私不缉、大私小缉等均靠缉私营兵的随意掌控，缺乏监督、控制，这是缉私营缉务废弛的重要原因之一。第二，长芦缉私营军纪松散，赏罚不明。长芦缉私营中官兵为非作歹、上行下效，下属违反军纪不但受不到处置惩罚，反而往往得到官长庇佑袒护，更助长了缉私营兵营务松懈、缉务废弛的势头。在这种环境下，要让缉私兵奋发缉私、按章办事，几乎成为空谈。第三，缉私兵兵力分散，实力不强。当时社会环境复杂，涉私者往往为枭私、帮会或人数众多，规模、气势、实力往往优于一地防守缉私兵。这使得缉私兵不敢或不愿认真缉私。第四，缉私兵，尤其是下层兵弁，薪金待遇低，缉私工作不仅辛苦，而且危险。再加上缉私营奖惩机制不健全、升迁渠道不畅通，缉私成绩并不与兵弁薪金、升迁挂

---

① 《长芦盐运使训令　令缉私统领季光恩　第五二五号》，河北省档案馆藏档案，卷宗号 680 – 26 – 737。

② 同上。

钩；当时缉私兵大多为养家糊口而入伍，存在放私护私以增加些灰色收入以及贪生怕死等思想，并没有达到以国家利益为重、以个人利益为轻思想境界，等等。所以，玩忽职守现象也就在所难免。

（四）官兵粗暴执法、暴虐百姓

人唯上者必然虐下。缉私营兵常常在执行公务中，对百姓横眉冷对、非打即骂、粗暴野蛮。如驻扎在武清县崔黄口镇缉私队长李福春带马兵4人到东狼尔窝村查缉私盐，令村正带路。适逢村正去往北京，村正儿子、16岁的直隶公立工业专门学校学生冯彭年在家。李福春便令其带路。冯彭年说，"如有官票，即遣人去找"。①该队长等本无官票，以为揭短，遂用皮鞭抽打冯彭年。冯即逃入张姓门内，该队官即闯入张门内将冯毒打。经旁人百般苦求才得以停止。1922年5月，南皮县人宫宝堂因被缉私营怀疑有推运邻家盐土情形，缉私营马后营后队队长张增盛等遂入宫家查找盐池。张协同士兵四五人对宫进行鞭打，经人劝解离去。后来在路上宫又偶遇张等，张遂纠集多人殴打宫宝堂，并把宫送县关押，罪名为殴打官兵。南皮县知事听从缉私营一面之词，即将宫氏父子关押在牢，历时三月有余不加审讯，亦不放人。后来在村民的一再恳求下，南皮县知事才判定宫宝堂因病保外调治，其父由保人保回，并赔偿缉私营张增盛等损失。②此尚为轻者，还有缉私兵借口检查私盐，直接向背负肩挑物品的民人开枪、致其伤亡事件也频频发生。凡此种种，均反映了缉私营官兵粗暴执法、肆意搜刮、荼毒百姓的丑恶面貌。

## 第二节　缉私营军风纪松弛成因解析

长芦缉私营军风军纪松散现象出现并不是偶然的，其中蕴含着许多制度上、管理上及社会的因素，主要表现在军风纪监管制度的缺失、"人治"的疏散、兵弁结构复杂、日常训练不足、思想教育淡薄及社会动荡等方面。

---

① 《学生冯彭年禀长芦运使》，河北省档案馆藏档案，卷宗号680－8－121。
② 根据档案《据南皮县民人宫振东等禀控缉私兵队扰民诬陷及挟嫌群殴各节请查办卷》（1922年5月）中各件文件内容概述，河北省档案馆藏档案，卷宗号680－8－781。

### 一　军风纪监管制度缺失

考察一个团体的作风、纪律等情况，首先应考察约束这个团体的制度机制。长芦缉私营成立初期，全营规模不大，仅有 500 人，均由统领宋明善节制，并无相关制度制约。除了缉私经费、薪金由户部提供、保证外，其他营务方面，如招募、训练、升迁、斥革、缉务等，均由宋明善统辖安排。可以说，当时是全面的"人治"而非法治。到 1913 年盐务稽核总所和长芦稽核分所成立后，颁布了许多有关缉私的法律条文，比如《私盐治罪法》《盐务缉私条例》《私盐轻微案件处罚章程》等。还有整顿缉私营经费管理、私盐上报、私盐附属物品处置等规章办法。但是，纵观这些法令，真正涉及缉私营纪律、作风的法令和规章几乎没有。这样，缉私营在其存在期间，制度性的军风纪管理内容几乎为零。

长芦缉私营官长在对缉私营实施管理、指挥过程中，依旧保留清代军制的一些陋规，比如缉私营军饷薪金下发方法，仍然按照清代军队的官长领薪、层层下发模式，由缉私营统领从财政部领得薪金，然后下发各营管带，再由管带颁发给各队队官，最后由队官颁给各棚目兵。长芦缉私营 2700 名左右巡兵分散于直隶、河南引岸方圆 2000 里范围内、分驻防地 200 余处，并且经常更调换防。虽然有盐务稽核所派员的跟踪监督，终难保目兵薪金能按时、按期、全额发放。缉私营营务管理上的漏洞及制度缺失，给缉私营经费管理中出现腐败现象留下了缺口、架构了温床。

在执行缉务时，缉私兵的执行对象、执法方式等细则亦无章可循，缉私兵可任意指定路上行人或肩挑背扛者为涉嫌贩私、购私者，横加搜查，以达到敲诈勒索的目的。对无端搜查行为，缉私营又缺乏足够有力的办法和法令来对缉私兵进行处置。缉私兵的胡乱作为既然不会被追究，其乱作为行为代价几乎为零，遭受枉查冤办者不会得到任何缉私营和当时政府的补偿，缉私过程中的乱象就难避免。仅仅靠缉私营兵的自我约束力来执行公务，缉务中的军风军纪懈怠亦势所必然。正如上文提到的 1913 年 4 月乐亭县大清河坨后永兴隆滩户李吉昌凭票领盐遭缉私营无端缉没案一样，长芦盐运使虽然判断李吉昌系正当运盐、缉私营为胡乱作为，但缉私营兵没受到任何处置惩戒，李虽为索回 800 斤盐而奔走呼号 2 个月之久，但并没有得到丁点补偿。缺乏章法的缉私行为，的确很难阻止缉私营在缉私行动中的乱象。

在生活上，由于缺乏规章制度约束与监督，长芦缉私营官兵更是可以为所欲为。缉私营兵凭借自己拥有武器、拥有盐务署赋予缉私权力的特权，骚扰百姓、吸食鸦片、贩卖鸦片、涉足娼寮妓馆、欺霸妇女、寻衅滋事，无所不为，横行无忌。在惹出事端后，又有缉私营官长、上司的一再袒护庇佑，很难受到公正追究，得不到应有处置。没有良好的制度约束机制，缉私营兵形同劫匪便成为缉私营兵的固有特征。缉私营兵的行为让当时百姓侧目，人皆避之。正如长芦运使陶家瑶宣称："驻直豫各营缉私成绩则寥寥罕闻，放纵恣睢、横暴无纪之声，几于众口一词。……私且未缉，民先不安。"① 本来，从长芦缉私营兵的工作性质而言，要想严缉私盐，非得到百姓拥护和大力支持不可，但军民关系恶劣至此，缉私营的缉私工作就无法充分展开，缉私效果受到严重影响便是情势使然、几成必然。

长芦缉私营军风纪监管制度的缺失是其军风纪松散的根本原因。

## 二　官长赏罚不明、监管松散

既然长芦缉私营有关军风军纪方面的制度机制缺失，那就只有靠"人治"了。如果"人治"机制下的官长厉行严管、赏罚严明、令行禁止、治兵有方，缉私营军风军纪或许会是另外一番景象。如说"人治"，则首先应明确长芦缉私营领导体系及主体。按照1915年10月财政总长兼盐务署督办周学熙颁布的《各省盐运使运副及缉私营办事权限章程》规定："第一条：各盐运使俱兼缉私营督察长，运副俱兼督察官，承盐务署之命令，督察所转盐务地方缉私营一切事务。第二条：督察长或督察官对于缉私统领及各营长之尽职与否，有鉴察检举之权。第三条：督察长或督察官对于所属缉私员弁兵丁饷项之支出，得秉承盐务署有考核之权。第四条：督察长对于缉私营队有节制调遣之权，督察官对于缉私营队有合宜之调度，得就近商同统领照办并报明督察长查核。第五条：督察长或督察官对于巡缉勤务及约束弁兵查有不合情弊，得知会统领按照情节轻重分别处置，并由督察长详报盐务署。如在运副所管区域内遇有特别重要之事，并准由督察官迳报盐务署，一面牒报督察长……"② 按照该规定，长芦缉私

① 《长芦盐运使饬第七百二十二号》，河北省档案馆藏档案，卷宗号680－26－676。
② 《盐务署饬第一千一百三十二号》，河北省档案馆藏档案，卷宗号680－7－1506。

统领为长芦缉私营最高指挥官，长芦盐运使对缉私营有节制、监督、管理之权。这就是说，盐运使对缉私营负有行政领导之责，缉私营统领对缉私营管理负有全责。对于长芦缉私营的军风军纪，盐运使及缉私统领均负有领导管理之责，其中统领应负主要责任。

然而，北洋政府时期，长芦缉私营统领由大总统直接任命，人事任免权不在长芦盐运使，盐运使对缉私统领并无实际节制能力。再加上当时特殊的社会背景，战乱频仍，手握兵权、拥有武器的缉私营统领实际上成为了长芦盐区的无冕之王，这从稽核所成立之前长芦运使对缉私营事务的监督无力与管理松懈上就能看出来。当时长芦运使对缉私营一年缉获私盐数量、处置私盐办法及附属物品变价等最基本的事务，都不能明了。可以说，长芦运使实际上并不能对缉私营实行有效管理。实际上，对缉私营真正起到管理作用的是稽核所。而稽核所无论从《善后大借款》合同中，还是实际管理工作中，其职权范围和工作重点是对缉私营财款及其所属方面的管理。对缉私营的军风纪，则不在稽核所各级机构的管理范围和兴趣之内。所以，缉私营军风军纪的监管主体就应当是缉私统领。

在北洋政府时期，长芦缉私营从第一任统领宋明善到最后一任徐孟起等共十任，因为所处历史时代和治军观念等所限，管理营队并不严格。长芦缉私营到任时间最早、在任时间最长的是宋明善。而其治军状况，正如1915年盐务署调查所指："律己不严，治军无状。"[1] 1915年9月26日，大总统袁世凯命令盐务署调查长芦、山东、两淮、两浙四盐区缉私办理情形。10月，财政总长兼盐务署督办周学熙随即派王敦敏前往四区进行调查，王经过调查认为："据该员得调查各处缉私实在情形……若如该统领宋明善之律己不严、治军无状；刘忠梁[2]之废弛营务，交结商人。则上行下效，表里为奸，习染既深，缉务何能起色？……其宋明善、刘忠梁两负溺职辜恩，本皆有应得之咎，但查宋明善才尚可用，曾著微劳。究其两淮缉务，所以败坏之由，亦由于兼办淮芦，顾此失彼，其情不无可原。且已于另案褫夺官勋，拟请从宽免究，仍留充长芦缉私统领，应饬力图振作，以赎前愆而观后效。如再泄沓因循，即当从严参办。……"[3] 宋明善因治

---

① 《长芦盐运使饬第九百号》，河北省档案馆藏档案，卷宗号 680 – 26 – 679。

② 刘忠梁：两浙缉私统领。

③ 《长芦盐运使饬第九百号》，河北省档案馆藏档案，卷宗号 680 – 26 – 679。

军不严几被免职。这样，长芦缉私营的"人治"机制也成空谈。而宋明善的继任者们，要么为当时北洋政府政要的亲信、亲戚，比如宋明善的继任者季光恩为段祺瑞亲信、白恩荣为曹锟亲信、李书风为奉军骑兵头目李际春胞弟；要么是当时直、皖、奉三系军阀和冯玉祥国民军军队中军官，比如第八任统领顾占鳌为国民军第二军旅长、第九任统领张运良为直隶省军务督办署副官长、第十任统领徐孟起原为曹州镇守使，后因对直隶省军务督办褚玉璞有恩，被褚玉璞提拔为长芦缉私统领。这些统领，均把长芦缉私营统领视作肥差，上任后不仅不对缉私营军风军纪加以整顿，反而截旷军饷、加紧搜刮、培植亲信、纵容部下敲诈勒索，以各种方式敛财自肥。长芦缉私营军风纪在官长腐败、上行下效的情况下不仅没有起色，反而更加懈怠散漫。这从缉私营各个时期队官胡作非为、目兵肆行妄为事实上也可以略见一二。

所以，在北洋政府时期，长芦缉私营"人治"机制中的各个主体均为了各自利益或代表的军阀利益而横行无忌、不按律治军，使得缉私营赏罚不明、官长目兵无所畏惧，形同劫匪。可以说，这个时期长芦缉私营在军风军纪上的"人治"是失败的，给缉私营缉私效果带来的恶劣影响是显而易见的。

长芦缉私营"人治"的疏散和盐运使监督不力是造成其军风纪松散的主要原因。

### 三　缉私营兵弁结构复杂

长芦缉私营的前身是晚清时期的长芦盐巡营。在后来扩编过程中，收编了津武口岸的商汛、永平七属 16 个缉私分局的缉私队，并从各地招募兵士而组建成营，改称为"长芦缉私营"。而津武口岸的商汛是因为极其腐败，营私舞弊、敲诈勒索、激起民愤而被撤；永平七属缉私队也是因为组织紊乱，弊窦百出而被改编。正如 1915 年 7 月盐务署在颁布《改定盐务产地销地缉私办法大纲》时所称："所有各处缉私厂卡，向属巡丁性质，习气最深，卡员多系冗〔 〕之流，视私盐为奇货。若非切实裁汰，另定办法，断不足以起衰靡而图振作。"① 当时缉私营的整体规模是 2000

---

① 《改定盐务产地销地缉私办法大纲》，河北省档案馆藏档案，卷宗号 680 - 7 - 1555。

人，这部分被改编入伍的"老兵油子"就有 1500 人之多,[①] 占缉私营总人数的 75%。这部分兵士从旧军中带来的积习在长官腐败、缺乏训练、赏罚不明、监管缺失的长芦缉私营中难以禁除。可以说，长芦缉私营初建时期的兵士多系旧有营兵，恶习极深，成分复杂，冗员甚多，风气恶劣。这对缉私营的军风纪管理势必造成难以控制的影响。

在后来缉私营扩编招募新兵时，按照《长芦缉私营备补兵章程》规定，会吸食洋烟者不收，素不安分、犯有事案者不收，五官不全、体质软弱及有目疾、暗疾者不收。必须是土著乡民、有家属者方准入伍，溃勇游民一律不收。为防止游惰之人蒙混入伍，报名时还要报明三代家口、住址、箕斗数目，此类清册要移县里存案备查。兵丁入伍 3 个月后，查明堪胜操练者才准留用。照此，长芦缉私营新兵应该是乡土中未充过军的健壮乡民。规定虽然如此，实际情况却不尽然。当时军阀混战，各派军阀都拼命拉夫抓丁，比如第二次直奉战争期间，直隶广大农村"车马无一留，车辆无一存。牛马以惫而半死于途，车辆以损而半委于路。……拉用人夫，只求其数多。借拉夫之名，行勒赎之实"[②]。在当时社会条件下，长芦缉私营但求充军人头充足，哪敢全面要求兵源质量？

并且，长芦缉私营兵员流动性很大，当时据统领估算，缉私营中旧兵约占六成，新兵约占四成。[③] 这就是说，缉私营兵员的革退、替补是相当频繁的。每年都会招募好几批新兵入营，然后分配、补充各营队当差。以 1917 年 1—12 月份长芦缉私营革退替补情形为例，步前营一年中因各种原因被革的有 150 人，占全营总人数 590 人的 25%；步后营革 109 人，占全营人数 590 人的 18%；步左营革 118 人，占全营 537 人的 22%；马前营革 60 人，占全营人数 432 人的 14%；马一棚革 6 人，占全棚人数 12 人的 50%；巡海轮船革 3 人，占全船人数 16 人的 19%；巡河炮船革 4 人，占全船人数 23 人的 17%；马后营革 123 人，占全营人数 432 人的 28%。[④] 这一年，全营被革人数达 573 人，几乎占全营总人数的 22%。缉私营并

---

① 这两个数字是根据刘序东的回忆内容计算而得，载近代中国工商经济丛书编委会编《近代长芦盐务》，中国文史出版社 2001 年版，第 52—54 页。

② 郭剑林：《民初北洋三大内战纪实》，南开大学出版社 2003 年版，第 356 页。

③ 《奉饬编具长芦缉私营巡船各项报告表》，河北省档案馆藏档案，卷宗号 680－8－867。

④ 根据河北省档案馆藏档案《中华民国六年长芦缉私营每月上报长芦运使本营革退替补名单》统计、计算，卷宗号 680－8－250。

没有严格的退役制度，兵弁因各种事务即可以随时退出营队。频繁的人员流动对缉私营兵的训练、营队管理都非常不利，随时入伍的新兵更增添了缉私营的军风纪监管难度，使得缉私营军风纪不良情况如雪上加霜。并且，鉴于盐务缉私中经验及业务熟悉程度与缉私行动有着密切关系，兵员频繁替补对缉务活动及效果都会带来一定影响。

　　总之，由晚清时期长芦盐巡营改编、扩编而来的长芦缉私营，保留了大量军纪松散、习气极深的老兵，后来招募的新兵由于当时社会条件所限，也不能完全保障兵源质量，并且由于缉私营并没有严格的退役制度，兵员更替频繁，这些都成为长芦缉私营军风纪懈怠松散的因素。

　　长芦缉私营兵弁结构复杂是其军风纪松散的重要原因。

### 四　军事训练与纪律教育薄弱

　　长芦缉私营兵役制仿照清末新军实行募兵制。对招募来的新兵，缉私营要加以培训。当时，统领部设有新兵教练所。教练形式分为步兵、骑兵两科，内容即是教授新兵简单军队操法，教官为缉私营各营中的军事知识丰富者。短期训练之后，即分发各营，成为正式士兵，补充到缉私一线。有许多士兵，并没有经过系统完整的军事训练，入伍即被遣送入营。在北洋政府时期，长芦缉私营从没有形成系统、完善、正规的训练制度。在平时的兵员补充上，革补程序是各棚、队每月向所属各营汇总呈报本营人员流动情况，各营再向缉私统领总结汇报。缉私统领于每月 1 日宣布各营被革或请假回家人员名单，并对各营所缺人员予以升补。同时上报长芦盐运使署备案。由于每月各营队都有兵弁退革和补充，频繁的人员流动也给缉私兵系统、全面军训带来难度，缉私营军事训练是非常薄弱的。

　　长芦缉私营新兵在被招募后，有限的军训注重的是操法训练，几乎不多涉及纪律教育，思想教育在新兵军训中尤显淡薄。就现存历史档案资料来看，涉及当时缉私营思想、纪律教育的资料极为稀有，仅存两份，一份为 1912 年长芦缉私营颁发过的《直豫缉私各营愿结团体共图进益简明章程》[①]。该章程内容涉及长芦缉私营官长选拔任用、营队纪律、官兵教育、官佐目兵升迁、官兵行为准则、缉私营职责等方面。文中更多的是从道德

---

　　①　《直豫缉私各营愿结团体共图进益简明章程》，河北省档案馆藏档案，卷宗号 680 - 7 - 283。见"附录 7"。

品行的角度来规范缉私营官兵的言行。此文下发之后，却不见具体执行、实施的相关政策措施出台。此章程初衷固然美好，然而，在当时没有制度约束、缺乏监督机制和惩戒机制条件下，全靠缉私营官兵的个人修养和自律来践行此训兵要言，几乎是一纸空谈，对约束缉私营官兵的军风纪没有起到应有作用。

另外一份为《长芦缉私营训兵歌》①，内容如下：

训尔兵，听端详，军人品格最高尚；结团体，保芦纲，应尽责任不可忘；

直豫省，各地方，分驻巡缉辛苦尝；或下道，或站岗，各人皆要精神壮；

你看那，众盐商，齐齐输款来助饷；咱们兵，安坐享，一人一年数十两；

清夜里，扪心想，食人口粮为哪桩；无非是，为兵力，能与盐务作保障；

更看那，他兵将，舍了性命去打仗；我们兵，多乐康，护持盐务即我长；

今春来，京津上，变兵到处去焚抢；惟我兵，志气刚，保护运库甚得当；

各滩坨，与局场，一并维持庆安康；蒙运宪，颁重赏，我军名誉自此扬；

那变兵，性猖狂，捉拿正法莫漏网；纵然是，一时强，逃在家乡也难藏；

按名册，查村庄，官吏出差拿到堂；追赃物，追军装，再行割头把命丧；

你看看，自行抢，拼死都是替人忙；我们兵，把气养，练成有勇与知方；

勤操练，勿彷徨，一但有事奋刚强；化畛域，莫退让，立功不落他人旁；

最不可，性狂荡，酗酒滋事好打降；又不可，学游逛，嫖赌之中

---

① 《长芦缉私营训兵歌》，河北省档案馆藏档案，卷宗号 680 – 26 – 575。

无下场；

抛妻子，别爷娘，存心要把家来养；还须学，好儿郎，名成虎奋与龙骧；

大总统，振纪纲，尚武精神最提倡；本统领，最热肠，待兵丝毫无屈枉；

有功者，受重赏，队长队官次第上；有过者，不轻放，按律治罪有分量；

有过惩，有功赏，大家努力向前往；愿尔兵，记心旁，前程远大有厚望。

此训兵歌的确朗朗上口、简明易记，从缉私兵的职责范围、军饷的来之不易、本职优势、光荣历史、违法成本、伦理亲情、前途希望等方面来劝说缉私兵忠于职守、勤于职务。但从缉私营的军风军纪实际状况来看，此歌还是随风飘去了，并没有真正起到教育兵员勤于缉务、严于律己的效果。

以后，缉私兵并没有因为"前程远大有厚望"而对自身行动加以约束，而是依旧滋事扰闹。1920年，天津等地常有遣散弁兵和现役军人扰闹娼寮会馆，滋生事端，这其中自不乏缉私营兵弁。1月，长芦盐运使丁乃扬奉令转发直隶督军署颁发的《取缔办法规则》①，下令整顿缉私营纪律，以维持社会治安。该规则内容如下：

一、应由本署卫、护两营逐日分派稽查队四班，官长带领，捧令巡查街市。

二、每班官长一员，护兵二名，头目一名，兵四名，护兵捧令，目兵荷枪，午后夜晚各两班。

三、午后班由一点出查至五点回署，夜晚班由七点出查至十一点回署，在巡查时间如遇有肇事军人，无论属何部队均应持平劝阻以制止之。

四、由宪兵营酌派宪兵每日分往各繁杂地方，切实究查，倘发见军人滋事竭力排解。

① 《长芦盐运使训令第763号》，河北省档案馆藏档案，卷宗号680-26-804。

五、由宪兵营酌派宪兵每日会同警察于晚间稽查各客店，遇有间住遣散之兵，立即驱逐，不准逗留。

六、通行各军队机关及捕盗、缉私各营队目兵夫，因公外出或请假外出，军衣（符号）均须整齐，并限定时间，准予出外凭证，以便稽查易于识别。

七、巡查时遇有军人在娼寮剧馆藉端滋扰，应即和平劝阻。如有不服者即带送该管长官自行惩办。如系遣散之兵或冒充军人者即就近交警区办理。

八、派出稽查之官兵宜束身自爱，不得轻入娼寮剧馆藉事招摇，每日由本署密派妥员随时稽查。

九、巡查后无论有事无事，每日均须报告，如遇有特别事故，先由电话报告后，再行呈报。

十、本规则如有未尽事宜，得随时增订之。

从该规则内容上看，为了整顿缉私营等军人纪律，直隶督军署派出了"稽查队"，分批督导军人纪律。宪兵营也派出宪兵进行检查。督军署还派出暗查人员再行检查稽查队和宪兵纪律。可见督军署是下了大力气整顿军人纪律，也显示了当时军人违法滋事现象的严重情形。

但是，该文件颁布之后，缉私营的面目并未有多少改善。1920 年 2 月，稽核总所巡视员缪秋杰和特派员普斯敦巡视长芦盐区时，发现缉私营仍然军纪不整，"盐巡[①]纪律就本员等所见者而论，殊欠严明，亟须注意。本员等见其衣履枪械均失检点，训练一层亦欠整肃。总之，全队情形不完善之处甚多。本员等之意，各长官弁目，若每星期定出数小时专为训练兵士，并以身作则，切实教诲，无论在整队或散处之时，均知严守纪律，则军气必振而办理盐务自当更为得力也"。[②] 然而由于时局动荡，统领更替频繁，两特派员的加强训练兵士的建议并未被真正落实。

当然，缉私营官兵散布在直隶、河南两岸广袤的领域内，难于集中；并且，由于当时私盐盛行，缉务繁忙，缉私营兵不便集中训练也是实情。

---

① 因其他盐区缉私营兵称谓为"盐巡"，两特派员把长芦缉私兵也称为"盐巡"。这里的"盐巡"并不特指各盐店雇用的缉私人员，而泛指长芦缉私兵。

② 《长芦盐运使训令　令缉私营统领（抄件）第十四号》，河北省档案馆藏档案，卷宗号680 - 26 - 804。

正如 1915 年 10 月盐务署派出调查芦东淮浙四区缉私情形委员王敦铭在对长芦缉私营调查后所称："查长芦缉私全部计步队三营、马队一棚、耕荒队二十名，分布直豫两岸，计程二千余里，分驻二百余处。除豫省相距较远，往返需时未及往查不计外，仅直隶一省已查至百余处之多。其每处所驻人数零星杂乱，多系凑合而成。"① 这就使缉私营实际上处于一种人员复杂、思想松散、分散做事、各自为伍的状态。

以后，历届缉私营统领均未制定明确的官兵操法训练和纪律教育办法。在 1926 年，长芦缉私统领张运良上任后，鉴于长芦缉私营乱象丛生，制定了《长芦缉私各防办事简章》。据张运良自己称说，制订此章程是为了更好整顿缉私营，增强其缉私战斗力："夫设官分，职责有攸归，而缉私职务尤关重要。盖我中国各地产盐，为国税进款之大宗。国家为整顿盐务起见，乃募练军队，定名为缉私营，专司防护滩内产盐、坨内存盐，并查缉各种私盐，维持引岸。俾盐税进款日增，国库日富，法良意美，为国要素。然有治法无治人，良莠杂进，人才不齐。做事者以谄谀为进取，以敷衍为塞责，以舞弊为擅长。此种恶习向为我中国各界用人之通弊。查长芦缉私营成立之初，官兵任事成绩卓著，洵收得人之效。乃因时势变迁、相沿日久，各防官兵，精勤做事者固不乏人，而玩忽职守者亦所难免。……将原订缉私办事章程酌加删改，随时制宜。订为二十二条，付诸剞劂，分发各营，俾资各官兵共加讨论，努力实行，以期奋勉前进克尽厥职，不致妄食公家薪俸。则本统领有厚望焉。"② 但张运良任职缉私营统领不久，因受直隶省军务督办褚玉璞的赏识，遂提拔张到滦东专力治军，并无暇顾及长芦缉私营军风纪的整顿。后任者徐梦起也在短任之后，由于国民革命军北伐成功，褚玉璞下野，徐被迫离任。所以缉私营的军风纪整顿实际上从未得到过真正实施。

综上所述，长芦缉私营在新兵入伍时会对其加以短期军事操法训练，但不注重思想纪律教育。为数不多的几个思想教育章程也因无人监督实施、缺乏配套监管机制而成为一纸空文。这使得长芦缉私兵有兵形而无军纪，军风纪散漫松弛的现象始终没有得到解决。长芦缉私营成了没能跳出当时军人形象窠臼的武装组织。

---

① 《长芦盐运使饬第九百号》，河北省档案馆藏档案，卷宗号 680 – 26 – 679。
② 《长芦盐运使任 指令第二二〇号》，河北省档案馆藏档案，卷宗号 680 – 8 – 1265。

　　长芦缉私兵军事训练和思想整肃薄弱、缺乏是其军风纪松散的内在原因。

　　另外，北洋政府时期的社会状况及其他军队的不良习气，也都对长芦缉私营官兵有着重要影响。中华民国成立后，政权即被袁世凯攫取。此后，中国经历了皖系军阀统治（1916—1920 年）、直系军阀统治（1920—1924 年）、奉系军阀统治（1924—1928 年）等时期。在各派军阀统治时期，为了巩固政权、争夺地盘、掠夺财富，多次发动战争，发生在华北的大规模的战争就有三次：直皖战争、第一次直奉战争、第二次直奉战争等。另外，还有晋奉战争、奉国战争等。当时，可谓兵荒马乱、兵连祸结、人心惶惶。再加上当时各派军阀所属军队为了各自的利益而大肆搜刮、抢劫、滋扰百姓等现象成为常态。并且，在其他盐区，比如在长江流域，"现有缉私营，名曰缉私，而实放私与护私，此尚最安分者；其尤甚者，不仅护私放私，而直接自己贩私，如长江一带之私枭，成群结队、连樯数百。试问谁为保护者？曰缉私营；谁为窝藏者？曰缉私营；谁为洒卖者？曰缉私营"。① 在这种不良政治环境下，在歪风邪气的浸润下，要求长芦缉私营兵独善其身、恪尽职守是不可能的。

---

① 景本白：《缉私营存废问题》，载景学钤编《盐政丛刊（二集）》，1932 年。

# 结束语

　　北洋政府时期，长芦私盐久治未绝，这与作为专门负责查缉私盐、保护官盐产销安全的长芦缉私营究竟有着怎样的关系？长芦缉私营，作为长芦盐区年耗资最多的机构，其各项基本制度及管理体制又与缉私效果有着怎样的关联与影响？从长芦缉私营的管理得失中，又给我们带来了怎样的思考与启示？这些都是一直萦绕在笔者脑海中的问题。随着对长芦缉私营档案资料的爬梳、整理、研究，答案渐渐明晰起来。在此，笔者谨把管见呈出，以期抛砖引玉，期待各位方家的批评斧正。

## 一　长芦私盐与长芦缉私营悖论

　　自盐在人们生产、生活中的不可替代性和必需性，被掌握国家机器的历代政权所认识后，它们即利用其所特有的自然属性，使其成为国家重要赋税的承载物。春秋以降，生于水土的盐斤渐分官、私。然而，盐无论官、私，其实实在在的盐利成了社会各个阶层争相抢夺的目标，用明末清初文学家蒲松龄的话来说："盐之一道，朝廷之所谓私，乃不从乎公者也。官与商之所谓私，乃不从其私者也。"① 官盐，即政府令其担负起社会责任的盐斤；私盐，即人们力图使其绕过社会责任的盐斤。官盐、私盐之间的较量，实质上是官民争利。二者之间的斗争由来已久，如影随形。

　　北洋政府时期，盐税仍然为国家重要财政来源之一。为了支付巨额对外赔款和庞大财政开支，政府对食盐课以重税。再加之"引岸专商制"的实行，造成专商垄断、条块分割、缺乏竞争、官商勾结、欺行霸市等弊端，使得官盐价格居高不下，百姓难于承受，转而购买价格低廉的私盐。这为私盐的盛行提供了广阔的市场基础。长芦私盐种类繁多，情形复杂。

---

　　① 蒲松龄：《聊斋志异》之《王十》。

依照其产生缘由，归结起来，不外乎两种：有因引岸专商制弊端与漏洞引发的各种私盐，即所谓"体制内私盐"；也有盐碱地区贫民就地取材、刮土淋晒的硝盐，即"体制外私盐"。实际上，"体制内私盐"的泛滥程度及对盐税危害程度绝不亚于硝盐。但由于其隐藏于引岸专商体制内，且涉私者多为官吏、商人、兵弁等，再加之监管、惩罚措施的缺失，使此类私盐在北洋政府时期并没有受到真正有力的打击。反之，"体制外私盐"——硝盐，则因涉私者均为下层百姓，筑池淋晒又极容易被发现，所以，北洋当局缉私的主要对象即是硝私。

可以说，长芦私盐盛行的主要原因在于国家对食盐课以重税及引岸专商制的存在，属于制度性因素；农村经济的残破、农民的赤贫则为私盐盛行提供了社会土壤，而长芦盐区地多斥卤的地理生态环境又为硝盐的泛滥准备了物质条件；北洋政府时期政局动荡、天灾人祸不断对私盐泛滥又起着推波助澜的作用，列强环逼，军阀割据，国弱民贫等恶劣的社会生态环境，属于社会性因素。在众多因素的综合作用下，长芦私盐的制度性因素和社会性因素不除，长芦私盐就不会退出历史舞台。长芦私盐是在社会失序状况下的一种经济失衡现象，其存在是有其深刻的政治、经济和社会根源的。

长芦缉私营，是北洋政府为了查禁长芦私盐而设立、扩编的武装组织，是其众多缉私措施中资金投入最多的一种，也是当局最为倚重、最寄厚望的一种。长芦缉私营从前清光绪年间的长芦盐巡营经过不断扩编和规整而来。它依照清末新军军制加以编组，实行的是陆军军事编制。但其职责却与陆军迥异，主要是负责长芦盐区官盐产销的安全及查缉长芦盐区的私盐。实质上，长芦缉私营履行的是缉私警察的职责。所以说，长芦缉私营是有着陆军军制形式但执行警察职责的一种两兼武装组织，是现代警察的雏形。从光绪三十年（1904 年）建立至 1929 年被国民政府改编为"税警"以前，长芦缉私营共存续了 25 年。在这 25 年中，长芦缉私营的营制规模逐步扩大，各项制度逐步相对完善。它像近代中国社会的其他事物一样，在近代化浪潮冲击下，逐步进行着自身的转轨历程。但始终没有超越警察初建阶段的特征及时代局限性，没有摆脱半殖民地半封建社会大背景的烙印。它不过是在北洋政府和资本主义列强操控下的一个带有中国封建军队特征与习气的武装组织而已，带有那个时代所特有的过渡性特征。

虽然长芦缉私营年耗金巨万，官弁整日四处巡缉、奔波劳顿，但在长芦缉私营存续期间，滩私、坨私仍旧偷漏，邻私依旧浸灌，硝私仍然盛行，冲击官引至甚。事实说明，在当时私盐与缉私这对矛盾的斗争中，双方难分高下。到底应该如何认识缉私营的作用？笔者认为，实事求是地说，以一个制度性、社会性失衡矛盾压在有着2700名营兵的长芦缉私营身上，的确有磐石压顶之嫌。任凭缉私营如何努力，制度性、结构性矛盾不加解决，国弱民贫的状况不加改变，缉私效果是不会大加彰显的。应该说这是长芦缉私营缉私低效的外在因素、客观因素。更何况，从主观上来说，长芦缉私营在管理、制度上尚存在许多不足与漏洞，也直接、间接地降低了其缉私效能。

长芦缉私营的武装缉私活动，虽然对私盐泛滥有一定的震慑作用，但由于私盐存在的社会土壤不可能得到根除，恶劣的政治生态环境亦不可能得到改变，依靠缉私营达到禁绝私盐的目标则显然难以实现。不绝如缕的私盐又使长芦缉私营深为北洋当局所倚重，成为虽然年耗金巨万、缉私低效，但一直未被裁撤的特殊机构。长芦私盐和长芦缉私营就在这种纠结和悖论中，相互斗争，相互依存，共同存在于外敌环逼、政局动荡、积贫积弱的北洋政府时期。

## 二 缉私营营制及管理与缉私效果的关联

在长芦缉私营存续的25年中，它的规模由光绪年间的500人扩大到北洋政府时期的2700人左右，兵种也逐步由单一步兵扩展到步兵、骑兵、巡河、巡海炮舰兵等多兵种，各项规章制度也逐步建立。在兵役制上，实行招募制。虽由于当时局势所限，不能完全按章招募合格兵员，但这项制度还是保证了缉私营兵员的及时补充和缉务的全面展开。在领导体制上，实行长芦盐务稽核分所负责财政管理与长芦盐运使负责行政管理的二元领导体制。在盐务稽核总所和长芦盐务稽核分所的监管、引导下，长芦缉私营的许多领域逐步步入规范化、近代化轨道。在给养保障上，虽没有形成独立后勤保障系统，但在稽核总所和分所的干预、管理下，出现了近代化的经费管理模式和体制以及用费稽查制度。缉私营薪俸、津贴、伤亡抚恤方面都形成了比较成熟的管理模式。在日常缉务上，对涉私人员及私盐和附属物品的处置都设立了相应的规章制度。在缉私效果上，长芦缉私营的确对私盐违法犯罪起到了一定震慑作用，平毁了许多硝盐盐池，一定程度上遏制了硝私的泛滥及其对官引的冲击。可以说，长芦缉私营的制度建设过程及其缉私行为有值得肯定的地方，也给后人留下了许多值得借鉴的经验教训。

但是，长芦缉私营在当时毕竟是一种新出现的、比较年轻的武装组织。虽然当时建立起了基本的制度框架，但毕竟还没有形成专业化、精细化、规范化的管理模式。无论在上级管理机制和缉私营内部管理细节上，都还存有诸多弊端和漏洞。由于其性质定位的模糊及监管机制的不健全，缉私营多项制度并不十分完善，明显带有过渡性特征。比如其兵役制度，仿照清末新军军制实行募兵制度，但由于其保留了相当一部分旧军习气较深的前清商汛和盐巡，为缉私营的营队管理埋下了隐患，成为缉私营军风军纪败坏的重要原因之一。在兵弁革退、替补上，也没有严格限定，兵弁可以以各种理由请求退役。这样使得长芦缉私营兵更替非常频繁，不利于缉务的开展和营队的管理。缉私营的考核、升迁机制，尤显不健全，一直没有一种切实可行的考核机制，这使缉私营的缉务活动缺乏有效监管，奖惩不甚分明，官兵缉私带有很大随意性、自发性，造成缉私工作效率低下。另外，由于缉私营性质定位的不确定性，目兵官长的升迁降职机制更未形成，即使缉私营统领也不明白本营官兵应该按照陆军军制还是盐务职员受奖升迁。这就使得长芦缉私营在其存续期间一直没有形成规范的升迁机制，兵弁只有通过取悦长官、逢迎长官才可能得到升职，呈现出典型的"人治"特征，更容易造成人浮于事，缉务懈怠。

长芦缉私营的领导体制分为上级行政领导系统和缉私营内部指挥体制。上级行政领导系统中的长芦盐务稽核分所对与经费相关的各项事务进行了有效而细致的监管，可以说是对缉私营起举足轻重监管作用的机构。长芦盐运使多负责长芦缉私营的日常行政事务的上传下达和督促约束，实际权力和职责范畴与稽核所不可同日而语。由于运使对缉私营统领缺乏实际节制权，再加上盐务稽核所的排挤及争权，长芦盐运使对缉私营的监管实际上处于软弱无力状态；而盐务稽核所又只关心保障盐税收入，而缺乏对缉私营全面、深入整顿，使其走上正规发展之路的兴趣及决心。二元监管实质上形成了有利则全监全管，无利则不监不管的尴尬局面。

长芦缉私营的主要职责是保护芦盐的产制、运销安全及缉查长芦盐区各滩坨、运道及引岸的私盐。缉私营队分散驻扎在直、豫两省的各盐滩、盐坨、行盐孔道及销盐引岸，每个驻防点不仅兵力不充足而且不均衡，呈现出缉私营官署驻地兵力较为充足、边远县份兵力则显薄弱、城镇繁华地驻兵较多、部分硝盐产地及省县份边界驻兵很少的特点。此种驻防方式不能集中优势兵力，有效打击私盐，在一定程度上降低了缉私效果。

长芦缉私营缉查私盐，除了各滩坨卫兵注重防守外，其他地区的缉私兵一般以巡逻缉查方式进行。巡缉方式缉私固然能起到震慑私盐制贩的作用，但使缉私兵很少主动出击私盐制贩窝点，使缉私行动缺乏目的性和针对性，带有很大随意性和盲目性。盐贩可以通过躲避缉私兵巡查的方式从事违法活动。所以说，缉私营缉私方式不仅单一，而且存有漏洞，在一定程度上制约了缉私效果的很好发挥。在硝盐产区，缉私营虽然也有主动出击的平池毁盐行动，但往往由于遭遇到盐民的拼死反抗或帮会抵抗而陷于无果，使缉私行动阻力重重，效果寥寥。

长芦缉私营对于缉查行动中获取的私盐及其附属品的处置，在盐务稽核总所和分所成立以前，并无明确定章，且缺乏监管，可谓乱象丛生，主要原因在于长芦缉私营集缉捕权和处置权于一身，权力过大，给腐败行为铺垫了赖以滋生蔓延的温床。稽核总所和分所成立后，通过制定一系列的法令法规和办法规章，有效分离了缉私营的缉捕权和处置权，并且建立起了严格的缉私汇报和监察制度，在一定程度上制止了私盐处置中的乱象。

长芦缉私营存续期间，军风纪难称严明，上至营官可以吞没军饷、坐吃空额、生活腐败，对下属的胡作非为亦缺乏监管，甚至曲为掩饰，祖护庇佑；下至目兵粗暴执法，欺压良善，监守自盗，护私放私，藉端勒索，失职渎职现象普遍存在。在当时百姓眼中，缉私营许多官兵几乎形同劫匪。军民关系恶劣，极不利于缉私营缉私行动的充分开展。对于长芦缉私营军风纪败坏原因，除了上述缉私营营制及管理上存在问题外，与北洋政府时期社会背景紧密相连。北洋政府时期，国家积贫积弱，民族工业尚未充分发展，人民贫苦难支。盐税成了除田赋之外国家财政收入的最重要来源之一。可以说，盐业为当时政府的支柱行业。盐业领域也成了当时各种利益较量的渊薮。各派军阀为了扩充实力，增加各项军政费用，都把贪婪的目光投向了源源而来的盐税，争相抢夺。且长芦盐区地理位置重要，更成为各派军阀极力控制的目标。一时得势的军阀在长芦各部门中安插自己的亲信或亲属，以便于对长芦盐款的截留、控制。长芦缉私营统领走马灯似的调换正是当时各派军阀实力消长的浓缩性反映。每届缉私统领上任，

都视盐务缉私为"肥差"，竭力借职务之便牟取私利，缺乏长远发展规划
和规整缉务的信心和耐心，以至于每任统领都无心于缉私营的整顿与管
理。对于广大下层目兵来说，动荡的局势与低廉的薪饷也使其无法安心于
自己的工作职责，捞取更多灰色收入来养家糊口、逃避战乱比恪尽职守更
显重要。这样，长芦缉私营从上到下均缺乏廉洁奉公、鞠躬尽瘁、忠于职
守的动力与心理。再加上缺乏严格的规章制度和监管机制的约束，长芦缉
私营军风纪松散就在所难免，其实质是长芦缉私营各种制度、上级部门监
管机制及社会状况综合作用的结果。军风军纪状况又直接关系着缉私营的
战斗力及缉私效果。没有良好的纪律作保证，缉私营的缉私行动自然难以
出现北洋政府所期望的结果。

　　长芦缉私营制及管理上的漏洞及缺失及其遭人诟病的军风纪，与缉私
营战斗力有着重要的关联，很大程度上制约着其缉私效能的发挥。可以
说，这是缉私营缉私低效的内在原因、主观原因。

### 三　长芦缉私营管理得失反思

　　人类总是在前人经验或历史智慧中发展前行。逝去的事物往往会带给
后人无尽的思考与智慧。长芦缉私营的历史虽已过去了80余年，但考察
缉私营的管理得失，反思其经验教训，仍可为我们提供某些借鉴和启示。

　　（一）建立健全管理制度，形成严格制度约束机制

　　长芦缉私营缉私低效，军风纪散漫、懈怠，根本原因在于其缺乏相关
规章制度的制约与保障。因为没有制约，在缉务中，缉私兵可以大私小
缉，小私大缉，无私乱缉，有私不缉，粗暴执法，并借机敲诈勒索、监守
自盗、护私放私、渎职失职；在营务管理上可以吞吃空饷、贪污腐化、袒
护下属、沆瀣一气；在社会上骚扰百姓、寻衅滋事、胡作非为。在一切渎
职失职、生活腐化发生后，又由于缺乏相关制度监管，违纪犯罪缉私兵得
不到应有追究，使得其恶劣影响在缉私营一定范围内肆意扩散，造成其军
风军纪更难于管理，严重影响了缉私营战斗力。

　　中国社会发展到今天，随着改革开放的不断深化，中国的发展以日新
月异、一日千里的速度飞奔向前，成就令世人瞩目。然而，毋庸讳言，在
这个时期，中国社会也出现了许多丑恶现象，比如众多公职人员贪污腐
化、权力寻租、渎职失职，在金钱亮光的招引下，像飞蛾扑火，前仆
后继。

从长芦缉私营腐败产生的教训来看，要想造就一支作风过硬、忠于职守、克己奉公的警察或国家干部队伍，首先应建立健全各种法律法规，内容应包括公职人员工作制度及对其进行监管的管理制度。其中，工作制度应针对每一领域工作的实际状况，切实制定各种规章制度，包括公职人员的职责范围、工作对象、工作方式、工作目标、考核办法、追责办法等。形成明确严格的制度机制，使各种国家公职人员深悉自己职责范围、工作方式与工作目标。监管制度应明确监管范畴、监管主体、监管方式、监管办法、奖罚办法等，真正使监管制度落到实处。每一种办法都要细致化、系统化、可行化、严格化、明确化、专业化，让制度真正成为各部门工作者的行为准则和办事原则，使每一项制度落到实处，不致像当年长芦缉私营那样，好多规章制度都成了一纸空文。

（二）走出"人治"窠臼，依法行政、依法办事

长芦缉私营从建立之日起，虽然仿照清末新军军制进行编组，但鉴于其形式上仿制陆军、实质上从事警察职责的两兼性质，再加上受当时时代条件所限及人们"有治人然后有治法""自来有治法尤赖有治人，不得其人，虽有良法亦终无济"① 观念所限，长芦缉私营的许多制度不尽完善，缉私统领负责缉私营一切事务的决断和处置。在日常管理上，缉私营仍然像当时中国其他行政机关一样，实行"缉私统领决断制"，"人治"色彩极其浓重。按照1915年盐务署颁布的《各省盐运使运副及缉私营办事权限章程》规定，缉私统领对缉私事务负有全权处理责任，并拥有缉私营人事任免调动权力："统领对于缉私事宜负完全责任，所有员弁兵丁之赏罚进退，悉由统领主持。但任用员弁，须选长于缉私、经验素著人员，不得滥竽充数，应随时报由督察长核明，汇详盐务署。"② 所以，无论从新兵招募、官兵升迁、目兵革退替补，到营队防地分配、兵员设置、轮调换防等事务都要听从缉私统领一家之言。并且，名义上为长芦缉私营督察长的长芦盐运使实际上对缉私统领并不能完全节制，长芦缉私统领真正成了缉私营的无冕之王、龙头老大。

"人治"带来的后果就是形成了缉私营统领集权体制，如果统领勤于政务，缉私营营务可能会有一些起色；如果统领治军不严、赏罚不明，仅

① 中国近代史资料丛刊《洋务运动》第一册，第68页。
② 《盐务署饬第一千一百三十二号》，河北省档案馆藏档案，卷宗号680-7-1506。

仅靠其一个人的威望或约束力来管理事务，极易使缉私营出现军纪松散、缉务懈怠等问题。事实上，缉私营的缉务及军风纪状况也的确堪忧。再有，缉私营的"人治"机制也极易步入人去政息、人走茶凉的怪圈，使许多行动、工作、法令、法规不能具有连贯性、有效性、持久性，容易造成人心浮动、工作浮躁、形式主义盛行等弊端。

在现代社会中，许多行政部门仍然存在着"一把手说了算""一言堂"、主要领导独断专行等现象。由此带来的腐败恶果有目共睹，比如搞"形象工程""政绩工程"以及决策失误、贪污腐化、行贿受贿等。

要想克服"人治"怪圈，首先，要建立健全完善的相关工作制度与监管制度，在工作过程中严格依法行政、依法办事。

另外，要积极发扬民主，让人民群众真正当家做主，参与国家事务管理，充分贯彻民主集中制。要想让人民群众真正成为国家的主人，就要疏导畅通群众参政议政渠道，允许群众发表各自意见，采取多种形式，比如网络议政、微博监督、听证会等，让人民群众充分表达自己的意见，真正参与到国家事务管理中来，真正发挥主人翁作用。

此外，还要完善各种考核机制，制定真正有效的考核标准，完善考核办法，使考核方式多样化、考核结果落实化、考核制度严格化，并建立与之相配套的人员奖惩机制，奖勤罚懒、奖优罚劣，使考核机制真正发挥监督奖惩效果。

（三）注重工作人选，完善选拔用人机制

长芦缉私营兵弁结构复杂，有从旧营而来、一贯纪律松散的"老兵油子"，有入伍不久但未经过系统训练的新兵，还有在缉私营当差已久、沾染上老兵恶劣习气的旧兵。这给缉私营管理带来了很大难度，不仅不利于日常缉务的执行，也严重影响了盐务缉私效果。这在昭示后人，要想保持良好工作状态和工作效率，一定要纯洁工作人员队伍，严格工作人员的选拔录用。

现在，人员素质仍然与一个部门的工作状况有着密切的联系。为了避免再度出现当年缉私营那样玩忽职守、尸位素餐的工作人员，就应该特别注重人员的选拔与录用，切实完善选人、用人机制。

首先，严把入口关。现在许多单位录用新的工作人员，都采取了选拔考试制。这是用人机制的一大进步。但是，与选拔考试制相伴而来的，又出现许多违规操作、违纪作弊等丑闻，这大大降低了这一制度的公信度与认知度。"阳光是最好的防腐剂"，为了使这一制度真正发挥应有的作用，还应该使相关的每个环节真正置于群众监督的"阳光"下，防止各种违规违纪作弊事件的发生。另外，还要拓宽人才录用渠道，多种方式考核人才、录用人才，不拘一格降人才。

其次，人员培训、考核经常化。人才在录用后，还要不断地对其进行培训教育。可以采取各种形式，比如先进带后进、旧人带新人、教育经常化、考核严格化等方式，同时，努力营造有利于人才发挥其聪明才智的环境和机制，落实工作人员奖惩机制，摒除"人治"色彩，使人才学有所用、用有所长、长有所取，通过科学、健康的制度氛围，引导鼓励人们的工作积极性，使其真正成为德高、能大、勤快、绩实的合格工作人员。

最后，健全人员优胜劣汰机制。时代在不断前进，社会发展日新月异，有部分工作人员思想、行动、能力滞后于时代发展。对此类人员，应根据相关制度规章合理淘汰，让有思想、有能力的人充实到工作岗位上来。"问渠那得清如许，为有源头活水来。"只有建立完善的优胜劣汰机制，才能有效调动工作人员的工作积极性和学习热情，也大大提高工作效率，使整个国家机构步入廉洁、高效、健康的轨道。

（四）加强思想教育，端正工作态度

北洋政府时期，是中国历史和社会状况发生重大变化的一个时代，是中国社会的又一个重要转型期。民主与专制共存、进步与保守同在、发展与动荡同步、外侵与内讧交加、争权与混战共融。经济上，北洋政府时期是中国从自给自足自然经济向资本主义经济过渡的重要时期，是中国民族资本主义发展的一个"黄金时期"。但是，经济上的进步与发展终究没能改变中国半殖民地半封建社会的现实，更没能阻止外国资本主义对中国的侵略，中国依旧落后，人民仍然贫困，广大农村、农民仍旧赤贫。政治上，外国资本主义对中国的侵略进一步加剧、深化，国内君主专制解体，民主共和制度开始建立。同时，军事分权政治也成为常态，世袭政治权力向政党政治、权力竞争政治过渡，这种发展与过渡都伴随着当时各个政治军事派别的割据、内讧、混战、杀戮、劫掠等血腥气息浓厚的恐怖活动，战乱、动荡成为国家生活常态。社会生活上，新旧事物交替纷呈，中西文化进一步交融。在中国历史上，北洋政府时期是一个新旧交替、变化发展明显、带有过渡特征的时期。处在这样社会条件下的长芦缉私营，也明显带有向近代化过渡的特征，比如其领导体制——长芦盐运使署、盐务稽核所二元领导制、缉私营财政管理制、缉私营营制及后勤管理等，都逐步步入了近代化轨道。

在这种环境下的缉私兵，不仅要面对当时社会政局动荡、战争频仍、朝夕不保、民心不稳、人心惶惶的社会现实，还要经历中国社会变动所带来的各种思想冲击和价值迷茫。缉私营新兵入伍后，依照相关规定，在新兵教练所要接受短期军事训练。这种训练，仅仅注重技术操法训练，而没有进行缉私目的、缉私纪律、道德操守等思想整肃。客观地说，当时军队尚不知思想教育为何物，缉私营的做法脱离不开当时时代背景。但就管理而言，这不能不说是一个缺陷。缺乏思想凝聚力的团体是一个松散的团体。这种做法使缉私兵仅仅把职业看作养家糊口、搜刮钱财的平台。缺乏思想整肃的缉私营无法抵御外来各种负面影响的侵袭，造成乱象丛生现象，换言之，纪律及道德教育薄弱是造成缉私营军风纪散乱的内在原因、重要原因。

在今天的中国，建立在自给自足小农经济和计划经济体制基础之上的价值体系，随着改革开放和社会主义市场经济体制的逐步建立而陷于崩解，而适合于新的经济形式的价值体系尚未建成。从这个意义上说，中国又一次进入了重要社会转型期。在这个时期，中国政治、经济、社会、思想等领域均已发生了重大变化，人们普遍感到了价值观、人生观的迷茫与困惑。社会主义核心价值体系仍然处于纸上谈兵阶段，并没有被大众真正接受。许多人不明白工作与生活的真正价值与意义。在这种情况下，许多工作人员乃至领导干部把职权看作了攫取金钱和物质的有利时机，贪污腐化、渎职失职、不顾民意、不办实事、形式主义盛行。可以说，这些现象的产生有制度、机制不完善等外在原因，而其内在原因则是工作人员及领导干部价值观、人生观的迷失。而价值观的重构，不仅是个人问题，而且关系着中华民族民族认同感、巩固国家统一和长久屹立于世界民族之林的重大问题。所以，重构中国社会主义价值体系，不仅意义重大，而且刻不容缓。

在现在价值认同多元化的中国，要建成能达成共识的社会主义核心价值观，并不是一件一蹴而就的事情。国家应通过各种方式方法重构、弘扬社会主义核心价值观，逐步融入国民的思想体系和行为准则中来。经济基础决定上层建筑。新时代的价值观应适应现代社会主义市场经济的经济基础，否则，新的价值观不仅难于形成，也不可行。

　　总之，北洋政府时期的长芦缉私营，虽为历史上一个匆匆过客，但却是历史馈赠于后人的明亮鉴镜。从缉私营的管理得失中，折射出了穿越历史时空的国家治理真谛与智慧。长芦缉私营给予后人的价值，早已超越了其存在本身。

# 参考文献

（一）盐务史典籍及资料汇编

1. 《管子·海王篇》。

2. ［日］日野勉：《清国盐政考》，日本东京，东亚同文会 1905 年版。

3. 左树珍：《盐法纲要》，新学会社 1912 年版。

4. 周庆云编：《盐法通志》，文明书局铅印本 1914 年版。

5. 盐务署辑：《盐政备览》，1925 年铅印本。

6. 欧宗佑：《中国盐政小史》，上海商务印书馆 1927 年版。

7. 林振翰：《盐政辞典》，商务印书馆 1928 年版。

8. 盐务署、盐务稽核总所编：《中国盐政实录》，盐务署、盐务稽核总所发行 1933 年版。

9. 曾仰丰：《整理长芦盐务报告书》，盐务署、盐务稽核总所发行 1934 年版。

10. 曾仰丰：《中国盐政史》，商务印书馆 1936 年版。

11. 蒋静一：《中国盐政问题》，正中书局 1936 年。

12. 盐务署编：《中国盐政沿革史》，文海出版社 1971 年版。

13. 南开大学经济所经济史研究室编：《中国近代盐务史资料选辑》，南开大学出版社 1985 年版。

14. （清）黄掌纶等撰，刘洪升点校：《长芦盐法志》，科学出版社 2009 年版。

（二）文史资料选辑

1. 全国政协文史资料研究委员会编：《文史资料选辑》（第 15 卷 第 44 辑），中国文史出版社 1964 年版。

2. 天津市政协文史资料研究委员会编：《天津文史资料选辑》（第 26 辑），天津人民出版社 1984 年版。

3. 孙大千编：《天津经济史话》，天津社会科学出版社 1989 年版。

4. 河北省政协文史资料委员会编：《河北文史集粹》（经济卷），河北人民出版社 1991 年版。

5. 丁长清编：《近代长芦盐务》，中国文史出版社 2001 年版。

（三）论著、编著

1. ［日］佐伯富：《清代盐政之研究》，京都东洋史研究会 1956 年版。

2. 田秋野、周维亮：《中华盐业史》，台湾商务出版社 1979 年版。

3. ［美］费正清、刘广京编：《剑桥中国晚清史 1800—1911 年》，中国社会科学院历史研究所编译室译，中国社会科学出版社 1985 年版。

4. ［日］佐伯富：《中国盐政史之研究》，京都法律文化社 1987 年版。

5. 陈然等编：《中国盐业史论丛》，中国社会科学出版社 1987 年版。

6. 王尔敏：《淮军志》，中华书局 1987 年版。

7. 陈锋：《清代盐政与盐税》，中州古籍出版社 1988 年版。

8. 丁长清：《民国盐务史稿》，人民出版社 1990 年版。

9. ［日］佐伯富：《盐和中国社会》，载刘俊文主编《日本学者研究中国史论著选译（六）》，中华书局 1993 年版。

10. 戴建兵：《中国近代纸币》，中国金融出版社 1993 年版。

11. ［美］道格拉斯·诺思：《经济史中的结构与变迁》，陈郁等译，上海三联书店 1994 年版。

12. 丁长清、唐仁粤主编：《中国盐业史·近代当代编》，人民出版社 1997 年版。

13. ［美］关文斌：《文明初曙——近代天津盐商与社会》，天津人民出版社 1999 年版。

14. 钱海皓编：《军队组织编制学教程》，军事科学出版社 2001 年版。

15. 张小也：《清代私盐问题研究》，社会科学文献出版社 2001 年版。

16. ［美］黄仁宇：《十六世纪明代中国之财政与税收》，阿风等译，生活·读书·新知三联书店 2001 年版。

17. 刘经华：《中国早期盐务现代化：民国初期盐务改革研究》，中国科学技术出版社 2002 年版。

18. ［日］岩井茂树：《中国近世财政史之研究》，京都大学学术出版会 2004 年版。

19. 李剑农：《中国近百年政治史》，武汉大学出版社 2006 年版。

20. 戴建兵:《中国近代银两史》,中国社会科学出版社 2007 年版。

（四）报刊

1.《长芦盐务公报》1913 年 1—12 月,共 24 期。

2.《大公报》1916—1925 年 11 月。

（五）方志类书籍

1. 长芦场志编修委员会编:《长芦盐志》,百花文艺出版社 1992 年版。

2. 河北省地方志编纂委员会编:《河北省志·盐业志》,中国书籍出版社 1996 年版。

3. 张岗:《河北通史·明朝卷》,河北人民出版社 2000 年版。

# 后　记

　　光阴荏苒，日月如梭，攻读博士学位的三年时光转瞬即逝。子在川上曰："逝者如斯，不舍昼夜。"信夫！伴着寒暑易往，伴着恩师厚爱，伴着家人付出，三年来，几多耕耘，几多汗水，几多艰辛。一路走来，浸融在河北师范大学历史文化学院浓厚的学术气息中，我尽情地吮吸着知识的甘霖。静寂的书桌成了我探索历史风云变幻、观察社会曲折演进、感受治世睿智愚钝、洞悉人事沧桑历练的舞台。回首凝望，三年寒窗苦读，汗水结晶为笔下文章，艰辛融化为人生财富。又一个收获的季节，点点泪光中，既有辛勤耕耘后收获的喜悦，也有饱经艰辛后厚重的感慨。是的，一个阶段的结束意味着另一个阶段的开始，我渴望，我等待。

　　三年前，又一次投身于恩师郭贵儒教授门下。在恩师的指导下，我打算继续进行华北国统区国民党地方民众武装的研究。可资料散落于华北各省，搜集资料所要花费的巨大开支令年届不惑、老幼待养、已经辞职返读的我一筹莫展。正在苦闷之际，恩师体垂下情，历尽周折，用心良苦，建议我另辟蹊径——研究长芦盐区缉私武装。该选题颇具资料优势，河北省档案馆藏有大量民国时期长芦盐务档案，查阅亦很便捷。这样便利的条件令我兴奋不已。随后，我全身心投入于"长芦盐区缉私武装"学习与研究中。在档案资料搜集阶段，自 2008 年 12 月起，至 2009 年 9 月止，为了与档案馆开、闭馆时间相合，我每日里骑车四趟往返于途，暑蒸寒割，风雨无阻。一次途中突遇暴雨，几被"公路洪水"漂走，至今想起心有余悸。长芦档案长时间无人动用，百年档案霉菌遍藏、细尘飞扬，使我的过敏体质更雪上加霜。用时近 300 天，我终于搜集齐了丰富的有关长芦缉私武装的档案资料。

　　在档案资料整理阶段，凌乱、无序的原始文件令我颇费脑力与体力。挑拣出了重要文件后，在输入电脑时，又着实让我体味了一把历史的沧桑之感：档案不仅纸幅不规范，有形小如缕，有长达十多米；而且字迹有用毛笔书写，有用铅笔，字体有楷书、行书，也有草书，许多字迹因年代久远，更有因风化、水渍、火焚而破损者，几乎无法辨认，致使有时一整天都不能将一页百字档案输入电脑。心急伴着无奈，叹惜伴着煎熬，昏黄的灯光穿透了多少个静寂的、漫长的深夜。在与档案资料"斗智斗勇"中，历经数月，始爬梳出长芦缉私营大致脉络。整理成文阶段，看着自己辛辛苦苦打出来的文字大段被整合、被删除，颇有一种怜惜之感。

　　如果说，我在学习过程中付出了汗水的话，我的恩师则更多地付出了心血。从"长芦缉私营"选题的确定，到相关资料线索的提供；从资料的搜集、整理，到研究方法的确定；从文章核心思想的确立，到每一个盐务术语的运用；从文章间架结构的调整，到文章的字斟句酌，恩师均不吝赐教，给予了我全面指导。在感觉迷茫无措时，恩师的悉心点拨令我豁然开朗，有柳暗花明又一村之感。当25万字的初稿交与恩师修改后，对恩师的感激、敬重之情更进一层：在家人有恙、日夜操劳的情况下，恩师仍挤出时间，大到文章结构、标题，细至一个标点，年过花甲、头发斑白的恩师均精批细改、字斟句酌！深夜里，昏黄灯光下，白发老师伏案批修的剪影在我眼前不断闪现。接过稿本，我禁不住热泪盈眶、心潮难平：雪白的纸笺上，密密麻麻地爬满了恩师红色的笔迹。那哪是字迹啊，分明是恩师心血的印迹！是恩师对我期望、关照的集中体现！更是一位德才双馨、治学严谨的老学者对一个初涉者的殷殷培育之情！恩师的治学、处世原则与方式，令我赞叹、敬佩之余，深深铭记心中，并必将成为我以后人生道路上高高擎起的灯塔，始终照亮我前进的方向！

　　在资料搜集、文章写作过程中，德高望重、才学卓著的秦进才教授也给予了我许多指导，使我认识历史问题的角度得以更新，治学能力得到了提升，对人生意义的理解得以深化。在此，我谨深表谢意！另外，戴建兵、武吉庆、王宏斌、董丛林、张同乐等教授均多次对拙文提出宝贵修改意见，使我获益匪浅。河北省档案馆高峰等同志在本书资料搜集时给予了大力支持。在此，一并表示谢意！

　　在我攻读博士学位的三年中，我的丈夫付出了太多太多，给予了我莫大支持与帮助，成为了最艰难时刻支撑我坚持下来的巨大支柱。我辞职考博，年届不惑，老幼待养，家中老人、妹妹、弟弟均为我读书付出了很大牺牲与帮助。大恩不言谢，一切我均铭记心中！

路漫漫其修远兮，吾将上下而求索！